图解 交通事故责任认定

TUJIE JIAOTONG SHIGU ZEREN RENDING

王文娟　锁进宏/编著

安徽师范大学出版社

图书在版编目（CIP）数据

图解交通事故责任认定/王文娟，锁进宏编著.—芜湖:安徽师范大学出版社，2013.9
ISBN 978-7-5676-0924-2
Ⅰ.①图… Ⅱ.①王… ②锁… Ⅲ.①交通事故—事故分析—基本知识—中国
Ⅳ.①U491.31
中国版本图书馆CIP数据核字(2013)第218493号

图解交通事故责任认定

王文娟　锁进宏　编著

责任编辑：秦宗财　汪　微
责任校对：孙新文
装帧设计：束学莲

出版发行：安徽师范大学出版社
芜湖市九华南路189号安徽师范大学花津校区　邮政编码：241002
发 行 部：0553-3883578 5910327 5910310（传真） E-mail：asdcbsfxb@126.com
经　　销：全国新华书店
印　　刷：安徽省政协印刷厂
版　　次：2013年9月第1版
印　　次：2013年9月第1次印刷
规　　格：720×1000　1/16
印　　张：21
字　　数：352千
书　　号：ISBN 978-7-5676-0924-2
定　　价：59.80元

前　言

当前我国正加快进入汽车社会，但是全社会的交通安全观念、交通文明意识却明显滞后，不规范驾驶行为和道路交通陋习多，致使交通事故发生率和死亡率居高不下。

资料显示，我国交通事故死亡率连续十多年高居世界第一。2009 年，我国以占世界 3% 的汽车保有量，“制造”了占世界 16% 的交通事故死亡人数。2011 年，我国有 6.2 万人死于车祸，万车死亡率为 6。在因交通事故死亡的驾驶人中，40 岁以下的占一半以上，而且主要是驾龄 3 年以下的……

作为机动车驾驶人，难保会由于这样那样的原因，遇上交通事故。然而，很多驾驶人由于缺乏必要的交通安全知识储备，在突遇交通事故时，往往不知所措，难以及时有效地进行责任认定，从而产生许多不必要的纠纷，这不仅浪费时间精力，还可能造成不应有的损失。比如：

有些驾驶人在发生交通事故后，互相指责谩骂，甚至大打出手；

有些驾驶人在发生交通事故后，责任往往很明了，但是仍要胡搅蛮缠；

有些驾驶人在发生交通事故后，对自己应承担的责任认知不清，无法判断对方要求是否合理，不能有效保护自己的合法权益；

有些驾驶人在发生交通事故后，由于对事故责任认定没有一个大概了解，产生严重的恐惧心理，采取逃逸或者进一步加害受害人的犯罪行为，甚至造成难以想象的悲剧，如药家鑫案。

资料显示，在绝大多数交通事故纠纷中，绝大多数都是驾驶人对责任不明确导致的。一些驾驶人不了解事故处理常识，对自己是否应负事故责任以及应负多大责任也不清楚。有些事故本不应由驾驶人负责任，但驾驶人却错误地认为该由自己负责，心理压力过大，甚至因为逃逸反而成了事故责任人。

因此，在发生交通事故时，如何第一时间了解事故责任归属，从而为后续问题的顺利解决提供基础，就成为广大驾驶人的实际需求。

从目前情况看，在发生交通事故后，一般驾驶人会选择如下几种途径：问交警、向懂行的熟人了解、上网查询。然而，这几种方式都存在明显的问题。

问交警，但是交警很忙，通常不能坐下来为你详细讲解。这一点凡是经历过到交警部门处理交通事故处理中心的驾驶人都清楚。

所谓懂行的人，往往并非处理交通事故的专家，而是有过处理交通事故经验的驾驶人。他们提供的答案通常是建立在经验加感觉之上的，往往似是而非。

上网查询看似方便快捷，但是网络并非百科全书，不一定正好能提供你所需要的答案，就是能提供，也往往是零碎的，缺乏准确性和权威性。

显然，如果有一本关于交通事故责任认定的图书，内容既详备又查找方便，答案既一目了然又有理有据，形式即直观形象又准确权威，那是再好不过了。这本《图解交通事故责任认定》，就是充分考虑到广大驾驶人的需求，由我们组织有关专家编写的。

本书具有如下鲜明特色：

第一，内容详备，查找迅速。本书将常见交通事故分门别类，从会车事故、超车事故、变道事故、路口事故、掉头事故、倒车事故、追尾事故、超速事故、信号灯事故、停车事故、机动车与行人事故、机动车与非机动车事故、其他事故这十三个方面，将驾驶人可能碰到的各种交通事故一一罗列展示，读者可以从中迅速找到自己关切的内容。

第二，直观形象，一目了然。本书充分考虑到读图时代的阅读需求，为每个问题都配置了图片说明，让读者看到图片如同亲临现场，适合各文化层次的驾驶人阅读。

第三，交警解答，有理有据。本书的交警解答部分，不仅告诉当事人应该承担什么责任，还解释了为什么，从而达到举一反三的效果。

第四，案例典型，发人深省。本书从生活实际出发，为很多问题都链接了典型案例，既增加了现实感和可读性，又强化了警示性。

总之，借助本书案例，让你在发生交通事故后，能迅速判断责任所在，保护自身利益不受侵犯，更不会“任人宰割”。

需要指出的是，由于实际交通事故处理往往会牵涉到诸多复杂因素，因此，本书相关责任认定仅仅是理论性的、参考性的，具体交通事故责任认定还应以交警部门出具的《交通事故责任认定书》为准。

在本书策划、编写、出版过程中，我们多次征询了国内多地交警部门和部分驾校的意见和建议。本书最后由安徽警官职业学院刘靖华教授审读。对他们的关注、支持和帮助，在此一并表示衷心的感谢！

凡　例

一、本书设置的各种道路交通事故及其责任认定均依据《中华人民共和国道路交通安全法》和《中华人民共和国道路交通安全法实施条例》，以及部分省市公安部门制定的道路交通安全法实施办法或细则。

二、书中“交警解答”栏目所引用的法律法规，凡是直接标明某一条某一款且加引号的，均来自法律法规原文；凡是未引加号的，均为考虑到行文方便，在忠实原意的基础上，重新进行了语言组织。

三、书中“案例链接”栏目所引用的实例，均为近年来发生的真实案例，以新的案例居多，其中有的未明确责任认定，主要取其警示意义。

四、书中所有事故图片均采用线描图，图中的交通标志、标线均按照有关标准绘制，不包含在交通标志、标线内的标记，见于以下案例：

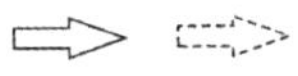			
行进轨迹线标志，其中实线为已经过路线，虚线为将经过路线	车速标志，表示事故当时的车速，主要用于车辆超速或未停稳时	倒车挡标志，灰色为开启状态	紧急刹车标志，表示车辆当时处于紧急刹车状态

空挡标志，表示车辆处于空挡状态，未使用驻车制动器	尾灯标志，表示车辆未开启尾灯	警示标志，白色表示未放置，灰色表示已放置	左、右转向灯或双闪灯标志，白色为未开启状态，灰色为开启状态
		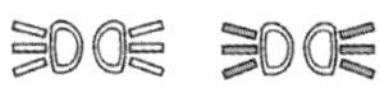	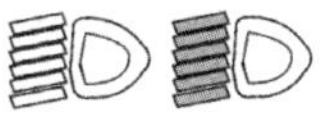
危险报警闪光灯标志，白色为未开启状态，灰色为开启状态	雾灯标志，白色为未开启状态，灰色为开启状态	前后位灯及示廓灯标志，白色为未开启状态，灰色为开启状态	近光灯标志，白色为未开启状态，灰色为开启状态
	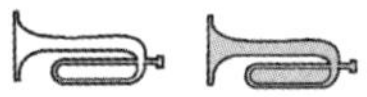		
远光灯标志，白色为未开启状态，灰色为开启状态	喇叭标志，白色表示未鸣喇叭，灰色表示正在鸣喇叭	停车挡标志，表示车辆处于停车状态	饮酒标志，表示驾驶人处于酒后驾驶状态

	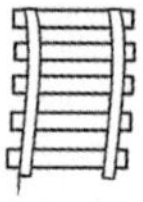		
障碍物	铁路道口	行人	骑自行车人
			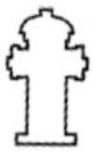
雨天	冰雪路面	雾天	消防栓
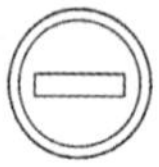			
禁止驶入	禁止停车	道路坍塌	宠物

说明一 如何认定交通事故责任

公安机关交通管理部门在查明交通事故原因后，根据当事人的违章行为与交通事故之间的因果关系，以及违章行为在交通事故中的作用，认定当事人的交通事故责任。

认定交通事故责任的原则：以事实为根据，以法律为准绳。

认定交通事故责任的方法：全面分析，综合评断。

认定交通事故责任的步骤：在调查清楚交通事故发生的全部情况和各个相关因素后，通过分析当事人的违章行为和交通事故之间的因果关系，确定当事人是否有责任。然后根据“路权原则”和“安全原则”，认定当事人应当承担责任的具体比例。

当事人在交通事故中要负多少责任，主要看三点：一是当事人有无违章行为；二是违章行为与事故之间有无因果关系；三是违章行为在事故中的作用有多大。

也就是说，如果当事人没有违章行为，或者即使有多项违章行为，但是违章行为与事故之间并不存在内在的因果关系，当事人就不该负事故责任。

如当事人的违章行为与事故之间有因果关系，要根据违章行为在事故中的作用大小来判定当事人的事故责任，并可分为全部责任、主要责任、同等责任和次要责任等。具体如下：

一、因一方当事人违章行为造成交通事故的，有违章行为的一方应当负事故的全部责任，其他方不负交通事故责任。

二、因两方当事人的违章行为共同造成交通事故的，违章行为在交通事故中作用大的一方负主要责任，另一方负次要责任；违章行为在交通事故中作用基本相当的，两方负同等责任。

三、三方以上当事人的违章行为共同造成交通事故的，根据各自的违章行为在交通事故中的作用大小划分责任。

四、当事人逃逸或故意破坏、伪造现场，毁灭证据，使交通事故责任无法认定的，应当负全部责任。

五、当事人一方有条件报案而未报案或者未及时报案，使交通事故责任无法认定的，应当负全部责任。

六、当事人双方有条件报案而均未报案或者未及时报案，使交通事故责任无法认定的，应当负同等责任。但机动车与非机动车、行人发生交通事故的，机动车一方应负主要责任，非机动车、行人一方负次要责任。

说明二　交通事故处理流程

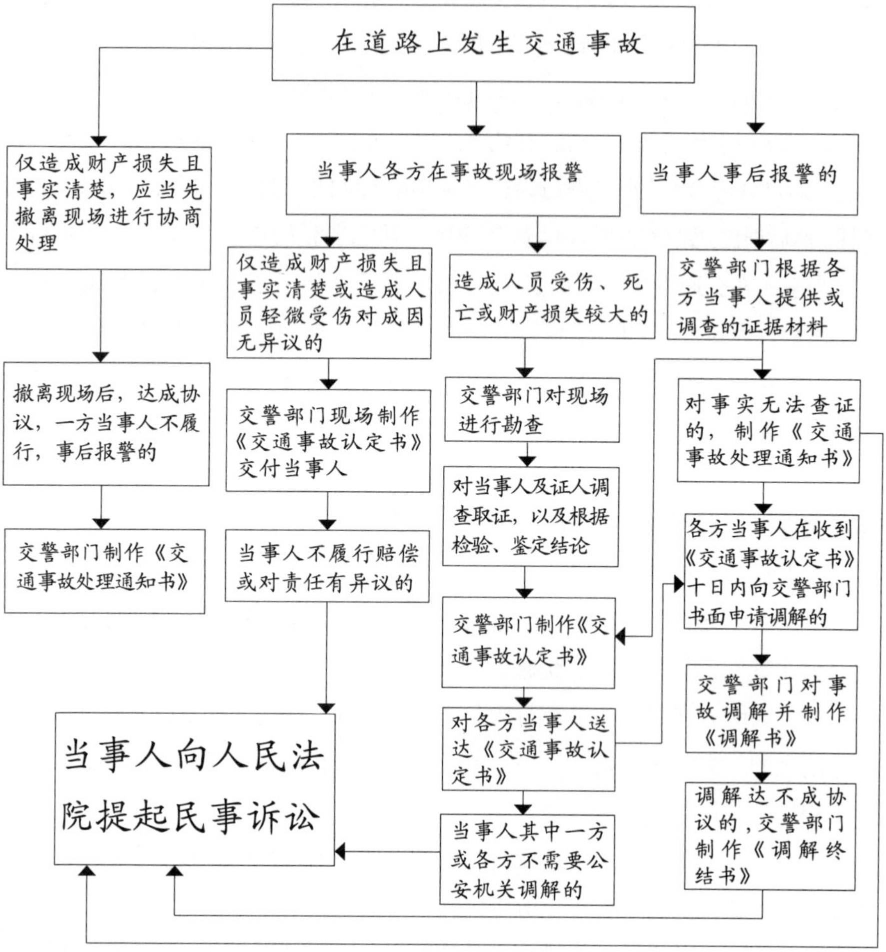

目　录

第一章　机动车会车事故责任认定

第二章　机动车超车事故责任认定

CONTENTS

第四章　机动车路口事故责任认定

第五章　机动车掉头事故责任认定

CONTENTS

第八章 机动车超速事故责任认定

第九章 机动车信号灯事故责任认定

CONTENTS

第十三章　其他事故责任认定

CONTENTS

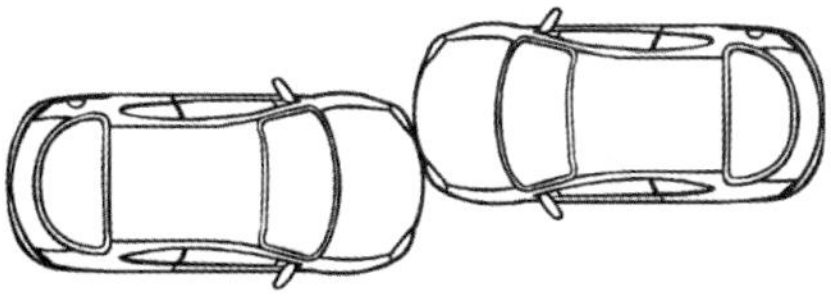

第一章 机动车会车事故责任认定

1. 在没有中心线或隔离设施的道路上会车时，有障碍一方未让无障碍一方先行

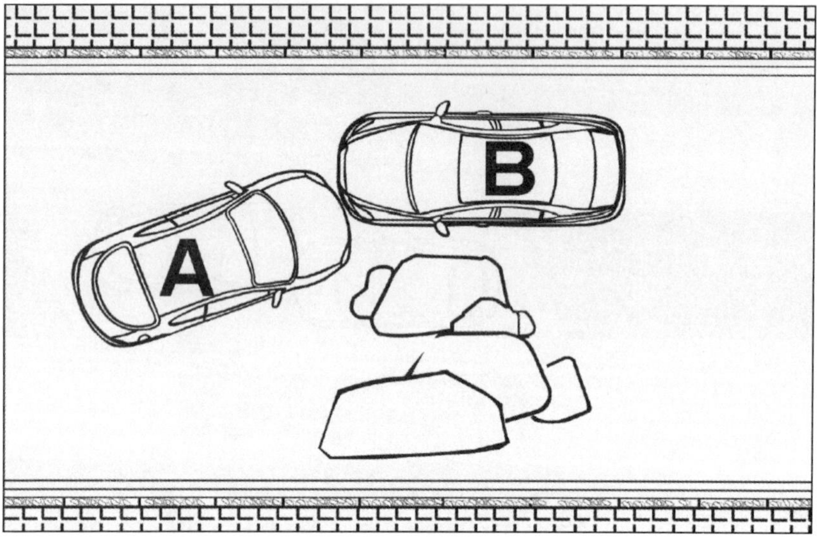

如图所示，A 车与 B 车在没有中心线或隔离设施的道路上会车，A 车作为有障碍一方，未让无障碍的 B 车先行，与 B 车发生事故，A 车负全部责任。

♦ 交警解答

《中华人民共和国道路交通安全法实施条例》（以下简称《实施条例》）第四十八条规定，在没有中心隔离设施或者没有中心线的道路上，机动车遇相对方向来车时，在有障碍的路段，无障碍的一方先行。

例如，两辆机动车在一条混合行驶的道路上相遇，如果甲车的前方有一个土堆阻挡，这时甲车就必须让对向车先过去，才能绕行土堆。如果甲车不让行造成事故，甲就应负全部责任。

2. 有障碍一方已驶入障碍路段，无障碍一方未驶入时，无障碍一方未让有障碍一方先行

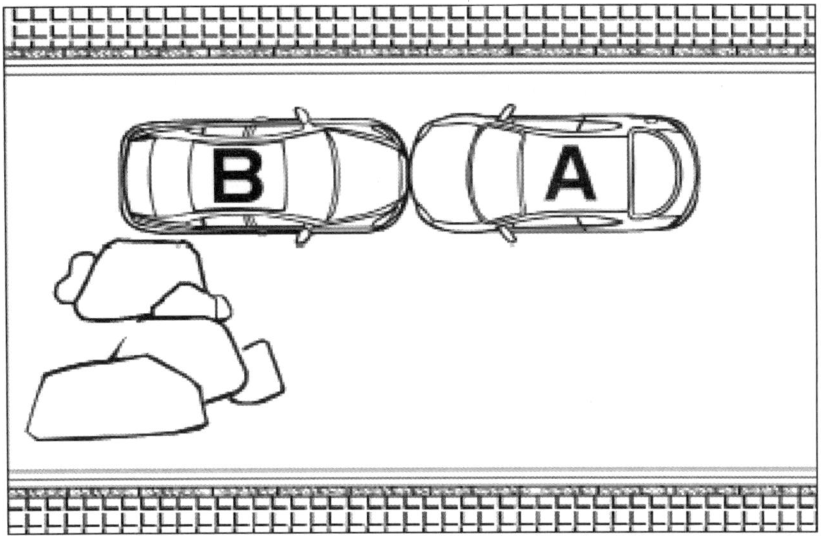

如图所示，A 车与 B 车在没有中心线或隔离设施的道路上会车，B 车作为有障碍一方已驶入障碍路段，而 A 车作为无障碍一方尚未驶入，由于 A 车未让 B 车先行导致发生事故，A 车负全部责任。

◆ 交警解答

《实施条例》第四十八条规定，在没有中心隔离设施或者没有中心线的道路上，机动车在有障碍的路段会车时，若有障碍的一方已驶入障碍路段而无障碍的一方未驶入时，有障碍的一方先行。

例如，在一条东西方向的混合道路北侧有一堆砖头，甲车自东向西行驶并正在绕行砖堆，而乙车自西向东行驶，在发现道路狭窄且甲车已经驶入障碍路段时，未靠边让行，还要强行会车，致使发生交通事故，则乙就应负全部责任。

◆ 案例链接

北京郊区一条南北走向的道路路面全宽 7 米，道路东侧有 2 米宽的土路肩。在道路西侧有农民堆放的沙子，长 27 米，宽 3 米，有效路面只有 4 米宽，供

来往车辆通行。

一天下午，某厂工人吴某驾驶两轮摩托车由北往南行驶超越沙堆，这时有运输个体户驾驶员齐某驾驶小四轮拖拉机由南往北驶入堆沙路段。当两车相距5米远时，吴某见路窄即制动，摩托车后轮向右侧滑，冲向左前方。齐某见状紧急制动，并向右打方向躲闪，以致摩托车与拖拉机左前大灯处相撞，吴某摔倒在地，被拖拉机挂车左前轮从身上轧过，当场死亡。拖拉机开出路外，停在东侧土路上。

法院经审理认为，吴某驶入沙堆路段在前，齐某见到吴某尚未驶出沙堆路段时，在两车并排通行有危险的情况下，应停车避让，但齐某仍继续前行，且车辆制动不合格，其行为明显违法，应负交通事故的主要责任；吴某制动时后轮侧滑，斜向驶至拖拉机前被撞，本身也有过失；农民堆沙占路的行为违法，也应承担一部分责任。

3. 在狭窄的坡道上会车时，下坡车未让上坡车先行

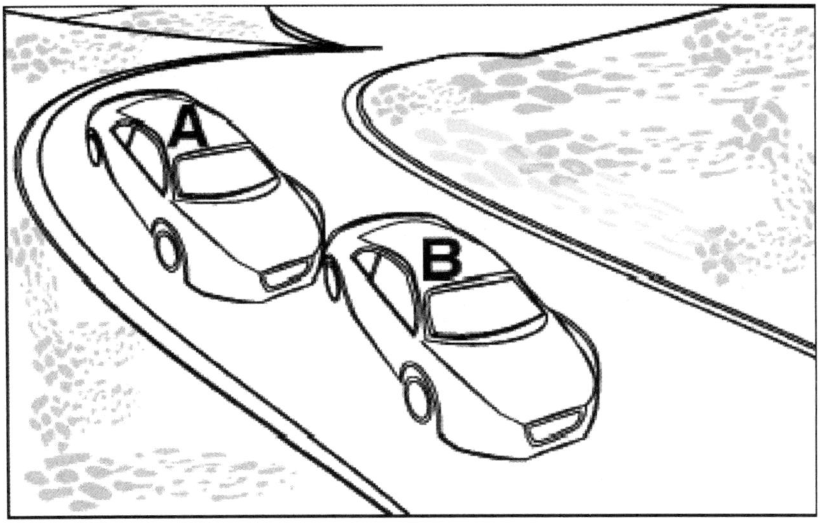

如图所示，A 车在坡路上下坡时，发现 B 车正在上坡，未让 B 车先行，造成碰撞，A 车负全部责任。

◆ 交警解答

《实施条例》第四十八条规定，在没有中心隔离设施或者没有中心线的狭窄坡路上会车时，上坡的一方先行。

这是考虑到上坡车要克服坡道阻力，必须加大油门，使发动机发出更大的能量和牵引力，一鼓作气才能完成爬坡过程。如果中途减速或停车，就会增加爬坡困难，甚至车辆要向后溜滑而发生事故。

4. 下坡车已行至中途而上坡车未上坡，上坡车未让下坡车先行

如图所示，A 车正在坡路下准备上坡，发现 B 车正在下坡，未让 B 车先行，造成事故，A 车负全部责任。

♦ 交警解答

《实施条例》第四十八条规定，在没有中心隔离设施或者没有中心线的狭窄坡路上会车时，下坡的一方已行至中途而上坡的一方未上坡时，下坡的一方先行。

这是考虑到下坡车在车辆重力作用下，沿坡道的分力会推动车辆前进，使车速越来越快。如果中途减速或停车，就必须频繁运用制动，这样既容易使制动失效，又潜藏着车辆侧滑或翻车的危险。

5.在狭窄的山路上会车时，靠山体一方未让不靠山体一方先行

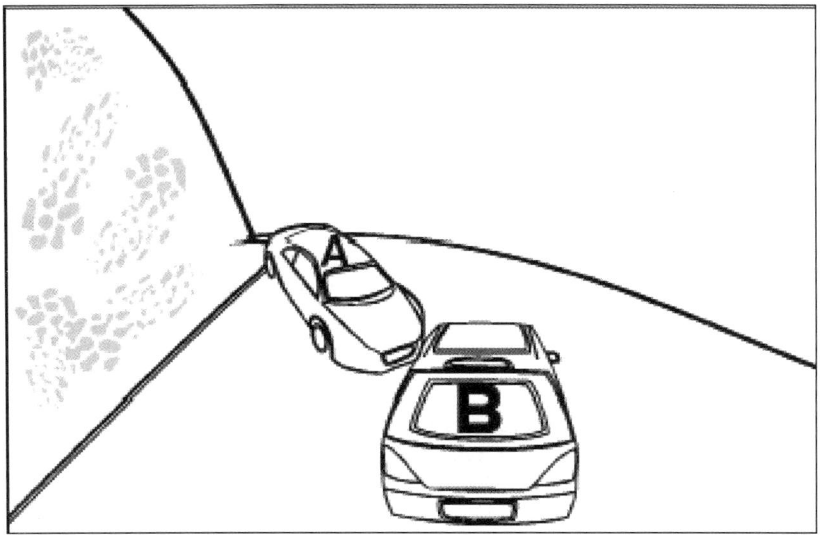

如图所示，A 车在狭窄山路上靠近山体一侧行驶时，未让不靠山体一侧的 B 车先行，与 B 车发生事故，A 车负全部责任。

◆ 交警解答

《实施条例》第四十八条规定，在狭窄的山路上，不靠近山体的一方先行。因为不靠近山体的一方临崖靠涧，加上路基可能松软，稍有偏差就有翻车的危险。

◆ 案例链接

2012 年 6 月 27 日下午 15 时许，山西境内太原往古交方向晋源山的乱石滩附近发生一起交通事故。

当时山路狭窄，三辆重型卡车在会车时挤到了一起，你不让我，我不让你。结果，最靠山体外侧的一辆运煤重型卡车被挤出路外，并沿山坡滚到了沟底。

当时车上共有 3 人，2 人受轻伤，另一名副驾驶伤势较重，最后被消防官兵救出。

6. 在有中心线的道路上一方占线会车

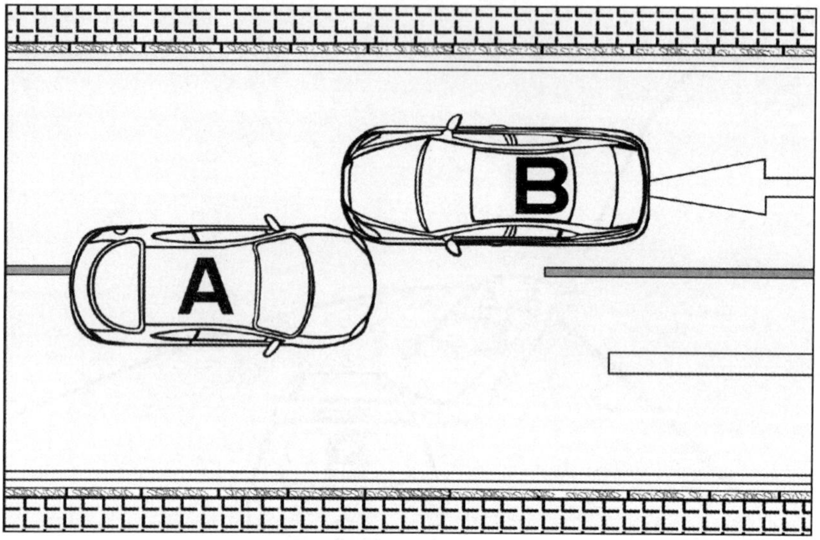

如图所示，在有中心线的道路上，A 车不靠右行驶，而是靠道路中间压着中心线行驶，和对向正常行驶的 B 车发生事故，A 车负全部责任。

♦ 交警解答

《中华人民共和国道路交通安全法》（以下简称《交通安全法》）第三十八条规定，车辆、行人应当按照交通信号通行。这里所说的“交通信号”，包括交通信号灯、交通标志和交通标线。A 车压着道路中心线行驶，显然没有按照交通标线通行，因此要负全责。

♦ 案例链接

2012 年 7 月 29 日 22 时许，在国道 323 线 914 公里路段发生一起交通事故，一辆大型客车和一辆小型轿车相撞在一起。小轿车整个车头及左侧车门完全报废变形。由于伤势过重，小轿车驾驶员最终未能成功脱险。

经初步勘查，事故发生路段路况良好，视野清晰。两车的碰撞点出现在大客车车道内，现场未找到任何小轿车刹车的迹象。显然，小轿车占线会车的可能性非常大。

7. 在有中心线的道路上双方占线会车

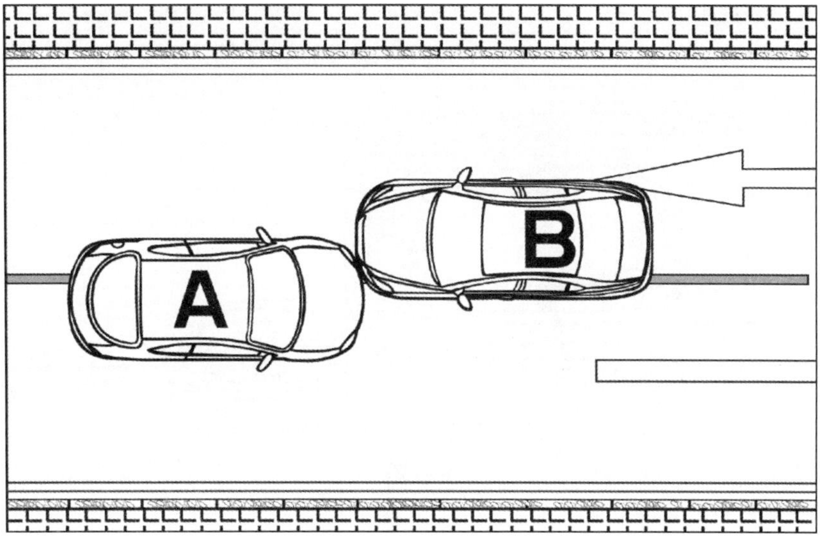

如图所示，在有中心线的道路上，A 车越线行驶，与对向同样越线行驶的 B 车发生事故，A 车和 B 车负同等责任。

◆ 交警解答

图示中 A 车和 B 车显然均违反了《交通安全法》第三十八条的规定，即未按照交通标线通行，所以双方负同等责任。

◆ 案例链接

2012 年 10 月 8 号上午，在厦门市同安区环城西路，吕某驾驶一辆摩托车越过中心线超越前方的一辆重型自卸货车时，与对面一辆也在越线行驶的轻型厢式货车发生刮碰。吕某人车倒地的瞬间，被后方的重型自卸货车碾压，当场死亡。

交警部门认定，在这场车祸中，吕某和轻型厢式货车司机承担同等责任。

8．车体未越线但装载物越过中心线的机动车与对向机动车发生事故

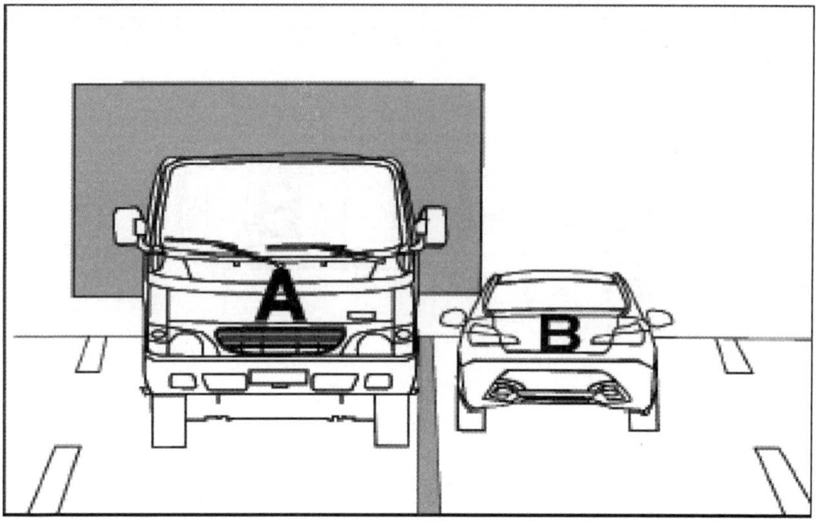

如图所示，在有中心线的道路上，A车装载不当，装载物明显越出车体宽度，在与对向正常行驶的B车会车时发生事故，A车负主要以上责任。

♦ 交警解答

《交通安全法》第四十八条规定，机动车载物的长、宽、高不得违反装载要求。《实施条例》第五十四条进一步规定，机动车装载长度、宽度不得超出车厢。

这里也提醒机动车驾驶人，在会车时若发现对向车辆装载物超宽，一定要靠右行驶。

♦ 案例链接

2012年2月18日，国道210线南丹境内发生一起特大交通事故。

当日早上7时许，赵某驾驶一辆改装重型半挂车，由南丹方向往贵州方向行驶，至国道210线南丹拉昔下坡路段时控制不当，半挂车左前角上部超宽部分与对向驶来的崔某驾驶的大型双层卧铺客车车厢左侧上部发生碰刮，导致大客车上层靠左侧窗边的6名乘客（2名女性，4名男性）当场死亡。

9. 越过道路几何中心线会车时与对向机动车发生事故

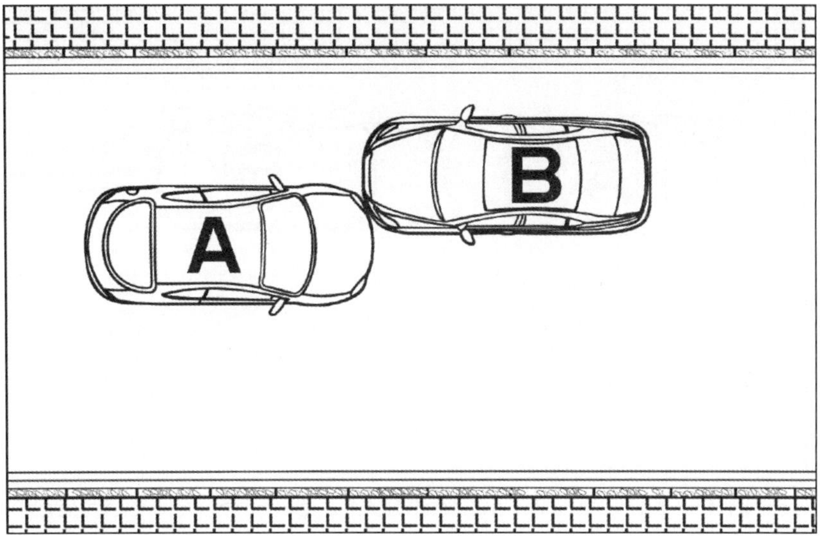

如图所示，在没有划中心线的狭窄道路会车时，A 车明显越出道路的几何中心线，与靠右行驶的 B 车相撞，A 车负全部责任。

◆ 交警解答

《实施条例》第四十八条规定，在没有中心隔离设施或者没有中心线的道路上，机动车遇相对方向来车时，应当减速靠右行驶，并与其他车辆、行人保持必要的安全距离。

一般情况下，在没有中心线的道路上发生会车事故时，交警在处理时会以目测的几何中心线为界，若一车明显越过几何中心线，而另一车靠右行驶，则判定前者负全部责任。

10. 逆行的机动车与对向机动车发生事故

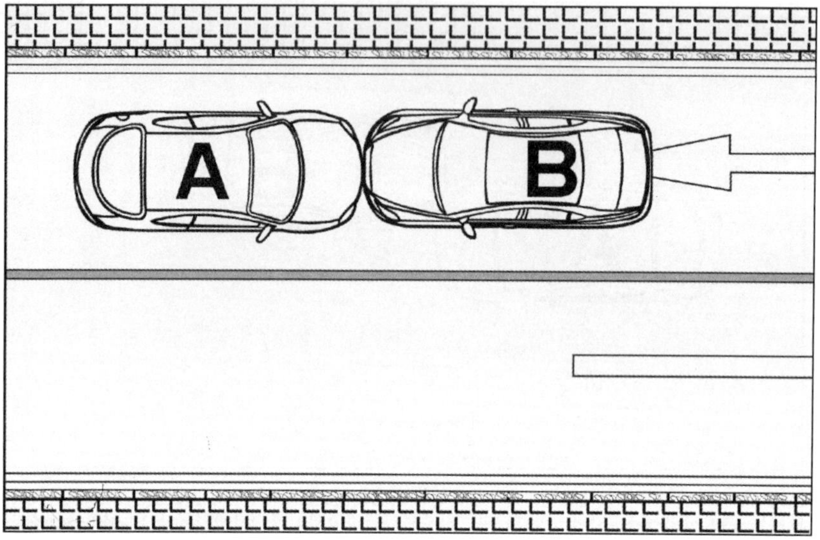

如图所示，B 车在自己的车道内正常行驶，A 车在同一车道内逆向行驶，发生碰撞，A 车负全部责任。

♦ 交警解答

什么叫逆行？按照《交通安全法》第三十五条规定："机动车、非机动车实行右侧通行。"也就是说，以道路中心线为界，在中心线右侧行驶为正常行为，在中心线左侧行驶则为逆行。

具体来说，所谓逆向行驶，一般是指机动车在划有道路中心线或中心隔离设施的道路中，在道路中心线或中心隔离设施的左侧行驶；在无道路中心线或中心隔离设施的道路上，如果道路划有机动车与非机动车分道线或设有分隔设施的，车辆在左侧非机动车道行驶也属于逆向行驶；另外，在单行道上未按照规定的方向行驶，也属于逆向行驶。

逆向行驶是一种非常严重的交通违法行为，所造成的负面影响很大，轻则引起交通堵塞，降低道路通行能力；重则发生重大交通事故，甚至造成车毁人亡的恶性后果。

因此，凡是因逆向行驶发生事故的，非特殊情况下，一般都要负全部责任。

◆ 案例链接

2010年5月23日3时左右，长深高速公路辽宁境内发生一起特大交通事故，一辆大货车逆向行驶，与一辆正常行驶的豪华卧铺大客车相撞起火，造成33人死亡，24人受伤。

据介绍，事发时，大货车从服务区出来后，因方向辨别错误造成逆向行驶，与正常行驶的由天津开往哈尔滨的宇通豪华卧铺大客车相撞并起火，致使货车上3人当场死亡，大客车上29人当场死亡，1人送医院后抢救无效死亡，其中包括一名1岁多的婴儿。

11. 在非机动车道逆向行驶的机动车与对向借道行驶的机动车发生事故

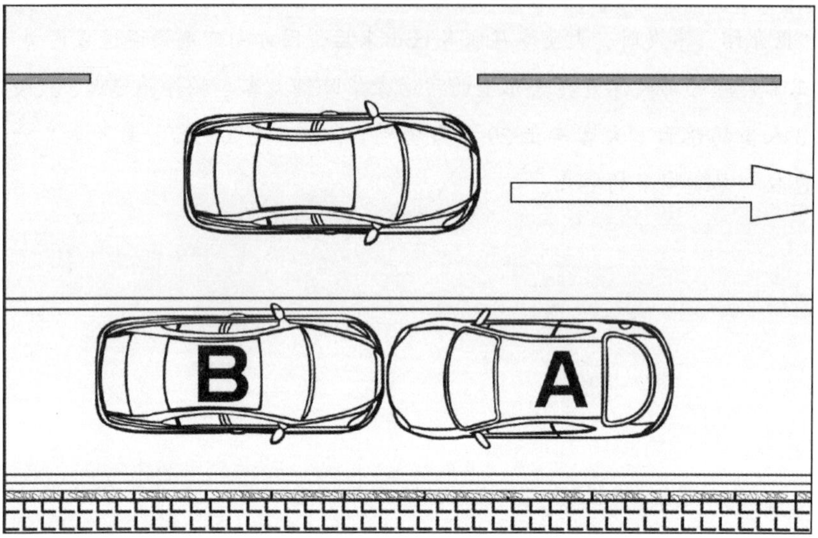

如图所示，A车在非机动车道内逆行，与对向正在非机动车道内借道行驶的B车发生碰撞，A车负主要责任。

♦ 交警解答

《交通安全法》第三十六条规定，道路划分为机动车道、非机动车道的，机动车和非机动车实行分道行驶。没有划分机动车道、非机动车道的，机动车在道路中间通行，非机动车在道路两侧通行。当前方道路堵塞时，机动车不能借用非机动车道行驶，应依次排队等候。在特殊情况下需要借道的，也必须遵守一般规则并保证安全。

具体来说，若B车在非机动车道内为正常借道行驶，则A车承担全部责任；若B车为非正常借道的，则A车承担主要责任，B车承担次要责任。因为A车违法借用非机动车道而且逆向行驶，显然应负主要责任。

12. 借用非机动车道行驶的机动车与同向从机动车道内右转弯的机动车发生事故

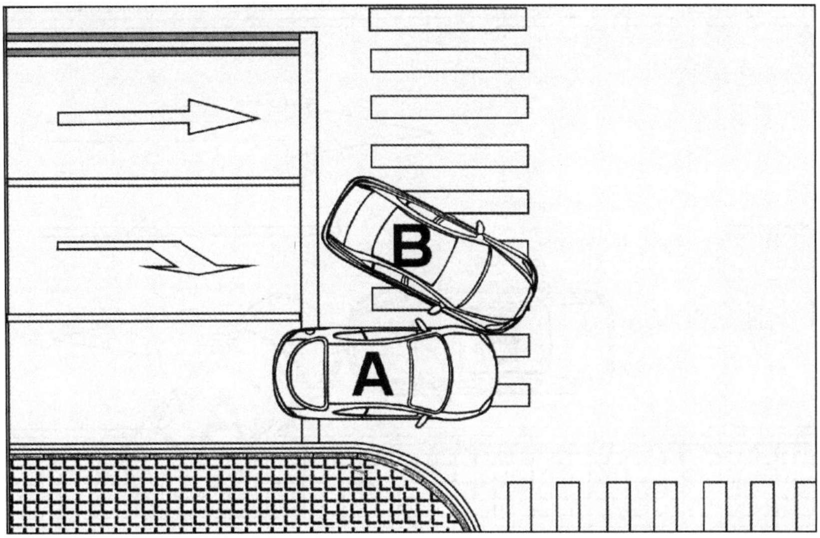

如图所示，A 车借用非机动车道行驶，与正从机动车道内右转弯的 B 车发生碰撞，A 车负主要责任。

◆ 交警解答

从机动车道转弯驶入非机动车道或者人行道的机动车，与在非机动车道或者人行道内行驶的机动车发生事故时，若在非机动车道或者人行道内行驶的机动车为正常借道行驶的，双方承担同等责任；若在非机动车道或者人行道内行驶的机动车为非正常借道的，则承担主要以上责任。转弯机动车有过错的承担次要责任，无过错的不承担责任。

13. 从路外左转弯驶入道路的机动车与道路内行驶的机动车发生事故

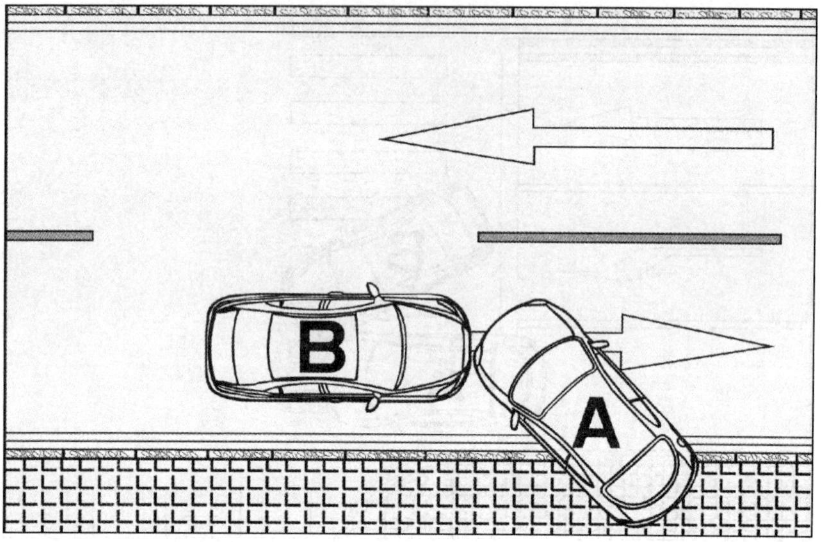

如图所示，B 车在道路上正常行驶，A 车从路外左转弯进入车道，与 B 车发生碰撞，A 车负全部责任。

♦ 交警解答

《道路交通事故处理程序规定》第四十六条指出，因一方当事人的过错导致道路交通事故的，承担全部责任。

A 车从路外驶入车道，应该保证车道内正常行驶的车辆优先、安全、畅通，而且 A 车是左转弯进入车道，属于占道逆行，可谓错加上错，因此要承担事故的全部责任。

14. 从路外右转弯驶入道路的机动车与对向在道路内逆行的机动车发生事故

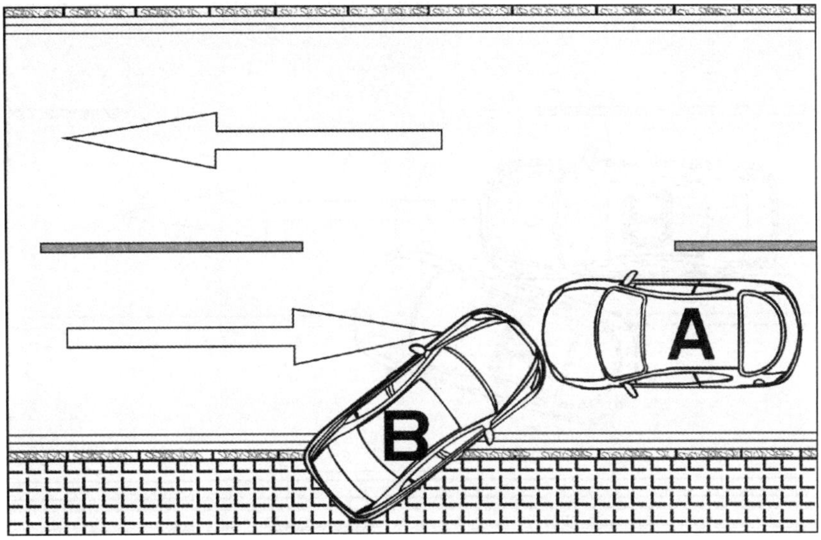

如图所示，A 车在道路上逆向行驶，B 车从路外右转弯进入车道，A 车与 B 车发生碰撞，则 A 车承担主要责任，B 车承担次要责任。

◆ 交警解答

B 车从路外右转弯驶入车道，这属于正常的驾驶行为，并且坚持了保证本车道内正常行驶的车辆优先、安全、畅通的原则，事故的发生主要是由于 A 车逆行造成的。但 B 车在驶入车道前，观察车道内的行车状况时也有所疏忽，所以 A 车应负主要责任，B 车应负次要责任。

◆ 案例链接

2000 年 1 月 11 日清晨，张某驾驶双排座货车由北向南行至延庆县八达岭路 70.1 公里处，因雪天路滑且超速行驶，遇情况刹车时驶入逆行车道，与路外正右转弯进入车道的女子程某驾驶的摩托车相撞，造成程某闭合性颅脑损伤，经抢救无效死亡。

经警方勘察认定，张某负此次事故的主要责任。

15. 从非机动车道或人行道左转弯驶入机动车道与同向机动车发生事故

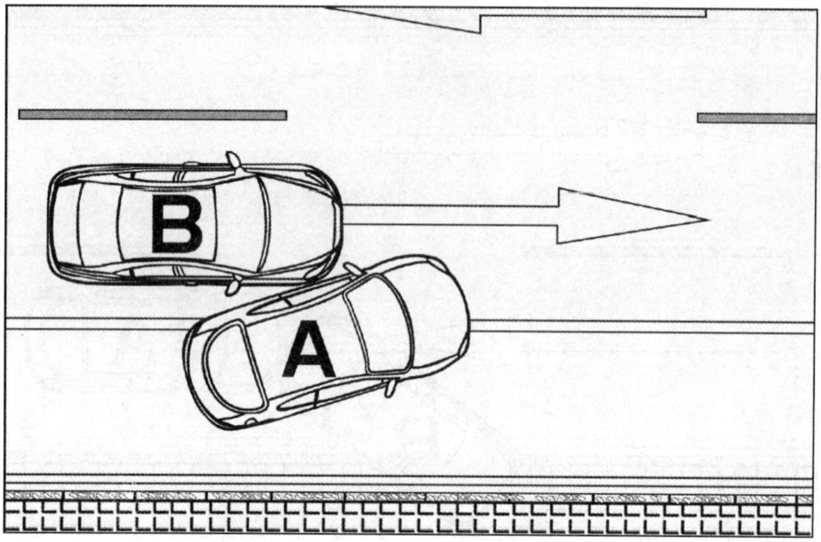

如图所示，A 车从非机动车道左转弯驶入机动车道，与同向行驶的 B 车发生事故，A 车应负主要以上责任。

◆ 交警解答

《实施条例》第五十二条规定，机动车在通过没有交通信号灯控制也没有交警指挥的路口时，转弯的车辆让直行的车辆先行。

不过，若 B 车在较远的地方就发现 A 车发出左转弯信号，但是并未减速靠左行驶，导致事故，则 B 车也应承担一定的责任。

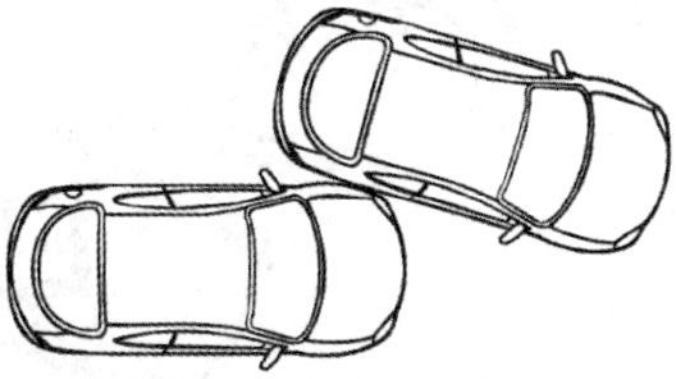

第二章 机动车超车事故责任认定

1. 超越前方正在左转弯的车

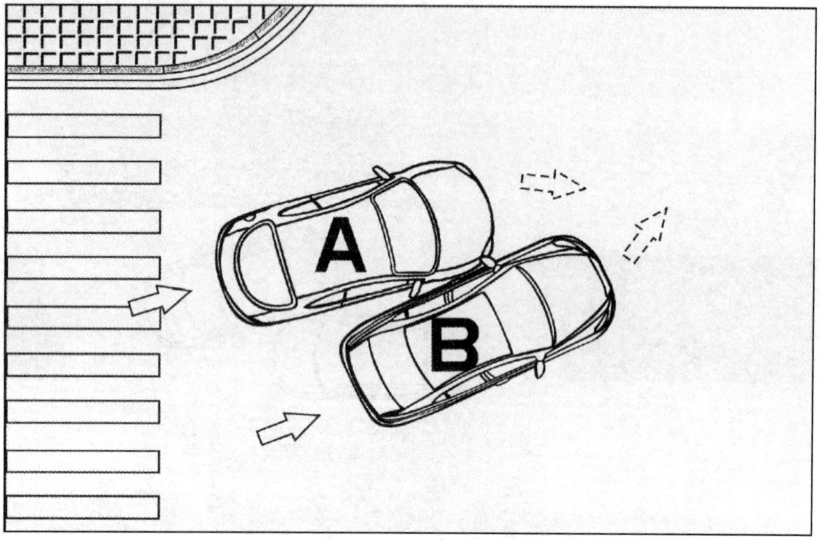

如图所示，B 车正在车道上左转弯，A 车发现后，仍试图从 B 车左侧超车，结果与 B 车发生碰撞，则 A 车负全部责任。

◆ 交警解答

《交通安全法》第四十三条规定，同车道行驶的机动车，后车应当与前车保持足以采取紧急制动措施的安全距离，前车正在左转弯时不得超车。

《实施条例》第四十九条又规定，机动车在没有禁止左转弯标志、标线的地点可以掉头，但不得妨碍正常行驶的其他车辆和行人的通行。

若 B 车左转弯的地点并没有禁止左转弯的标志或标线，而且提前打左转向灯提醒后车，并在左转弯的时候与后车保持了足够的安全距离，事故完全是由 A 车强行超车造成的，则 B 车无责任；若 B 车没有做到以上几点，则应承担相应的责任。

2. 超越前方正在掉头的车

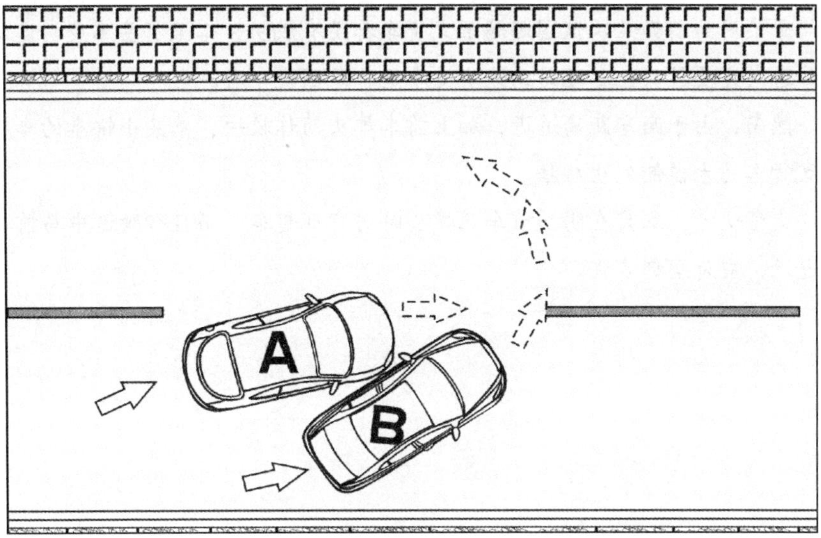

如图所示，B 车正在车道上掉头，A 车在发现 B 车的意图后，仍试图从 B 车左侧超车，结果与 B 车发生碰撞，则 A 车负全部责任。

◆ 交警解答

作为 A 车当事人，可能对自己负全部责任存有异议。其一，A 车认为自己虽然是在超车，但是车子是直行的，B 车是在掉头，因此，B 车应承担事故的全部责任；其二，A 车在超车过程中，右侧车身与正在前方掉头的 B 车车头发生碰撞，是 B 车碰了 A 车，B 车要负事故的全部责任；其三，A 车在超车过程中，车头与正在前方掉头的 B 车的车头发生碰撞，因此双方都有过错，应承担事故的同等责任。

然而，《交通安全法》第四十三条规定，同车道行驶的机动车，后车应当与前车保持足以采取紧急制动措施的安全距离。前车正在掉头的，不得超车。

当然，B 车在未禁止掉头的地点掉头之前，要注意观察同向和对向车辆情况，尽量不要妨碍直行车辆通行，同时要做到提前打左转向灯，并在掉头时与后车保持足够的安全距离。

◆ 案例链接

覃某驾驶小轿车，尾随同车道一辆厢式货车行驶。这时，厢式货车打开了左转向灯，示意要掉头。

覃某因为前面几次试图超越厢式货车都没有成功，心里有些不爽，这次明明知道对方要掉头，但还是向左变更车道，试图侥幸实施超车。

然而，由于两车距离过近，加上前车掉头动作较快，覃某小轿车的车头与厢式货车的左前侧发生碰挂。

交警认定，覃某在明知前车正掉头时仍盲目超车，而且行驶途中与前车距离过近，应负全部责任。

3. 超越前方正在超车的车

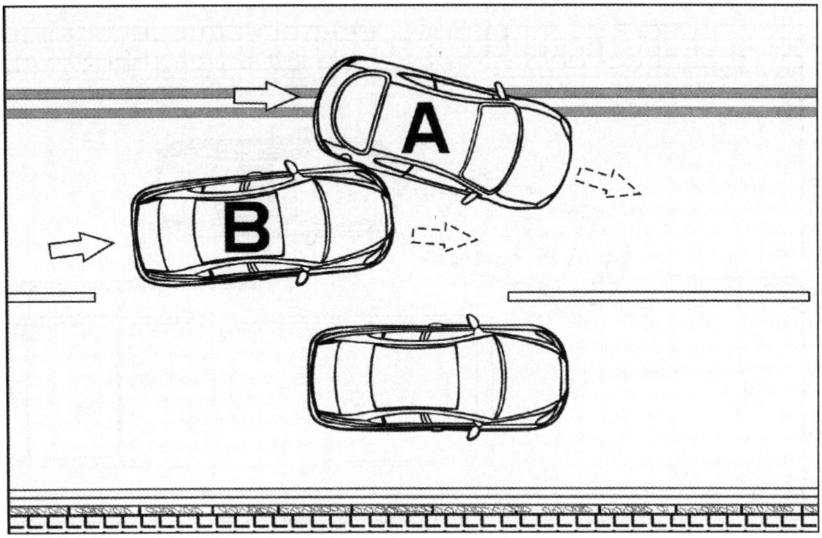

如图所示，A 车在行驶途中，看见前面的 B 车打左转向灯准备变道超车，但 A 车仍试图从 B 车左侧超车，结果与 B 车发生碰撞，则 A 车负全部责任。

◆ 交警解答

《交通安全法》第四十三条规定，前车正在超车时，不得超车。A 车在发现 B 车正在超车时仍试图超车，所以应负全责。

另一方面，对于 B 车来说，在接收到后车发出的超车信号后，在没有道路中心线或者同方向只有 1 条机动车道的道路上，为安全起见，就不要再试图超车，而是降低速度，靠右让行，在条件许可的情况下再实行超车。

◆ 案例链接

2003 年 5 月，兰州市的梁某驾驶客车正常行驶，远远发现前方车道上停放着一辆装载木材的解放牌大卡车。

行至离卡车 20 米处时，梁某正准备从卡车左侧超车，突然从后方驶来一辆中型面包车，抢先从卡车左侧超车。梁某急打方向盘，打算从卡车右侧超车，没想到，对面一个小伙子正骑着自行车冲过来。梁某反应不及，自行车被撞成麻花，客车右前轮从小伙子的腿上轧过，造成对方腿部粉碎性骨折。

4．与对面来车有会车可能时超车

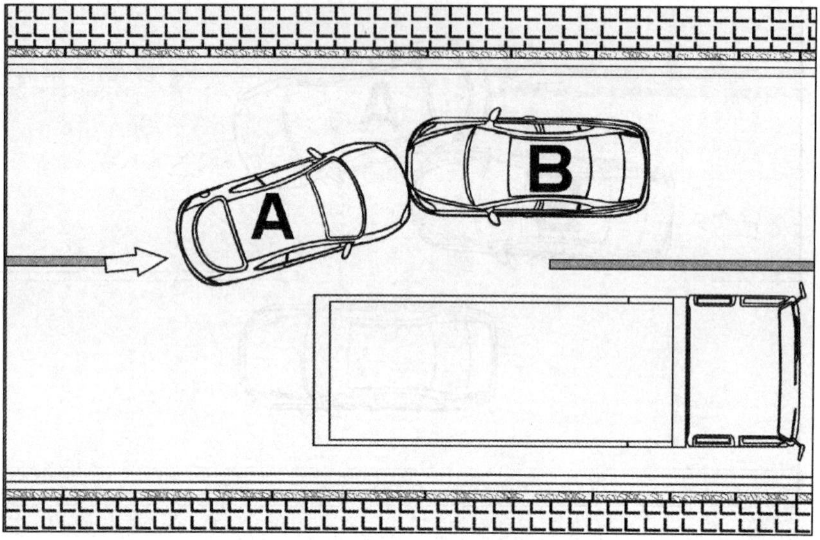

如图所示，A 车从前方正常行驶的货车左侧超车的过程中，与对面驶来的 B 车发生碰撞，则 A 车负全部责任。

◆ 交警解答

对于以上事故，可能存在几种争议：其一，A 车认为 B 车看见自己超车应当避让，因此 B 车应负全责；其二，A 车认为 B 车如果避让一下，自己完全可以超过去，因此两车应分别承担一半责任。

然而，《交通安全法》第四十三条规定，与对面来车有会车可能的，不得超车。遇到这种情况，A 车应该先判断自己超车是否影响对面的来车。在确定对向车道无车辆的情况下，才能超车。

5. 行经交叉路口超车

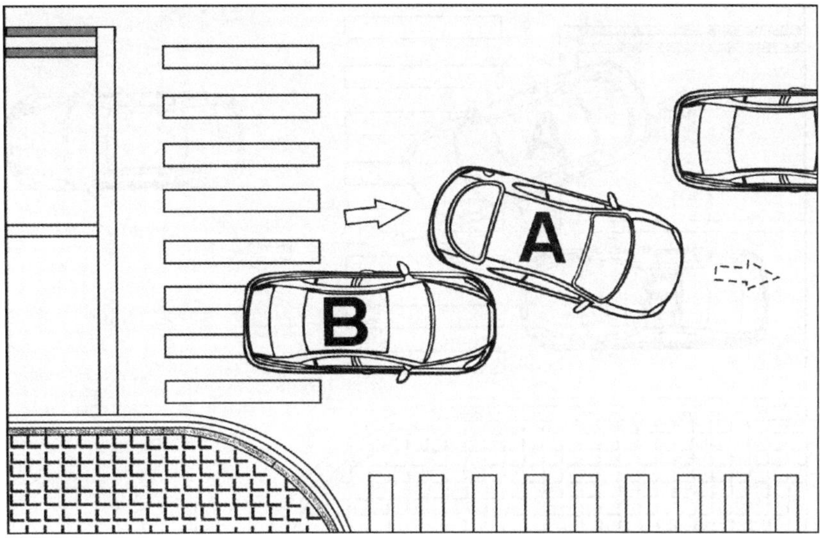

如图所示，行经交叉路口，A 车在超越同方向行驶的 B 车过程中与 B 车发生事故，则 A 车承担全部责任。

◆ 交警解答

《交通安全法》第四十三条规定，行经交叉路口等没有超车条件的路段时，不得超车。

因为交叉路口是各种人流和车流汇聚的地方，交通状况复杂，明显不具备超车条件。在这个路段超车，只会使交通状况更加复杂化。

◆ 案例链接

2004 年 3 月 25 日凌晨 3 点左右，张某驾驶自购的解放大货车，同车三人，一起经即墨市由东而西而行。一路上车稀人少，张某不顾视线不良，见车就超。

当行至南泉镇十字路口时，张某还想抢道而过。这时，河南濮阳汽车运输公司的一辆大客车正从侧向车道高速驶来。它也是刚高速超过一辆货车，盘算着快速通过路口。双方都看到了对方，但是各不相让，都夺路狂奔。最终，两车在路口激烈相撞，共造成 4 人死亡。

6. 在人行横道超车

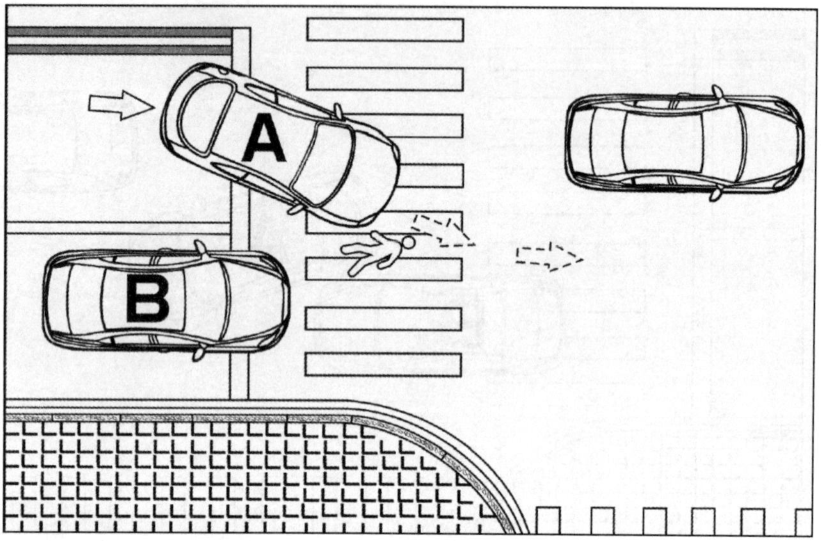

如图所示，行经人行横道，A 车在超越同方向行驶的 B 车过程中与人行横道上的行人发生事故，则 A 车承担全部责任。

◆ 交警解答

在各国交通法规中，都把保证行人安全放在第一位。相比车辆，行人是弱者，而人行横道又是行人的主要过路通道，因此必须放在优先位置，严禁超车。

《交通安全法》第四十三条规定，行经人行横道等没有超车条件的路段时，不得超车。第四十七条规定，机动车行经人行横道时，应当减速行驶；遇行人正在通过人行横道，应当停车让行。

◆ 案例链接

2006 年 6 月 12 日 9 时，张某驾驶捷达车在前，黄某驾驶夏利车在后，两车沿同一路段由南向北行驶。

当行驶至一处人行横道时，前面的捷达车车主见行人李某正在人行横道上由东向西行走，即停车让行。然而，后面的夏利车却从捷达车左侧超车，结果将行人李某撞倒致伤。警方认定，夏利车驾驶人黄某负全部责任。

7. 在窄桥上超车

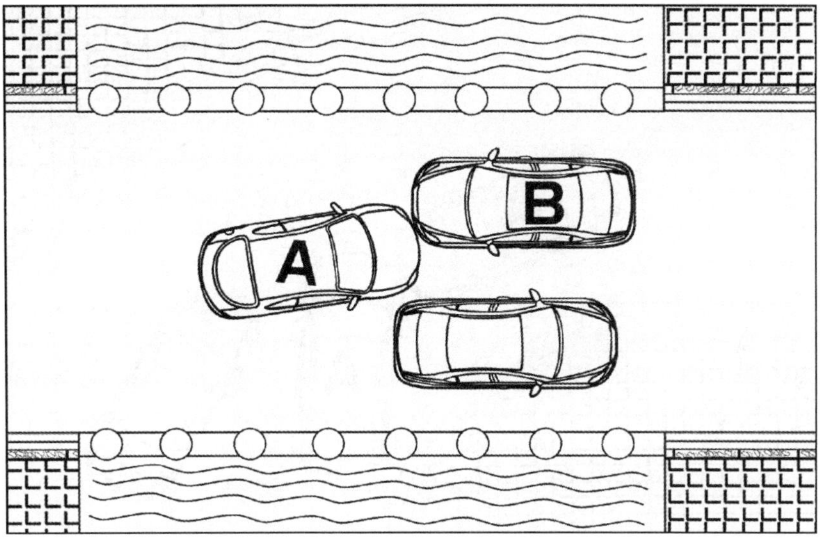

如图所示，A 车行经窄桥时，试图超越同方向行驶的车辆，结果撞上对向行驶的 B 车，则 A 车承担全部责任。

◆ 交警解答

《交通安全法》第四十三条规定，行经窄桥等没有超车条件的路段时，不得超车。因为窄桥根本不具备超车条件，在这种路段超车，说严重点，就是拿他人和自己的安全甚至生命开玩笑。

8. 在弯道处超车

如图所示，在行经弯道时，A 车试图超越前车，由于视线不清、车速过快，与对向驶来的 B 车相撞，则 A 车承担全部责任。

♦ 交警解答

《交通安全法》第四十三条规定，行经弯道等没有超车条件的路段时，不得超车。需要说明的是，弯道不能超车，主要是指在同一车道行驶时，后方车辆不能超车。如果是多个车道，且两车在不同车道行驶，那么超车是没问题的。

为什么弯道不能超车？因为单车道超车，必须要借对向车道占道完成，而在弯道处视线距离极为有限，所以占道超车时发生撞车的危险性很大。

♦ 案例链接

2007 年 7 月 13 日中午，在西藏 318 国道曲水段桃花村境内发生了一起重大旅游交通事故。

一辆西藏博达旅游客运公司的旅游大巴在前往日喀则途中，行驶至曲水县境内一弯道处，因司机强行超车，导致车辆坠入 80 米深的雅鲁藏布江，造成包括司机、导游在内的 15 人死亡，2 人失踪，13 人受伤。

9. 在陡坡上超车

如图所示，A 车在下坡过程中超越前车，与对向正在上坡的 B 车相撞，则 A 车承担全部责任。

◆ 交警解答

《交通安全法》第四十三条规定，行经陡坡等没有超车条件的路段时，不得超车。因为下陡坡本来就要利用低挡和发动机的制动来控制速度，再加上下坡的惯性，如果超车的话，速度很难控制，容易发生交通事故。

10. 在隧道内超车

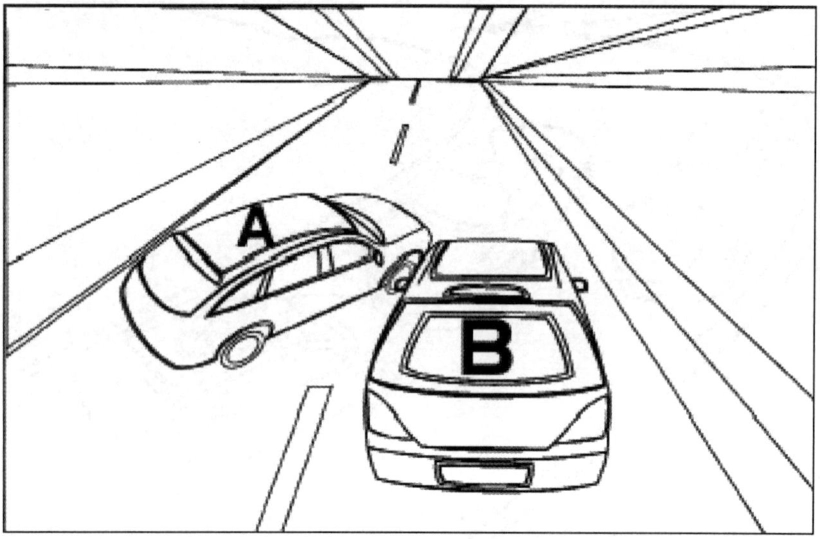

如图所示，A 车在隧道内超越同方向行驶的 B 车，与 B 车发生碰撞，则 A 车承担全部责任。

♦ 交警解答

《交通安全法》第四十三条规定，行经隧道等没有超车条件的路段时，不得超车。因为隧道相对狭窄，光线较暗，加上通风不好，地面上机油或其他液体不易干，造成路面湿滑，在里面打方向容易跑偏。从资料看，隧道事故多发的主要原因是变道过程中车辆打滑，失去方向的控制造成碰撞。

♦ 案例链接

2009 年 8 月 22 日下午 16 时，舟山市东山隧道内发生一起三车连环相撞的严重交通事故。

当时一辆别克商务车正由东向西行驶，一辆大巴车则由西向东行驶，一辆出租车跟在别克车后面。别克车加速想要超越前面的车辆时，与迎面而来的大巴正面相撞，出租车随后撞上别克车。结果，别克车被撞得几乎折成两半，车上乘员 2 死 5 伤。

11. 在交通流量大的路段超车

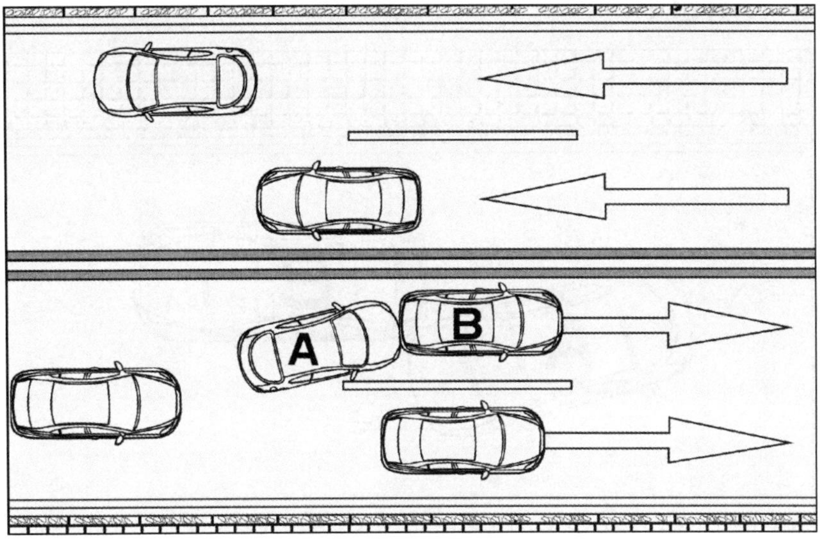

如图所示，A 车在交通流量大的路段超越同方行驶车辆，与左侧车道内的 B 车发生碰撞，则 A 车承担全部责任。

◆ 交警解答

《交通安全法》第四十三条规定，行经市区交通流量大的路段时，不得超车。关于这一点，相信驾驶人都容易理解。

◆ 案例链接

2012 年 7 月 3 日晚 7 时许，禹州市火龙镇东头许昌至洛阳公路上发生一起交通事故，一辆无牌宝马车越线强行超车时，与一辆公交车迎面相撞，宝马车内 1 人死亡、2 人受重伤，公交车上 11 名乘客受伤。

事发地点位于火龙镇镇区，道路较窄，人流、车流量大。当时宝马车由东向西快速行驶，越线强行超车时，与一辆自西向东行驶的公交车迎面相撞。

事故造成宝马车副驾驶位置的一名女子当场死亡，驾驶员丁某头部严重受伤，后排座位一名男子腰椎受伤严重，公交车上 11 名乘客有轻度的磕碰刮伤。

12. 在无中心线或同方向只有一条机动车道的道路上从前车右侧超车

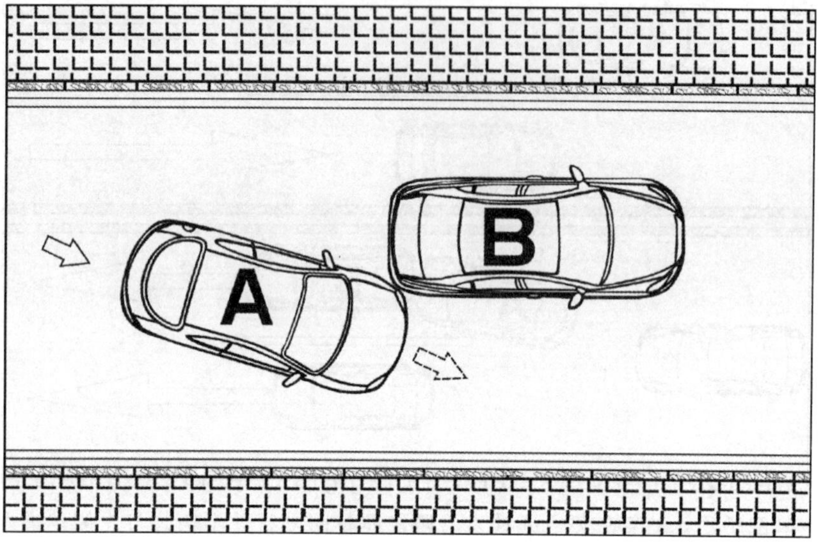

如图所示，在只有一条机动车道的道路上，A 车从右侧超越同方向行驶的 B 车，与 B 车发生碰撞，则 A 车承担全部责任。

♦ 交警解答

《实施条例》第四十七条规定，在没有中心线或同方向只有一条机动车道的道路上，后车应当在确认有充足的安全距离后，从前车的左侧超越。

为何不能从右侧超车呢？因为右侧司机视线受限，加上右侧往往就是非机动车道或人行道，所以从右侧超车很容易出现意想不到的情况。

13. 在有中心线的道路上越线超车

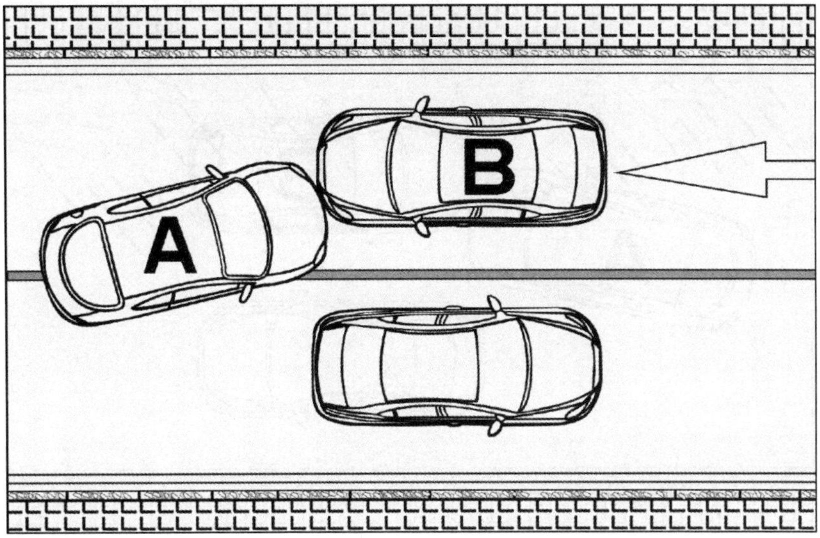

如图所示，A 车试图超越前面的车辆，越过中心线，与对向驶来的 B 车发生碰撞，则 A 车承担全部责任。

♦ 交警解答

《交通安全法》第四十五条规定，机动车遇有前方车辆停车等候或者缓慢行驶时，不得借道超车或者占用对面车道行驶。

具体来说，道路中心线为双黄线或单黄线，作用是分隔对向行驶的交通流；车道分界线为白色虚线，用来分隔同向行驶的交通流；车行道边缘线为白色实线，用来表明车行道边线。其中实线禁止越线，虚线在确保安全的情况下可临时越线。

14. 遇能见度在30米以内的天气时超车

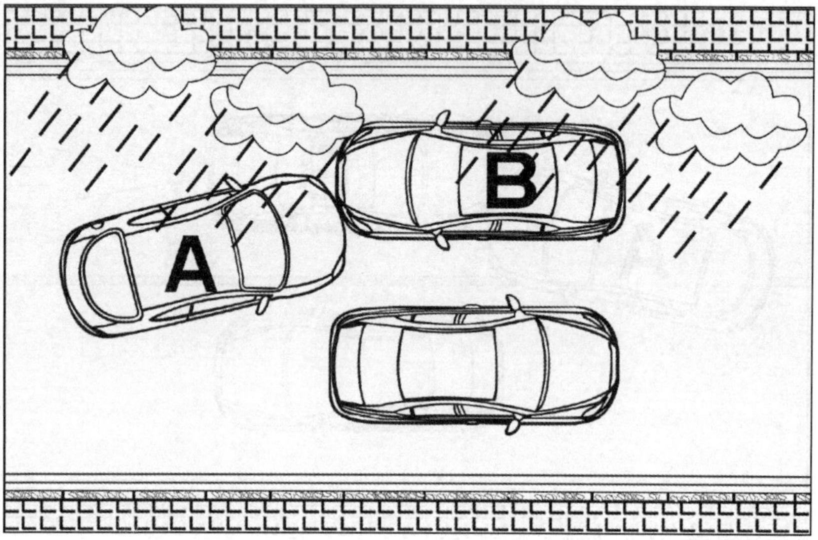

如图所示，大雨滂沱，能见度只有二三十米，A车仍试图超越前车，结果与对向行驶的B车发生碰撞，则A车承担全部责任。

◆ 交警解答

《实施条例》规定，遇雾、雨、雪、沙尘、冰雹，能见度在50米以内时，机动车最高行驶速度不得超过每小时30公里，能见度在30米以内时不允许超车。因为在这样的天气条件下，机动车行驶的安全隐患太多，稍有不慎就可能造成事故。

◆ 案例链接

2000年6月9日，大雾弥漫。安徽省利辛县永兴镇李某驾驶一辆农用小型客车，行至阜蚌路后西队路段时，发现前面有车，竟不顾雾大视线不清，强行超车。

就在这时，对面一辆阜阳市汽车运输公司的大客车正穿云破雾而来。由于雾大，能见度低，距离很近时才相互发现对方，要避让已经来不及了。由于距离近，车速高，撞击异常猛烈。

这次事故导致农用小客车司机李某及3名乘客死亡，大客车乘客14人受伤。

15. 超越执行紧急任务的警车、消防车、救护车或工程救险车

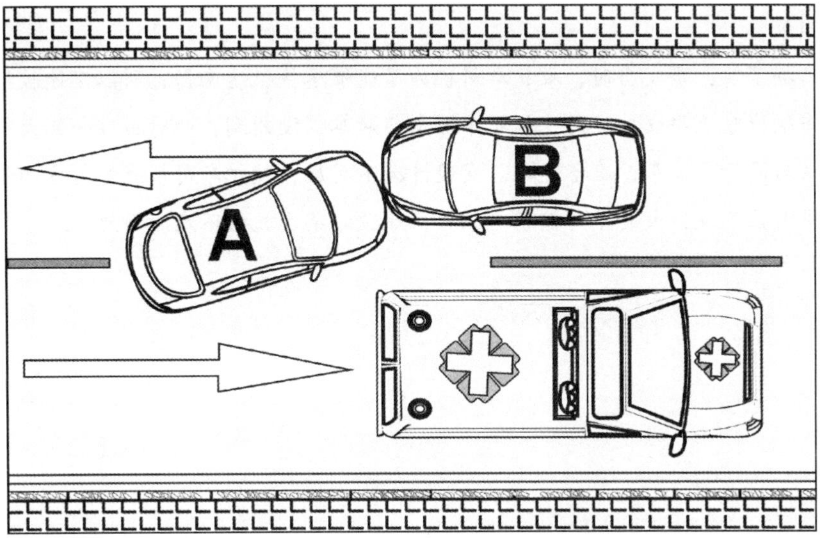

如图所示，A 车为了赶路，见前面有一辆不断鸣笛的救护车，仍试图超越，与对向行驶的 B 车发生碰撞，则 A 车承担全部责任。

◆ 交警解答

《交通安全法》第四十三条规定，前车为执行紧急任务的警车、消防车、救护车、工程救险车时，不得超车。

执行紧急任务的特种车辆之所以“特”，在于在确保安全的前提下，这些车辆不受行驶路线、行驶方向、行驶速度和信号灯的限制。换句话说，这些车辆在执行任务时，有闯红灯的权利。同时，社会车辆有避让的义务，也应承担一定责任。因为对于这些执行紧急任务的车辆来说，每一分每一秒都是非常宝贵的，其他车辆必须给它们的畅通提供最大方便。

◆ 案例链接

2010 年 6 月 30 日，江西省武宁县一辆救护车在护送伤者前往南昌救治时，因为超车原因造成了交通事故。结果，伤者不但没得到及时救治，反而因为交

通事故耽搁了治疗，半路死亡。

当天，方某在工地作业时受了重伤。事故发生后，工友们急忙将他送往武宁医院治疗。由于方某伤势较重，院方决定将其转送南昌进行治疗。当救护车沿福银高速公路九江往南昌方向行至福银高速610km+821m时，却遭遇了交通事故。

据了解，事发当时，救护车司机为了能够尽快抵达南昌，所以车速较快。当车辆行驶至事发地点时，救护车原本想超车，没想到，此时另外一辆大货车也从后面开了过来，准备超车。发现情况不对后，救护车司机赶忙打方向盘，结果避让不及，大货车与救护车相撞，导致方某因救治不及时而死亡。

16. 发出超车信号后马上变更车道

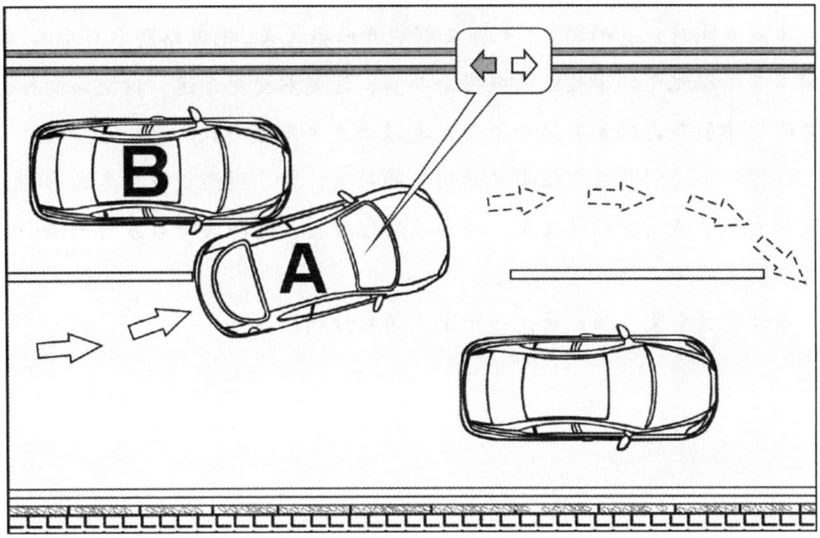

如图所示，A 车跟在前方的车辆后面在慢速车道行驶，B 车在后方快速车道内正常行驶。A 车突然变更车道进入快速车道，导致 B 车反应不及发生事故，则 A 车承担全部责任。

◆ 交警解答

《实施条例》第四十七条规定，机动车超车时，应当提前开启左转向灯，变换使用远、近光灯或者鸣喇叭。A 车在发出超车信号后马上变更车道，没有给前车和后车驾驶人相应的准备时间，很容易导致对方反应不及而发生事故，自然应该承担全部责任。

对于突然变更车道的问题，也存在一定争议：其一，A 车可能是在前方突遇障碍物不能直行的情况下突然变道的，所以认为自己是无辜的，B 车应该负一定的责任；其二，A 车刚刚变更车道，才打了一点方向时，旁边的 B 车直行经过，B 车的车身刮擦 A 车的车头左前角，A 车就认为是 B 车刮到了自己，B 车应该负全责。

然而，根据《交通安全法》相关规定，变更车道时，应当让正在该车道内行驶的车辆先行。因此，不管属于哪种情况，A 车都要负事故的全部责任。

♦ 案例链接

2012 年 2 月 29 日早上 6 时许，在番禺市南向区政府高架桥路段，发生了一宗四车相撞的重大交通事故，造成一人当场死亡。

事故发生时正是雨雾天，天色又刚刚开始亮起来。雨天路滑本应小心驾驶，但骑着二轮摩托车的李某既没戴安全头盔，还突然变更车道，致使同向行驶的重型半挂牵引车司机董某措手不及，也跟着变更车道避让。

在另一车道驾驶着重型半挂牵引车的吕某，由于视线受董某车的影响，未能及时发现李某驾驶的摩托车，与李某发生碰撞，随即又与后方的一辆小型普通客车发生碰撞。

事故造成李某当场死亡，四辆车不同程度损坏。

17. 超车后未与被超车辆拉开必要安全距离就驶回原车道

如图所示，A 车超越同方向行驶的 B 车，未与被超车辆拉开必要的安全距离就驶回原车道，结果与 B 车发生事故，则 A 车承担全部责任。

♦ 交警解答

《实施条例》第四十七条规定，后车应当在确认有充足的安全距离后，从前车的左侧超越，在与被超车辆拉开必要的安全距离后，开启右转向灯，驶回原车道。

具体到本题，A 车在超车后马上驶回原车道，与后面的 B 车距离过近，导致 B 车反应不及发生碰撞，A 车必须承担全部责任。需要指出的是，这里的距离过近不是由后车造成的，而是由前车造成的，所以后车没有责任。

18. 在高速公路匝道、加速车道或减速车道上超车

如图所示，A车在高速公路匝道超越同方向行驶的B车过程中，与B车发生碰撞，则A车承担全部责任。

◆ 交警解答

《实施条例》第八十二条明确规定，机动车在高速公路上行驶时，在匝道、加速车道或者减速车道上不得超车。

所谓匝道，是指高速路主线与收费站或者另一条道路的连接车道。根据高速交警的统计，每年在高速匝道发生的交通事故占高速公路总事故的30%以上。高速公路匝道通常比较窄，特别是有些匝道拐弯时倾斜度比较大，如果出现速度过快的情况，容易发生侧翻事故。

第三章 机动车变道事故责任认定

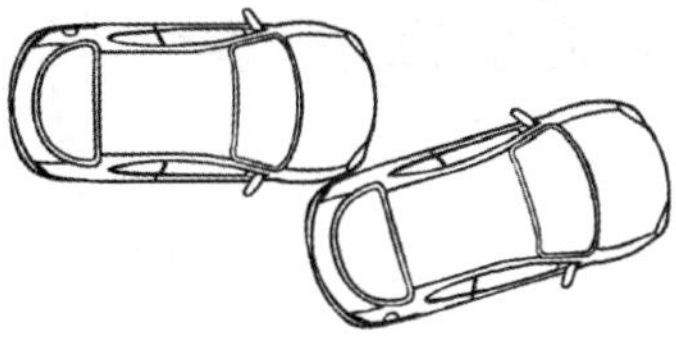

1. 变更车道时不打转向灯

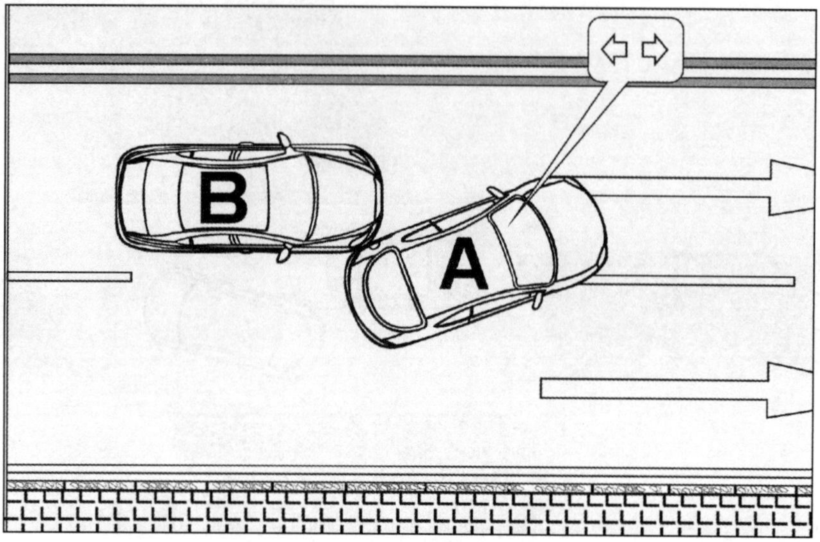

如图所示，A 车在向左变更车道时，未开启左转向灯，导致该车道内的 B 车反应不及，两车发生碰撞，则 A 车承担全部责任。

♦ 交警解答

《实施条例》第五十七条规定，机动车在向左变更车道时，应当提前开启左转向灯；向右变更车道时，应当提前开启右转向灯。

然而，不少驾驶人认为，变换车道只需三五秒钟，等打开转向灯后再变更车道，太麻烦啦！甚至有驾驶人认为，只有新手变更车道才需要打转向灯。

殊不知，转向灯并非只在拐弯时使用，起步、停车、变更车道时也应提前打转向灯。车辆不打转向灯而随意变更车道，原车道内的通行次序就会被打乱，其他车辆无法紧急制动，就会产生交通事故。

2. 刚打转向灯就马上变更车道

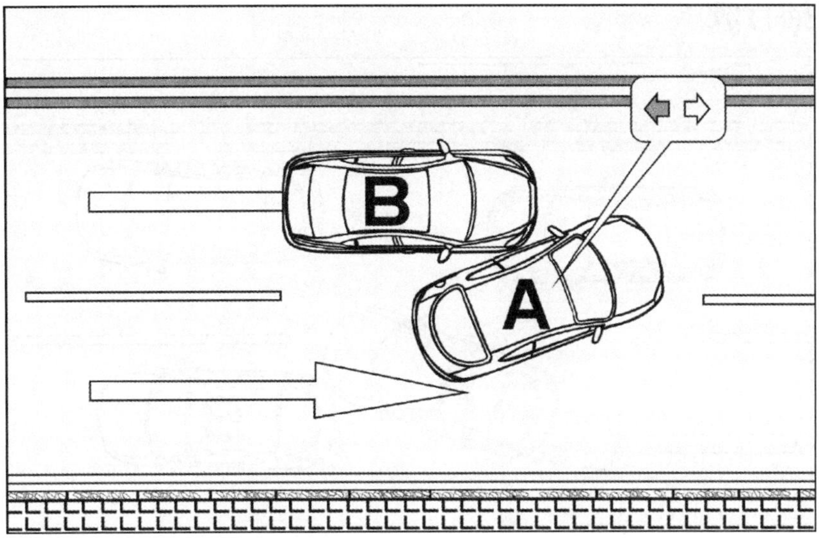

如图所示，A 车在向左变更车道时，刚打左转向灯就马上变道，该车道内的 B 车反应不及，两车发生碰撞，则 A 车承担全部责任。

◆ 交警解答

《交通安全法》规定，机动车在变更车道时，应当提前开启转向灯。为什么强调“提前”二字呢？就是为了给后车留出预判和准备的时间，避免因后车反应不及而产生不必要的事故。

◆ 案例链接

2010 年 10 月 13 日下午，张家港市沙钢立交桥路段发生一起轿车侧翻事故。

当时高某驾驶小轿车行经此处，刚打左转向灯就准备变更到左车道，却发现后面有车急驶而来，就急打了一把方向，因方向过大，车身与中央护栏刮擦，手忙脚乱中又向左再次急打方向。不料车子完全失控，来了个底朝天，几乎报废。

所幸高某系了安全带，还有安全气囊保护，只受了轻伤。

3. 遇前方车辆排队等候或缓慢行驶时，从前方车辆两侧穿插行驶

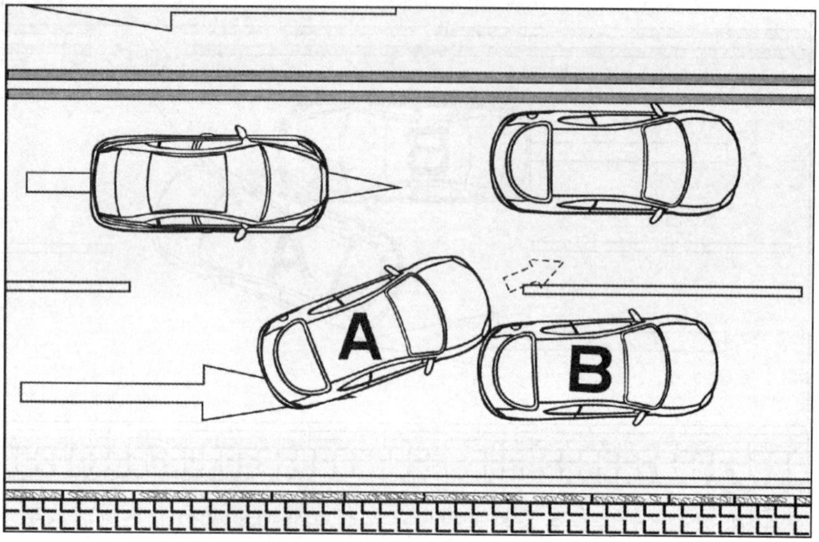

如图所示，A 车在前方车辆缓慢行驶时，仍试图从两侧穿插超越，结果与前方的 B 车发生碰撞，则 A 车承担全部责任。

◆ 交警解答

《实施条例》第五十三条规定，机动车在遇有前方机动车停车排队等候或者缓慢行驶时，应当依次排队，不得从前方车辆两侧穿插或者超越行驶。

不过，这里有一个概念需要区分，即什么算正常变道？什么算穿插？从字面意义上看，在变更车道时，驶入相邻车道不管相距多远的前后车辆之间，都可以叫做“穿插”。但是，如果在法律上这样理解，那么世界上就没有一辆机动车是不违法的，法律上也无须有规定变更车道的条款。

从《交通安全法》第四十五条的规定“不得借道超车或者占用对面车道，不得穿插等候的车辆”来看，法律意义上的“穿插”应该是单向有一个比较宽的机动车道，后方机动车不依次排队，赶上并插入到前方车辆的前面。

4. 遇前方车辆排队等候或缓慢行驶时，未依次交替驶入车道减少后的路口、路段

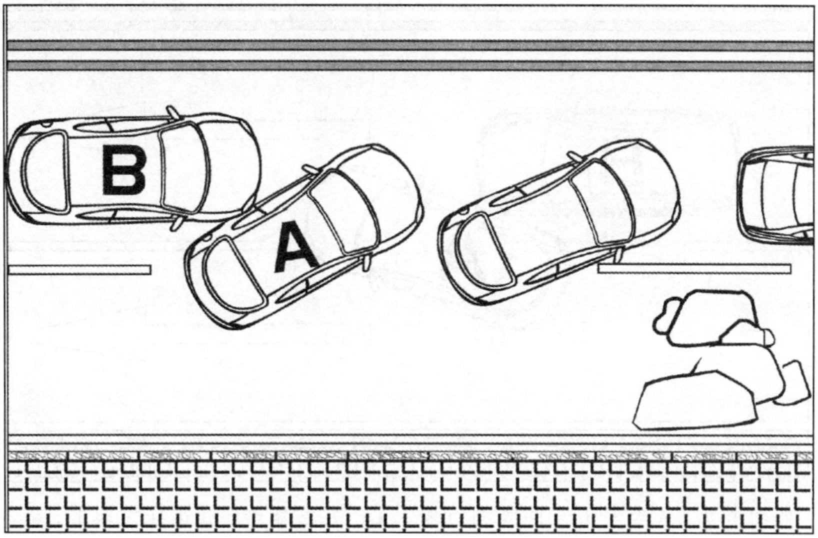

如图所示，在某路段因施工双车道变更为单车道时，A 车没有遵循依次交替驶入的规定，紧跟在前车后面变道抢行，导致与另一车道内正在驶入的 B 车发生碰撞，则 A 车承担全部责任。

◆ 交警解答

《实施条例》第五十三条规定，机动车在车道减少的路口、路段，遇有前方机动车停车排队等候或者缓慢行驶的，应当每车道一辆车依次交替驶入车道减少后的路口、路段。这样就可以保证车辆公平、有序地行驶，避免出现某一排车辆占道而其他车辆无法行进的情况。

5. 变更车道时，未让正在该车道内行驶的车辆先行

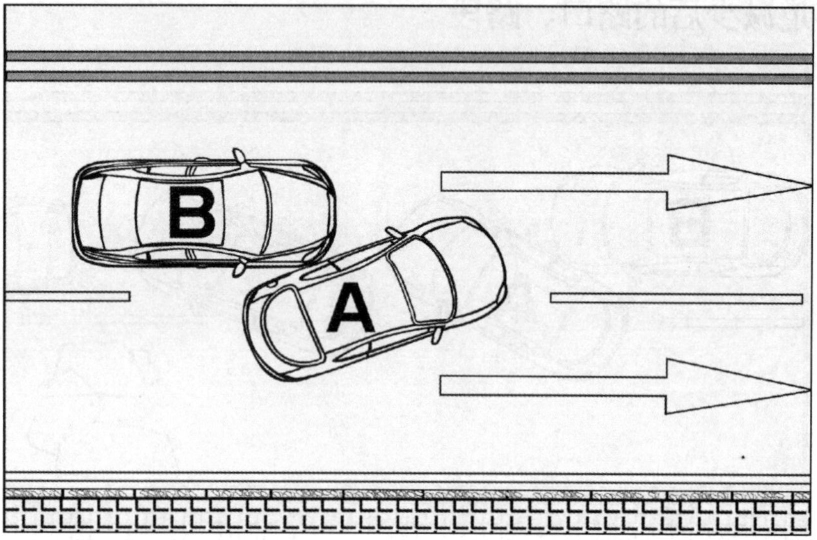

如图所示，A 车与 B 车同方向行驶，A 车在右车道，B 车在左车道，A 车突然往左变更车道，与正在左车道内直行的 B 车发生碰撞，则 A 车承担全部责任。

♦ 交警解答

《实施条例》第四十四条规定，在道路同方向划有 2 条以上机动车道的，变更车道的机动车不得影响相关车道内行驶的机动车的正常行驶。

什么才叫不影响呢？就是要提前打转向灯，在确定与相关车道内的机动车有足够的安全距离时再变更车道，以免发生追尾或碰刮事故。

♦ 案例链接

2012 年 1 月 25 日 12 时许，四川宜宾人尹某驾驶波罗小轿车，搭载着家里的亲朋好友，由宜宾前往自贡观看灯会。当车行驶至渝昆高速公路 213.3km 时，遇到前方甘某驾驶的波罗小轿车。

当时，尹某的小轿车行驶在小客车车道，甘某的小轿车行驶在客货车道，若是各行其道倒也相安无事。没想到，就在两车接近时，甘某突然由客货车道向小客车车道变更车道。尹某反应不及，两车狠狠撞在一起，造成两车严重损坏，3 名乘车人受伤。

6. 频繁变更车道或一次连续变更两条以上机动车道

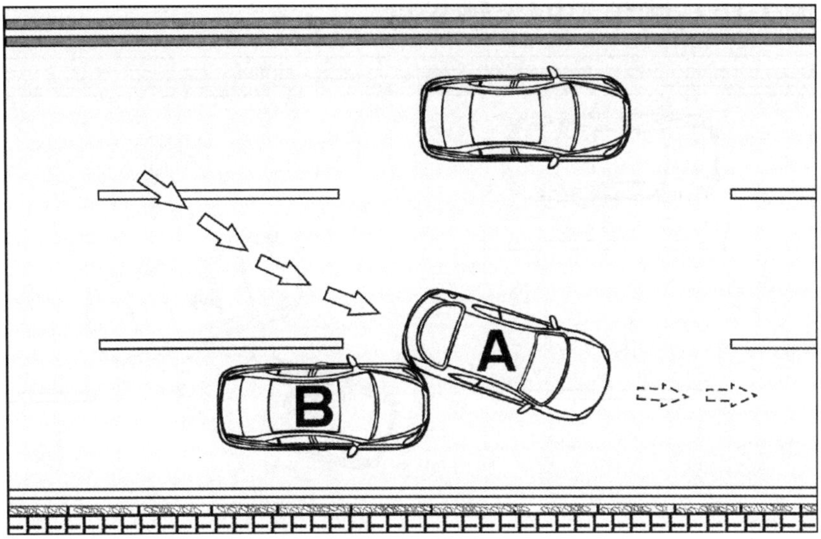

如图所示，A 车在前方频繁变更车道，致使后方的 B 车判断不清，结果两车相撞，则 A 车承担全部责任。

♦ 交警解答

《交通安全法》关于车辆行驶有一个基本原则，就是本车道内的车辆优先。也就是说，其他车道的车辆往本车道变道时，若是妨碍了本车道内车辆的正常行驶，发生事故，一般由变道的车辆承担全部责任。

然而，有些司机一心求快，或者为了显示自己高超的驾驶水平，在道路上频繁变道，不断穿越，极大地扰乱了后方来车的判断。

♦ 案例链接

2008 年 9 月 16 日 11 时许，马某驾驶小轿车沿银川市贺兰山路行驶到天鹅湖小镇路段时，急于欣赏湖边风景，在高速行驶中随机向路边变更车道。

马某的车辆先是紧靠黄线车道，变更至路边需经 4 条车道。当马某变更至第三车道，准备进入路边第四车道时，与另一辆正常行驶的车辆相撞。

因事故是由马某连续变更车道引起的，马某承担事故全部责任。

7. 左右两侧车道的车辆向同一车道变更时，左侧车道的车辆未让右侧车道的车辆先行

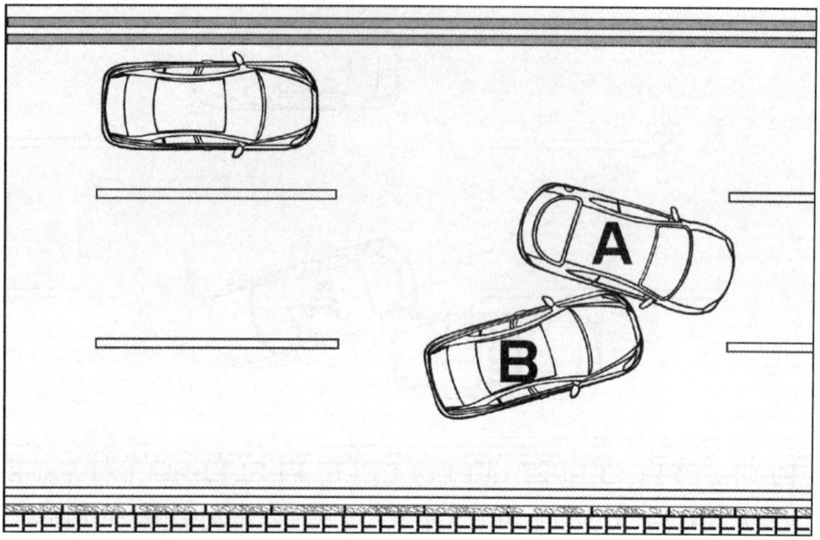

如图所示，左车道的 A 车和右车道的 B 车同时往中间车道变更，A 车未让 B 车，发生事故，则 A 车承担主要以上责任。

◆ 交警解答

变更车道除了遵守相应的规定外，一般来说，在注意两侧车辆的速度和安全距离的情况下，视线好的一方可以优先借用，容易出现交通事故的一方要采取避让的姿态。

因为我国驾驶座都位于左侧，所以，当两侧车辆同时往中间车道变更时，相对而言，右侧车辆驾驶人的视线要好一些，让右侧车辆优先变道更利于安全。

在这方面，一些地方性的道路交通安全条例都有规定。例如《北京市道路交通安全条例》第三十四条第五款就规定：“左右两侧车道的车辆向同一车道变更时，左侧车道的车辆让右侧车道的车辆先行。”否则发生事故，左侧车道的车辆承担主要以上责任，右侧车道的车辆有过错的承担次要责任，无过错的不承担责任。

◆ 案例链接

2012年7月2日上午，长沙市五一大道临迎宾路南侧发生一起车祸。一辆自西往东行驶的401路公交车与一辆摩托车相撞，造成摩托车车主当场死亡。

据目击者介绍，大约8点左右，一辆摩托车经过这里，遇到水泥罐车挡道，摩托车就变道绕着走。正在这时，401路公交车从水泥罐车后方变道杀了出来。顿时两车迎头撞上，摩托车被推出四五米远，骑车男子的头和腿都被轧到。

十多分钟后，120急救车赶到时，摩托车车主已经死亡。

显然，这场悲剧是由于水泥罐车占道停靠，摩托车和公交车通行受阻，在失去视线的情况下，两车一起往同一条车道变道导致的。

8. 前车变道尚未转正，被后车撞上侧面

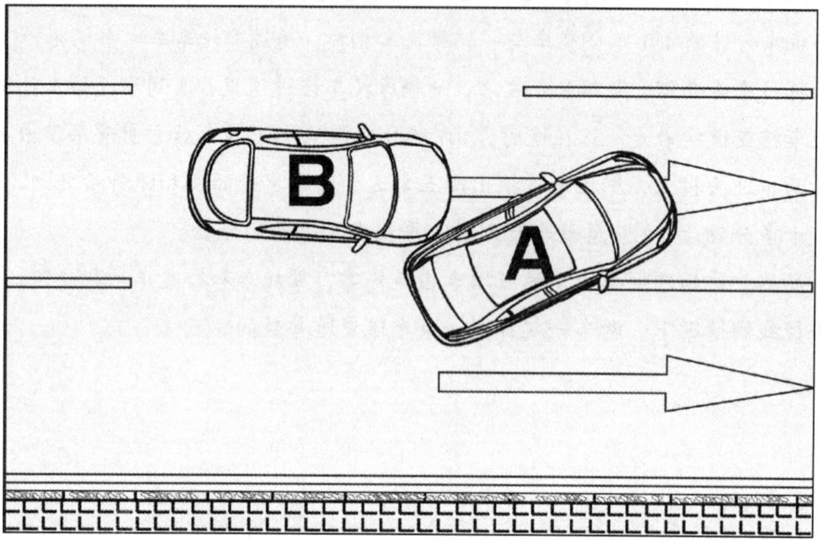

如图所示，右车道的 A 车向左车道变更，车身尚未转正时，被后方的 B 车撞上侧面，则 A 车承担全部责任。

◆ 交警解答

交通法规规定，本车道内的车辆优先通行。

A 车在变更车道时，车身尚未转正就被后方的 B 车撞上侧面，说明 A 车变更车道比较突然，起码没有与后方来车保持足够的安全距离；如果再加上没打左转向灯，或者刚打转向灯就变道，则 A 车应当承担全部责任。

不过，如果 B 车有超速行驶等违法行为，也应承担相应的责任。

9. 前车变道并已转正，被后车撞上车尾

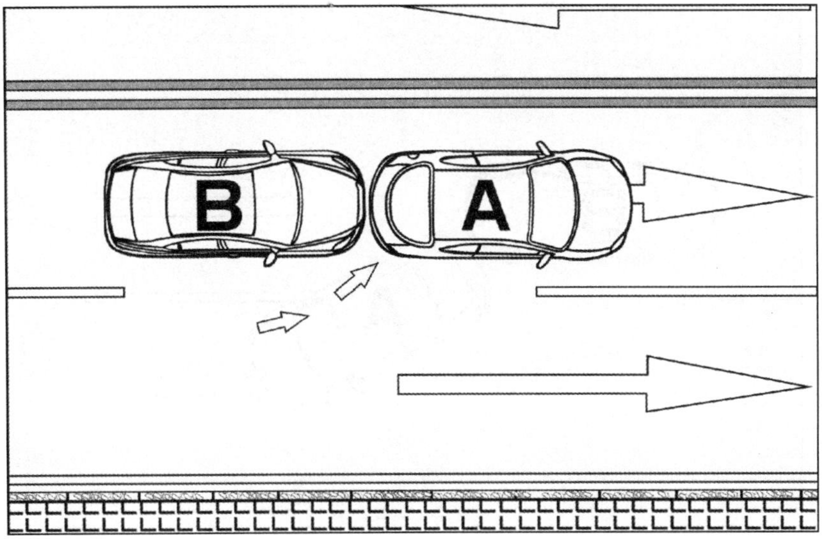

如图所示，右车道的 A 车向左变道，车身已经转正时，被后方的 B 车撞上尾部，则 B 车承担主要责任。

◆ 交警解答

A 车在变更车道后，车身已经转正了，后方的 B 车应当有一定的时间作出反应。在这种情况下产生追尾，说明 B 车可能没有控制好自己的速度，或者在发现 A 车变道时，没有保持足够的安全距离，因此 B 应承担全部责任。

当然，若是 A 车没有采取正常的变道措施，比如提前打转向灯，与后方来车保持足够的安全距离等，而是由于自己驾驶水平高将车身及时转正了，则 A 车也要承担相应责任。

10. 前车变道暂跨线 2 车道，被后车撞上车尾

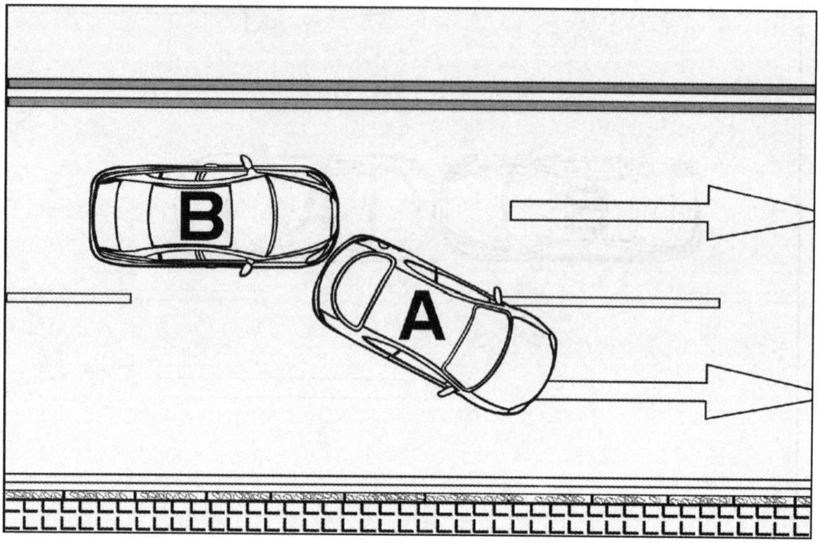

如图所示，左车道的 A 车向右车道变更，车身刚跨越标线时，被同车道的 B 车撞上尾部，则 B 车承担全部责任。

♦ 交警解答

我们首先搞清楚道路标线的含义。

第一，黄色实线不管单、双都不能压线行驶，这是道路中央分界线，用以分隔对向行驶的车辆；第二，一条黄色实线加一条黄色虚线，允许虚线一侧的车辆越线超车或左转弯；第三，白线是车道分界线，实线部分不能越线变道或转弯，虚线部分可以；第四，所有标线不管是实线还是虚线都不要压线行驶。

再具体到上述情况，如果 A 车在允许变道的路段变道，则 A 车无责任，B 车全责；如果 A 车在不允许变道的路段跨线变道，则必须承担相应责任，但是 A 车变道并不影响 B 车追尾的事实。

也就是说，在这起事故中，无论 A 车有没有违规变道，追尾责任都应由 B 车全部承担，起码它没有与前车保持足够的安全距离。

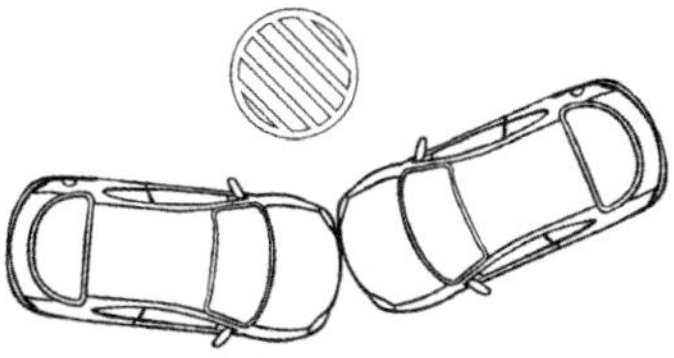

第四章 机动车路口事故责任认定

1. 通过无交通信号灯或无交警指挥的交叉路口时，未让规定优先通行的一方先行

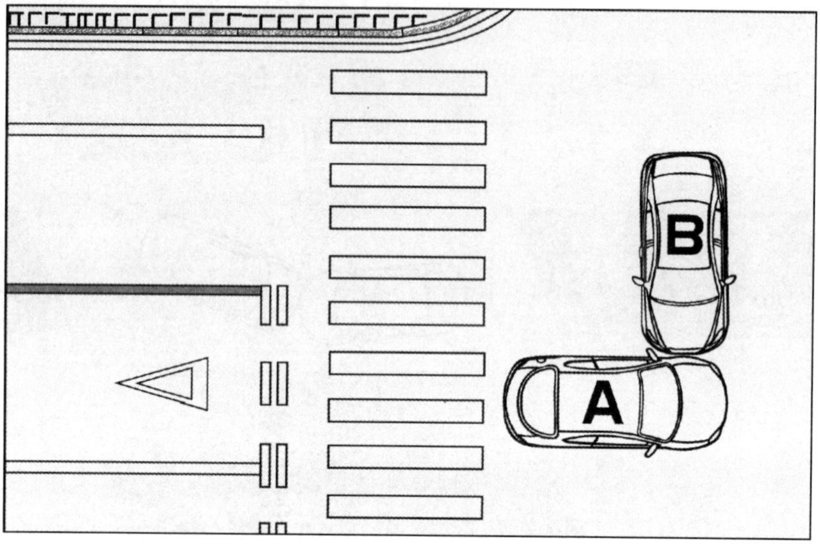

如图所示，通过没有交通信号灯和无交警指挥的交叉路口时，支路上的A车没有让交通标志、交通标线规定优先通行的B车优先通行，发生事故，则A车承担主要责任。

♦ 交警解答

《实施条例》第五十二条规定，机动车通过没有交通信号灯控制也没有交通警察指挥的交叉路口，有交通标志、标线控制的，让优先通行的一方先行。

什么叫优先通行的一方呢？我们可以发现，在很多路口虽然没有信号灯也无交警指挥，但是设置了一些交通标志、标线，以规定某一方向的机动车应当让另一方向的机动车优先通行，如停车让行标志、减速让行标志、停车让行线、减速让行线等。

再具体到车辆来说，按照《交通安全法》第五十三条和第五十四条的规定，执行紧急任务的警车、消防车、救护车、工程救险车就享有优先通行权。另外，道路养护车辆、工程作业车进行作业时，在不影响过往车辆通行的前提下，其行驶路线和方向不受交通标志、标线限制，过往车辆和人员应当注意避让。

◆ 案例链接

2012 年 6 月 26 日中午，哈尔滨市松北区创新城区域内一条未经验收无信号灯的道路上，一辆公交车与一辆翻斗货车相撞，事故导致 1 死 7 伤。

据目击此事的环卫工人介绍，中午 12 时许，他看见一辆 13 路区间车沿创新路由东向西行驶。在行驶至创新路和科技二街交口时，公交车眼看就要驶过路口了，一辆货车突然由北向南从侧面向公交车冲去，正好撞在公交车的右后侧车厢。

因为事故发生的十字路口没有交通信号灯，翻斗货车车速较快，发现险情时已来不及刹车，在猛烈的撞击下，13 路公交车旋转两三圈后“扎入”路边的绿化带，司机被甩出车外。受伤乘客张某因胸部多发肋骨骨折、失血性休克、呼吸循环衰竭，经全力抢救无效死亡，另有 7 人受伤。

2. 通过无交通信号灯或无交警指挥也未规定优先通行的交叉路口，未让右方道路的来车先行

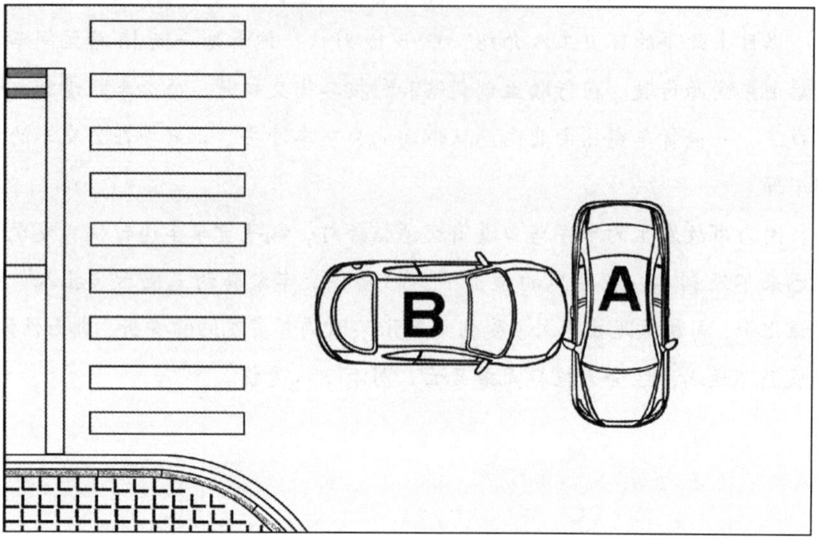

如图所示，通过没有交通信号灯、无交警指挥也未规定优先通行的交叉路口时，由北向南的 A 车与由西向东的 B 车发生碰撞，则 A 车承担主要责任。

◆ 交警解答

《实施条例》第五十二条规定，机动车通过没有交通信号灯控制也没有交通警察指挥的交叉路口，若没有交通标志、标线控制的，则在进入路口前停车瞭望，让右方道路的来车先行。具体来看，A 车处于 B 车的左方道路，而 B 车则处于 A 车的右方道路，所以 A 车应当让 B 车优先通行。

◆ 案例链接

2006 年 7 月 24 日 16 时许，一无号牌自卸货车沿莱青路由北向南行驶至与泉海路交叉路口时，与沿泉海路由东向西行驶的一辆微型客车发生事故，造成微型客车乘员 5 人死亡、5 人受伤。

交警认定，两车行至交叉路口时，都没及时减速观望，尤其是微型客车没有遵守让右方道路的来车先行的规定，造成两车相撞，微型车负主要责任。

3. 通过无交通信号灯或无交警指挥也未规定优先通行的交叉路口，右向来车逆行

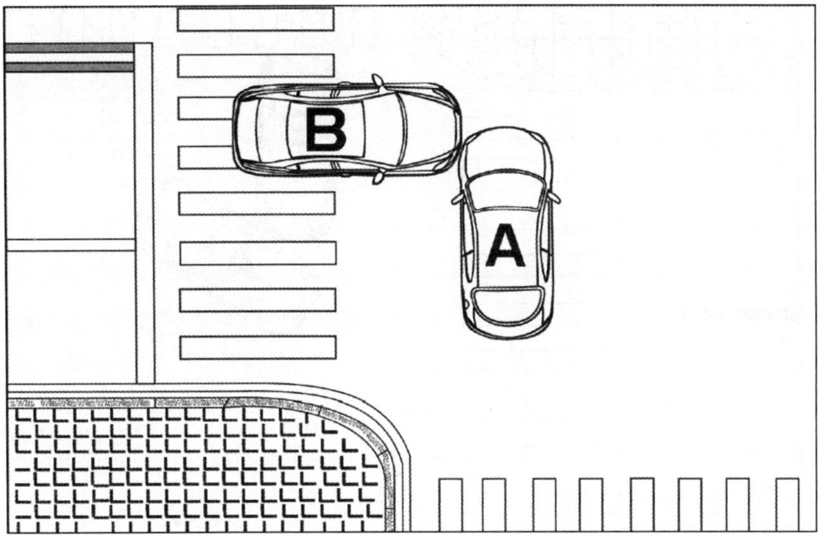

如图所示，通过没有交通信号灯、无交警指挥也未规定优先通行的交叉路口时，由南向北逆行的A车与由西向东的B车发生碰撞，则A车承担主要责任。

◆ 交警解答

虽然《实施条例》第五十二条规定让右方来车先行，但是逆向行驶的右方来车除外。图中的A车没有遵守各行其道的原则，属于逆向行驶。

逆向行驶是严格禁止的行为，凡因一方逆行造成的事故，逆行的一方一般来说要承担全部责任。

4. 通过无交通信号灯或无交警指挥的交叉路口，左转弯车未让直行车先行

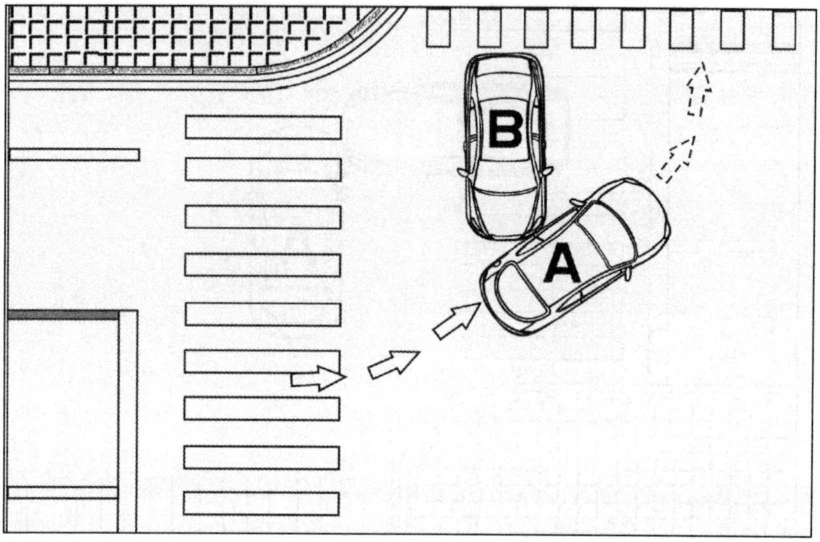

如图所示，A 车在左转弯时，未让直行的 B 车先行，发生碰撞，则 A 车承担主要以上责任。

◆ 交警解答

《实施条例》第五十二条规定，通过无交通信号灯也无交警指挥的路口时，转弯的机动车应当让直行的车辆先行。

◆ 案例链接

2012 年 3 月 12 日 21 时许，东莞市樟木头镇石新路新桥路口（无信号灯也无交警指挥）发生了一起交通事故。

当时，黎某驾驶小轿车沿石新路从南往北方向行驶，行至新桥路口，左转弯驶入新桥路的过程中，与沿新桥路从西往东由蔡某驾驶的无号牌两轮摩托车发生碰撞，造成蔡某倒地受伤，两车不同程度损坏。

事故发生后，黎某以为对方驾驶无牌摩托车，驾驶证也已失效，理所应当要承担事故的主要责任，可是没想到交警部门却认定他承担主要责任，因为蔡某行为与事故发生并无直接关系。

5. 通过无交通信号灯或无交警指挥的交叉路口，相对方向行驶的右转弯车未让左转弯车

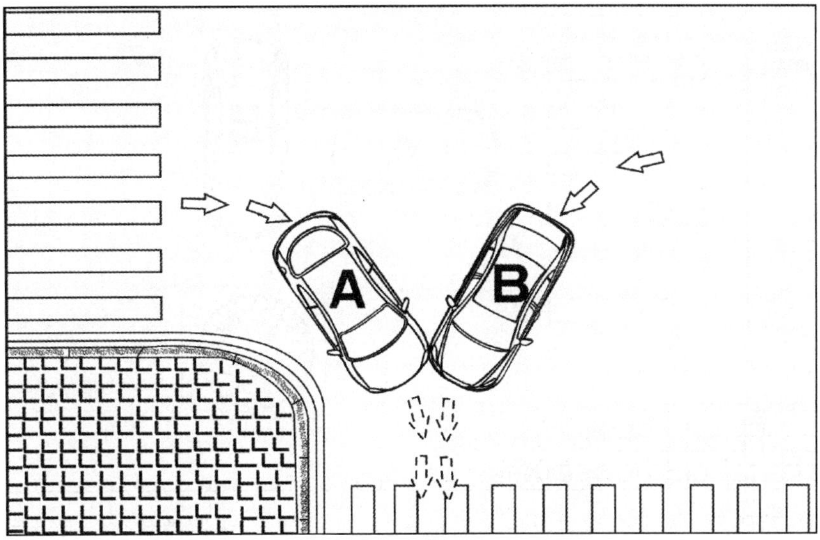

如图所示，A 车在路口右转弯时，未让左转弯的 B 车先行，发生碰撞，则 A 车承担主要以上责任。

◆ 交警解答

《实施条例》第五十二条规定，通过无交通信号灯也无交警指挥的路口时，相对方向行驶的右转弯的机动车让左转弯的车辆先行。

因为右转弯的车辆基本上可以随时通行，而左转弯的车辆则有诸多限制，所以，当两车相遇时，右转弯的车辆应当“礼让三先”。这样就最大限度地保证了道路的畅通及行驶的公平。

6. 通过没有交通信号灯的路口时，未减速慢行

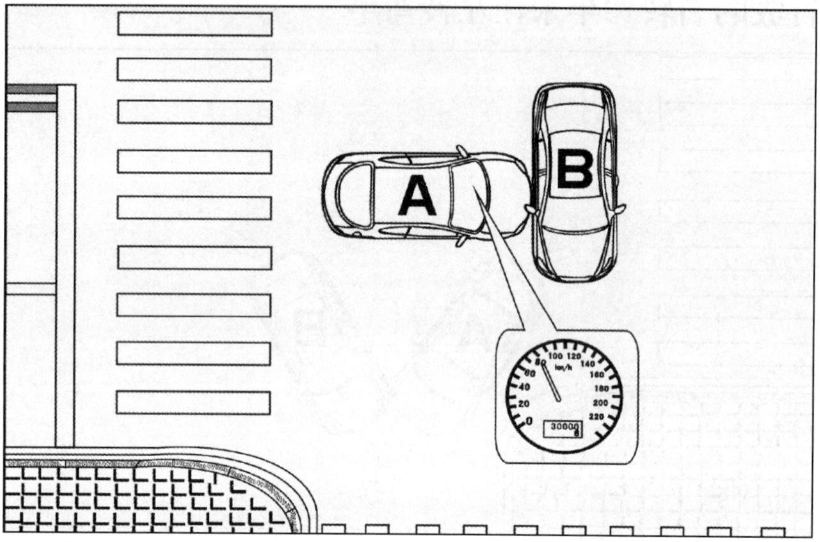

如图所示，A 车在通过没有交通信号灯的路口时，未减速慢行，与 B 车发生碰撞，则 A 车承担主要以上责任。

◆ 交警解答

《交通安全法》第四十四条规定，机动车通过没有交通信号灯、交通标志、交通标线或者交通警察指挥的交叉路口时，应当减速慢行，并让行人和优先通行的车辆先行。

因为交叉路口是车流和人流交汇的地方，只有减速慢行才能保证安全。我们教育行人通过路口时要“一站二看三通过”，道理是一样的。

7. 信号灯切换时，后被放行的车辆与先被放行的车辆发生事故

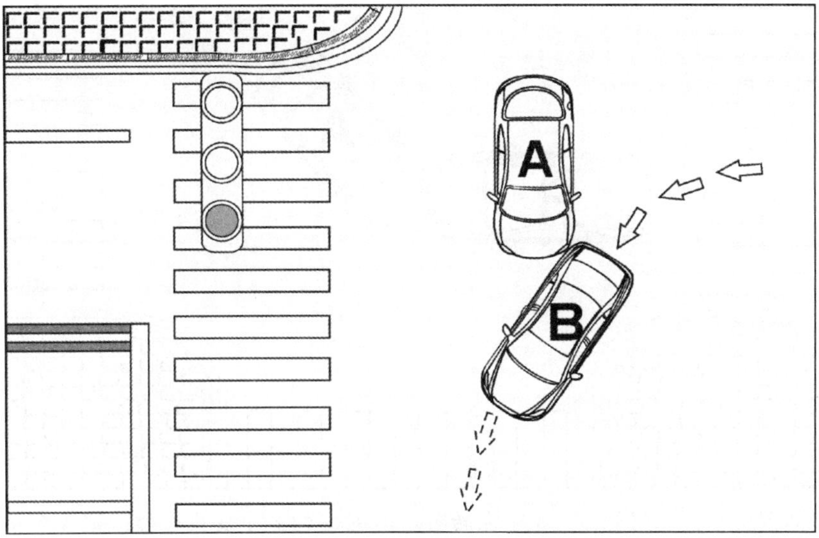

如图所示，B 车按照交通信号左转弯时，尚未通过路口，另一方向的 A 车见绿灯亮了，就快速通过路口，结果与 B 车发生事故，则 A 车承担主要以上责任。

♦ 交警解答

《实施条例》第三十八条规定："绿灯亮时，准许车辆通行，但转弯的车辆不得妨碍被放行的直行车辆、行人通行。"这是什么意思呢？以上图为例，A 车可能认为，自己是绿灯亮后直行的，而 B 车是转弯，所以 B 车应当让自己先行。其实这是一种误解。

"直行车先行"并非无条件的不变规则，那就是当路口已经有优先通行的车辆在通行时，直行车辆应该减速慢行，礼让优先车辆通行。

《实施条例》第五十一条规定，"遇放行信号时，依次通过"。相对于 A 车，B 车是先被放行的车辆，按照规定，A 车应当让 B 车先行通过。

8．绿灯亮时，转弯车未让被放行的直行车先行

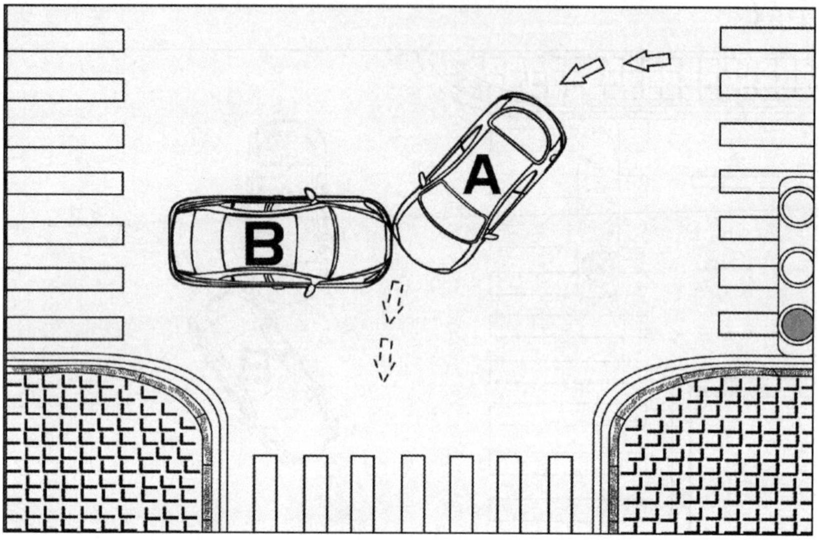

如图所示，绿灯亮后，A车左转弯，与对向的B车发生碰撞，则A车承担全部责任。

♦ 交警解答

前面说过，《实施条例》明确规定，绿灯亮时，转弯的车辆不得妨碍被放行的直行车辆、行人通行。若转弯车辆抢行的话，会对道路畅通造成妨碍，并加大发生事故的可能性。这也符合直行车辆优先行驶的原则。

9. 绿灯亮时，右侧车道内车辆直行，而左侧车道内车辆右转弯

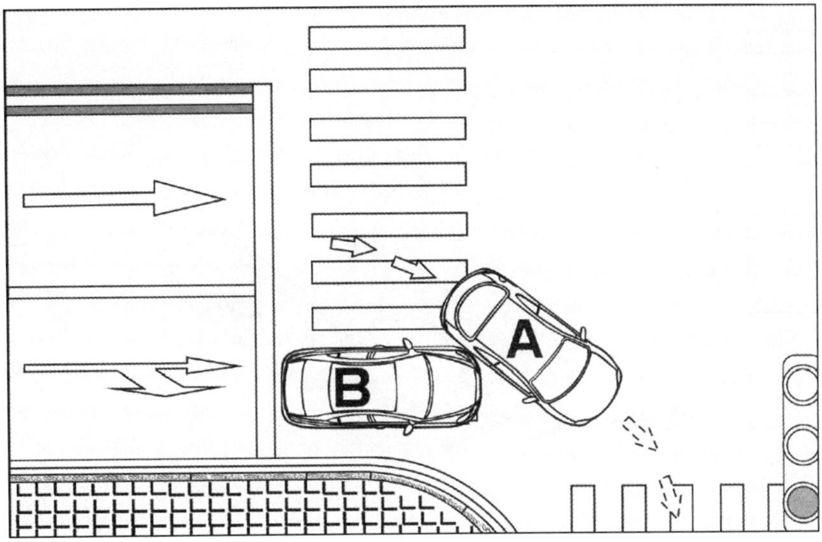

如图所示，绿灯亮后，A 车在左侧快车道内右转弯，与右侧车道内直行的 B 车发生碰撞，则 A 车承担全部责任。

♦ 交警解答

《实施条例》第五十一条款规定，机动车通过有交通信号灯控制的交叉路口，在划有导向车道的路口，按所需行进方向驶入导向车道。A 车既然准备右转弯，应当提前驶入右侧导向车道，但是它没有，而且未让直行车辆先行，因此应承担全部责任。

♦ 案例链接

2012 年 3 月 24 日 16 时许，刘某驾驶小轿车由东向西行驶至定边县南大街与西环路交叉路口处，在超车道右转弯时，未让右车道内直行的车辆优先通过，与陈某驾驶的柴油三轮车相撞，致使三轮车方向失控，与路边行人王某相撞，造成王某重伤，送医院抢救无效死亡。

经交通事故责任认定，刘某负此次交通事故的全部责任。

10.沿路口中心点右侧左转弯时，与相对方向左转弯的车辆发生事故

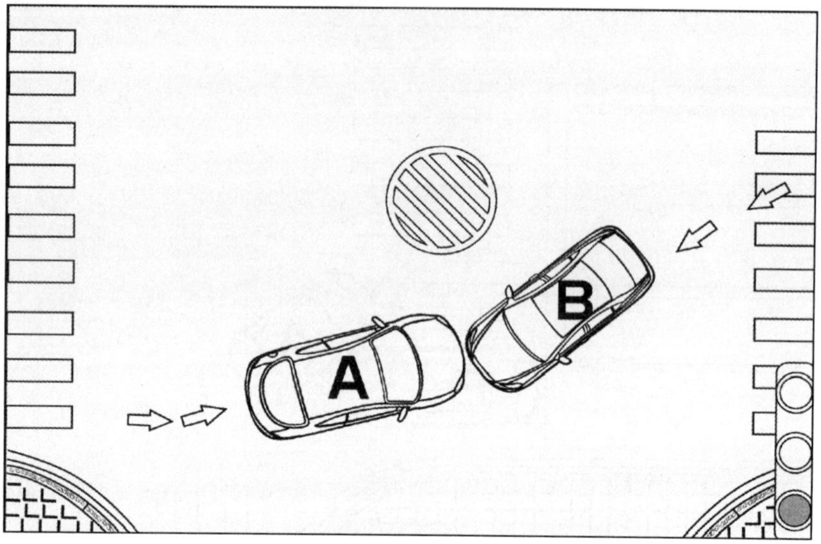

如图所示，在交叉路口，A 车靠路口中心点右侧左转弯，与相对方向左转弯的 B 车发生事故，则 A 车承担全部责任。

♦ 交警解答

《实施条例》第五十一条说得很清楚，机动车通过有交通信号灯控制的交叉路口，向左转弯时，靠路口中心点左侧转弯。在上图中，B 车遵守了这一规定，而 A 车则违反了这一规定，靠路口中心点右侧左转弯，导致与 B 车相撞，A 车应承担全部责任。

11. 红灯亮时，右转弯车未让被放行的车辆先行

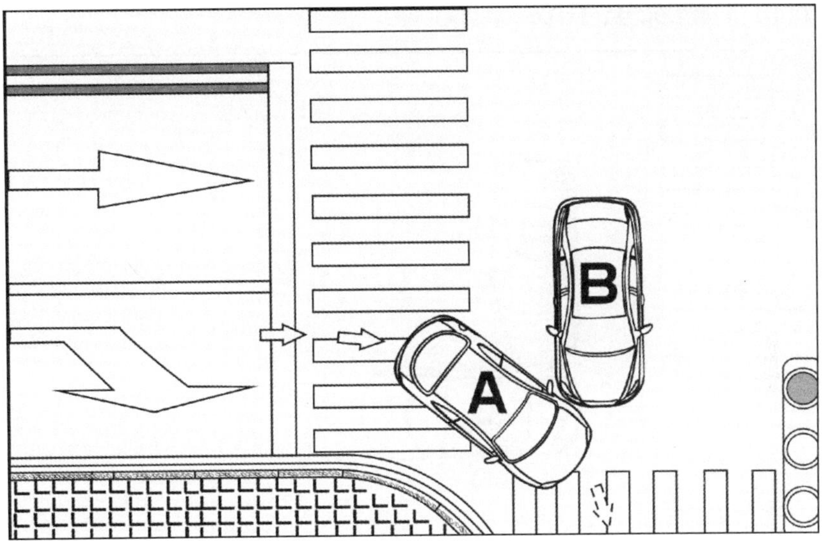

如图所示，红灯亮时，A 车右转弯，与另一方向被放行的 B 车发生碰撞，则 A 车承担主要以上责任。

◆ 交警解答

《实施条例》第三十八条规定，红灯亮时，右转弯的车辆在不妨碍被放行的车辆、行人通行的情况下，可以通行。换句话说，若是右转弯车辆妨碍了被放行车辆的通行，出了事故它就要承担主要责任。因为右转弯车辆一般拥有极大的通行便利，原则上它不应该跟其他车辆抢道行驶。

◆ 案例链接

2009 年 6 月 28 日上午 9 时许，成都市红星路武城大街路口，一辆雪铁龙轿车正从红星桥方向驶来。由于直行是红灯，驾驶员李某就在路口右转准备向太升路方向行驶。一打方向盘才发现，另一辆别克车正从武城大街方向直行向太升路快速驶来。临时躲闪不及，两车狠狠撞在一起。

交警判定，李某应当承担这次交通事故的全部责任。因为李某在红灯信号时驶入路口右转弯，妨碍了被放行的别克车的通行，李某是唯一过错方。

12. 黄灯亮时，已越过停止线的车辆行驶到中间时与侧向放行车辆发生事故

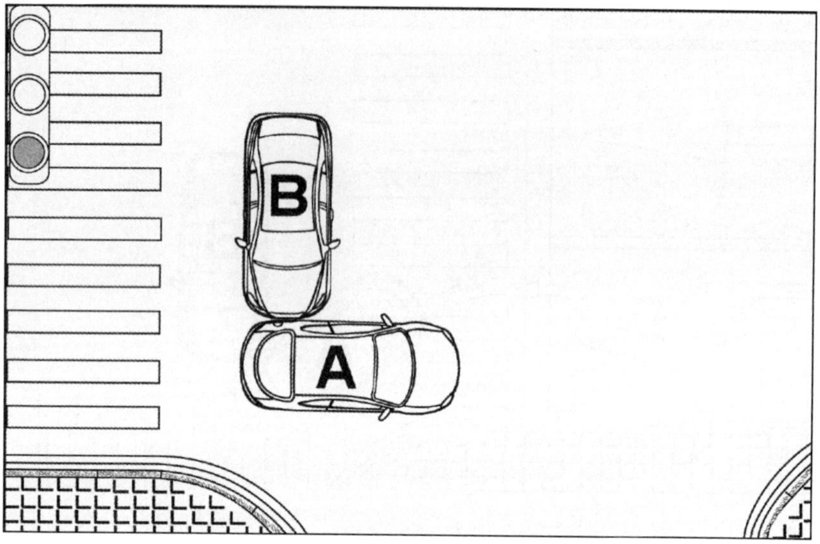

如图所示，黄灯亮时，A 车已越过停止线，于是继续向前行驶，结果与另一方向被放行的 B 车发生碰撞，则双方都应承担相应责任。

♦ 交警解答

《实施条例》第三十八条规定：“黄灯亮时，已越过停止线的车辆可以继续通行。”因为对于已越过停止线的 A 车来说，如果选择路口内停车，无疑会对侧向被放行的车辆造成妨碍。最好的方式是 B 车礼让一下，让 A 车快速通过，以不妨碍其他车辆的通行。

♦ 案例链接

2012 年 9 月 30 日上午 10 时许，五莲县的周某驾车准备回老家吃中秋团圆饭，行驶到罗山路与 222 省道交叉口时，看到绿灯亮起便加油门前行，没想到刚到十字路口中间，便被刘某驾驶的重型货车撞上。

周某认为，自己按照信号灯正常行驶被撞，刘某应该负全责；而刘某则认为，自己没闯黄灯，不应该由自己负全责。交警经过调取监控视频确定，黄灯亮时，刘某的车辆已越过停止线，不存在明显的闯黄灯行为，因此刘某负主要责任。

13. 黄灯亮时，未越过停止线的车辆抢行与侧向放行车辆发生事故

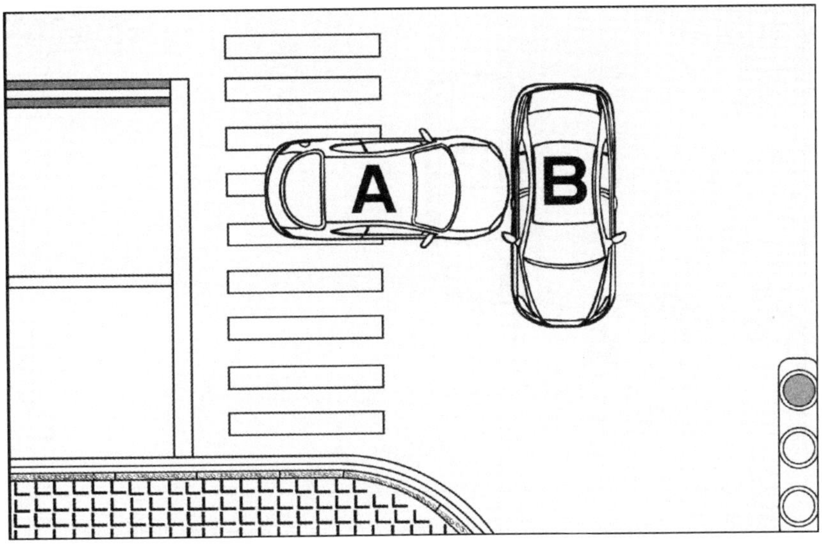

如图所示，黄灯亮时，A 车尚未越过停止线，却选择抢行，结果与侧向被放行的 B 车发生碰撞，则 A 车应承担全部责任。

◆ 交警解答

《实施条例》规定黄灯亮时已越过停止线的车辆可以继续通行，其实里面还有另一层意思，就是未越过停止线的车辆不得继续通行。因为黄灯是一种过渡信号灯，起到警示作用，提示驾驶人信号即将变换，目的是清空已经进入路口的车辆。

然而，很多驾驶人见黄灯闪烁反而快速抢行，而垂直方向通行的车辆见到黄灯转绿灯时也想快速通过，此时就极易发生交通事故。所以说，闯黄灯是一种很危险的驾驶行为。

14. 红灯亮时继续通行

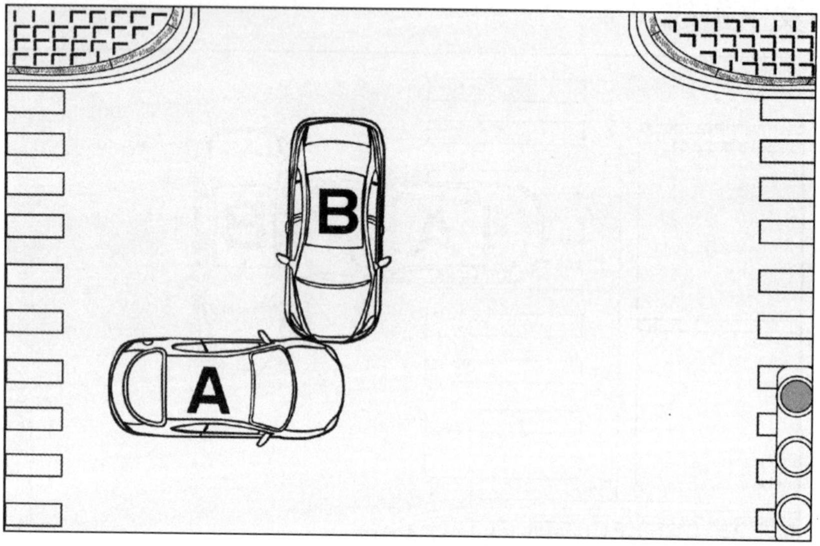

如图所示，红灯亮时，A 车闯灯抢行，结果与 B 车发生碰撞，则 A 车承担全部责任。

♦ 交警解答

“红灯停，绿灯行”，这是我们每个人从小都受到的交通教育。《实施条例》第三十八条明确规定：“红灯亮时，禁止车辆通行。”闯红灯是一种极其危险的驾驶行为，排在交通事故的首位。

♦ 案例链接

2012 年 8 月，江苏省南京市发生一起重大交通事故，英菲尼迪轿车司机焦某因醉酒驾驶，并在事故路口闯红灯，造成 4 人死亡的惨烈事故。

事发时，小轿车由南向北高速闯过红灯，与正由东向西行驶的轻型货车相撞。轿车由于高速行驶，随即失控撞向路边，在腾空翻起落地后又撞了一名行人。

事故导致轿车内两男一女当场死亡，行人因伤势过重死亡。

15. 无交通信号灯 T 型路口，右转弯车与对向左转弯车发生事故

如图所示，在无交通信号灯的 T 型路口，A 车右转弯，B 车左转弯，两车发生碰撞，则 A 车承担主要责任。

◆ 交警解答

《实施条例》第五十二条规定，机动车通过没有交通信号灯控制也没有交通警察指挥的交叉路口，相对方向行驶的右转弯的机动车让左转弯的机动车先行。

因为左转弯车辆在路口行驶的时间长于右转弯的车辆，它影响其他车辆和行人的时间，以及自己受其他车辆影响的时间，都长于右转弯的车辆，所以，右转弯的车辆应让左转弯的车辆先行。

16. 进入环形路口的车未让已在路口内的车先行

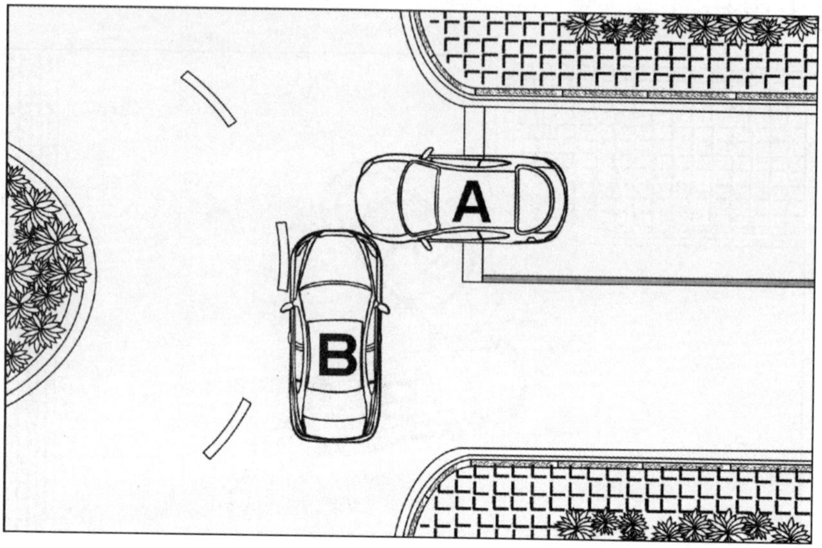

如图所示，A 车进入环形路口时，未让路口内的 B 车先行，与 B 车发生事故，则 A 车承担全部责任。

◆ 交警解答

作为 A 车驾驶人，可能存在如下看法：① A 车车头与 B 车车头发生碰撞，则 A 车承担全部责任；② B 车车头与 A 车左侧车身发生碰撞，则双方各自承担责任；③ A 车快速进入环形路口，B 车车头与 A 车左侧尾部发生碰撞，则 B 车应承担全部责任。

然而,《实施条例》第五十一条及第五十二条规定，当车辆进入环形路口时，无论有没有交通信号灯控制，准备进入环形路口的车都应当让已在路口内的车先行。所谓“已在路口内的车”，是指正在环形路口内绕行或准备驶出环形路口的车。

需要提醒的是，对于在环形路口内划分了多条机动车道的，机动车要按照各行其道的原则分道行驶。在进出环形路口时需要提前变更车道的，不得影响相关车道内机动车的正常行驶。

第五章

机动车掉头事故责任认定

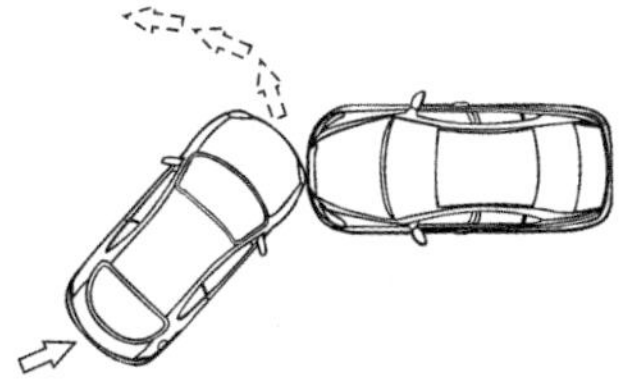

1. 在有禁止掉头或左转弯标志、标线的地方掉头，与正常行驶车辆发生事故

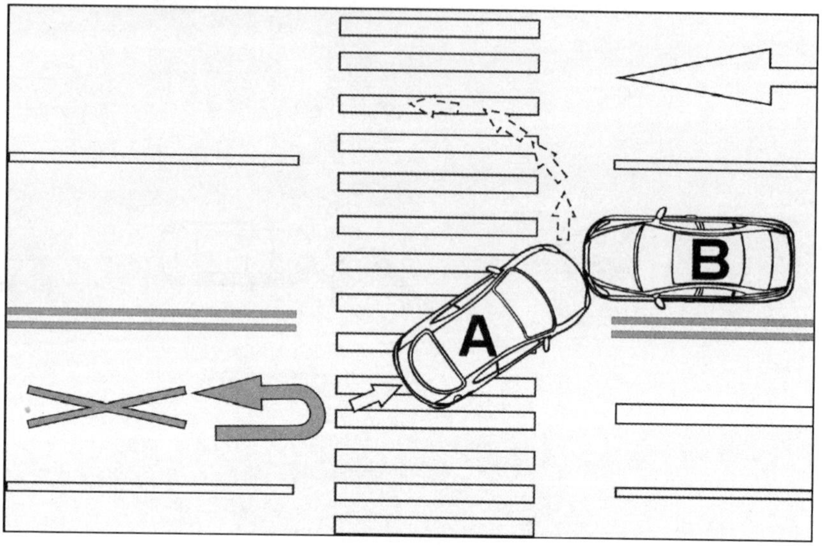

如图所示，A车在有禁止掉头标志的地方掉头，与正常行驶的B车发生事故，则A车承担全部责任。

◆ 交警解答

《实施条例》第四十九条明确规定，机动车在有禁止掉头或者禁止左转弯标志、标线的地点，不得掉头。

那么，什么是有禁止掉头或者禁止左转弯标志、标线的地点呢？行至路口，只要没有“禁止左转”、“禁止掉头”标志，司机就可掉头，掉头时不必关注红绿灯变化；假若路口已有明显标示牌，写有“左转绿灯亮时”、“红灯亮时”等字样，掉头时则受红绿灯约束，须遵守提示语的约定。

路段掉头需注意道路中心线的虚实：只要是实线，不管是单黄线还是双黄线，均禁止掉头；一些道路绘有黄色虚实线，即双黄线一根是实线，一根是虚线，掉头时应注意观察与自己紧邻一侧标线的虚实：紧邻实线，禁止掉头；紧邻虚线，允许掉头。

另外，“禁止左转”标志，同时具有“禁止左转”和“禁止掉头”两种效力。

2. 在有禁止掉头或左转弯标志、标线的地方掉头，与逆向行驶车辆发生事故

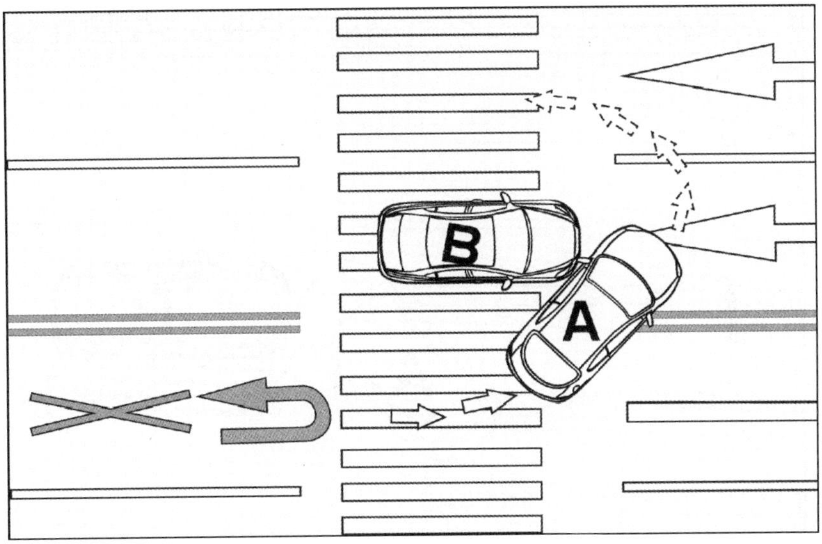

如图所示，A 车在有禁止掉头标志的地方掉头，与左侧车道逆向行驶的 B 车发生事故，则双方承担同等责任。

◆ 交警解答

A 车在有禁止掉头或左转弯标志的地方掉头，属于严重交通违规行为；同样，B 车逆向行驶，也是严重的交通违规行为。当双方同时违章造成交通事故，交警部门会根据违章的性质和严重程度，要求双方承担相应的事故责任。通常情况下，会给双方“各打五十大板”。

◆ 案例链接

聂某开车送急重病人到医院就医，行驶过程中，发现所走路线不对，就跨越道路双黄线强行掉头。正在这时，赵某驾驶一辆双轮摩托车逆行而来。双方反应不及发生碰撞。

赵某受伤倒地后，聂某下车看赵某没有大碍，又考虑到自己车上还有病人需要急救，报警后没等交警到来就走了。

事后警方认定，聂某强行掉头，赵某违章逆行，双方负同等责任。

3. 在没有禁止掉头或左转弯标志、标线的地方掉头，未让正常行驶车辆先行

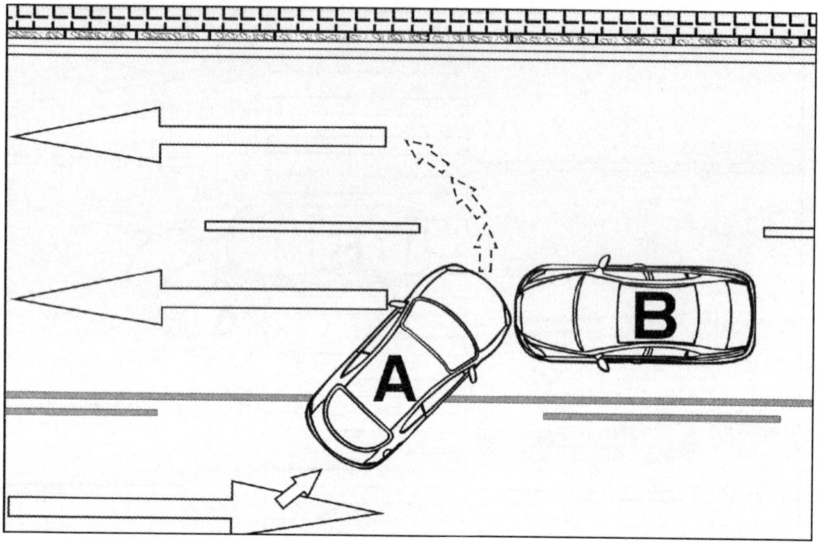

如图所示，A 车在绘有黄色虚实线且没有禁止掉头标志的路段紧靠虚线一侧掉头，与另一侧对向行驶的 B 车发生事故，则 A 车承担全部责任。

♦ 交警解答

无论是在允许掉头的情况下，还是在不允许掉头的情况下，掉头的车辆都要让正常行驶的车辆先行。如果由于掉头车辆没有礼让，导致与正常行驶的车辆发生交通事故，则掉头车辆负全部责任。

♦ 案例链接

2010 年 9 月 19 日中午 12 时，烟台市莱山区一辆小型货运客车由西向东行至港城东大街广电大厦处，跨越黄色虚实线掉头时，与左侧车道王某驾驶的四轮农用车相撞，致两车受损，王某车载货物受损。

交警认定，小型货运客车驾驶人违反交通标线标志，掉头未让行，应负全部责任。

4. 在人行横道掉头

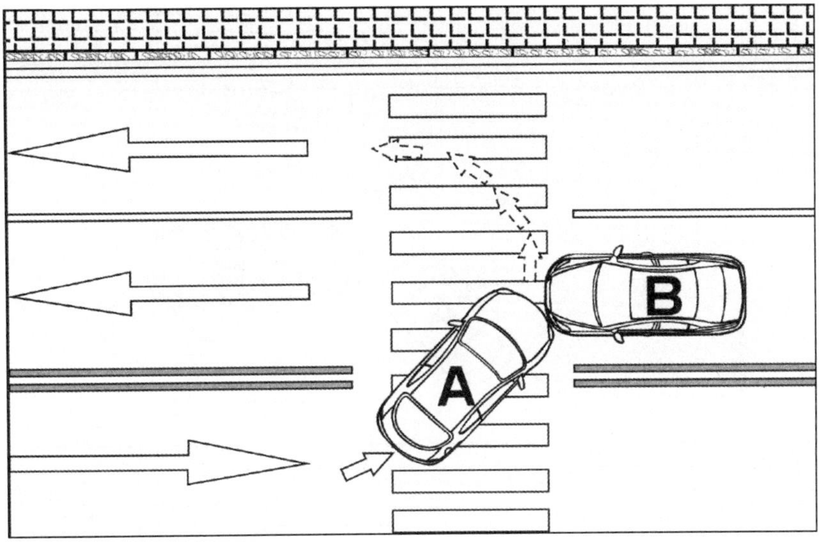

如图所示，A 车在人行横道掉头，与另一侧对向行驶的 B 车发生事故，则 A 车承担全部责任。

◆ 交警解答

《实施条例》第四十九条规定，机动车在人行横道不得掉头。因为人行横道是行人通行的集中地，也是事故易发地段，此处掉头只会增加交通混乱和发生事故的危险。

◆ 案例链接

2012 年 3 月 11 日，李某驾车从外环由南向北行至虹梅路与上中西路交叉路口，准备掉头去加油站加油。这个路口的掉头标志设在人行横道前面，而且前方有左转弯待转区，但是，李某凭感觉就在人行横道处等待转向灯。

当转向灯转为绿灯后，李某掉头了。就在这时，一辆出租车由北向南快速驶来。李某想加速避开，但还是来不及了，结果出租车撞上了尾部。

李某认为是出租车闯红灯撞了她，而交警认为，李某不该在人行横道掉头，应负全责。

5. 在桥梁上掉头

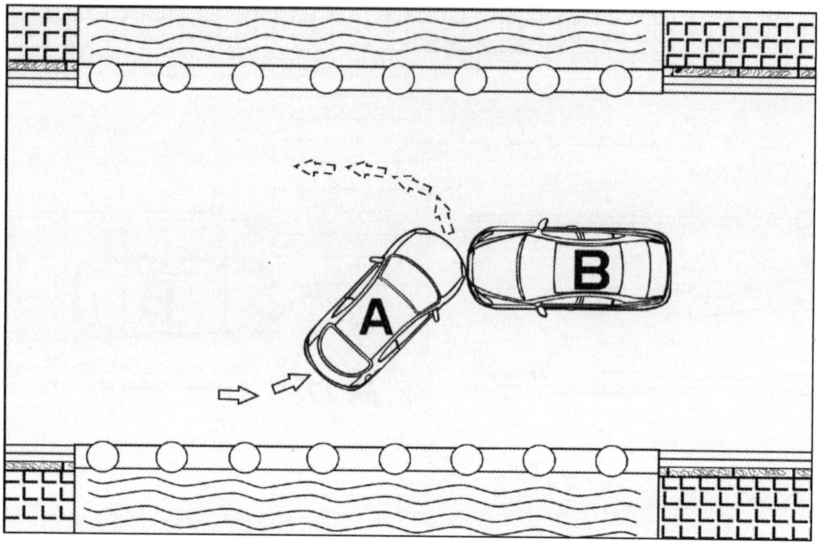

如图所示，A 车在桥梁上掉头，与另一侧对向行驶的 B 车发生事故，则 A 车承担全部责任。

◆ 交警解答

《实施条例》第四十九条规定，机动车在桥梁上不得掉头。因为桥梁相对狭窄，掉头困难，若是在此掉头，一则危险性较大，二则容易造成交通拥堵。

◆ 案例链接

2010 年 8 月 10 日上午，在南阳市卧龙区安皋镇通往王村乡的公路上，一辆满载乘客的中巴客车行驶到潦河桥时，由于前方道路正在施工，造成堵车。中巴车司机就在桥上掉头准备改道去南阳。由于该桥只有四五米宽且没有护栏，司机在掉头时操作不当，客车顺着南部护坡掉入河中。

在附近群众的帮助下，车内 18 名乘客全部被救出。除两名伤势稍微严重者，其他乘客自行搭车离开。

据现场勘查事故的交警介绍，事故是由客车司机在桥上违规掉头导致的。

6. 在陡坡上掉头

如图所示，A 车在陡坡上掉头，与另一侧对向行驶的 B 车发生事故，则 A 车承担全部责任。

◆ 交警解答

在陡坡上行驶时，下坡车在车辆重力作用下，车速会越来越快，如果中途减速或停车，车辆有侧滑或翻车的危险；另外，上坡车要克服坡道阻力，必须加大油门，一般要一鼓作气才能完成爬坡过程，如果中途减速或停车，就会增加爬坡困难，甚至车辆要向后溜滑而发生事故。

因此，若是在陡坡上掉头，就会极大地干扰下坡车和上坡车的正常行驶，并带来很大事故隐患。《实施条例》第四十九条为此规定，机动车在陡坡上不得掉头。

7. 在隧道内掉头

如图所示，A车在隧道内掉头，与同向行驶的B车发生事故，则A车承担全部责任。

◆ 交警解答

隧道比较狭窄，路面相对湿滑，加上视线不好，根本不具备掉头的条件。强行在隧道内掉头，不仅会与其他车辆发生事故，而且自身也容易出现危险。因此，《实施条例》第四十九条明确规定，机动车在隧道内不得掉头。

◆ 案例链接

2012年3月23日下午1时许，北京西南五环晓月隧道出京方向发生车祸。一辆平板货车在隧道内违规掉头，后面驶来的一辆厢式货车刹车不及，与之相撞。

现场发现，一辆蓝色平板货车"歪着脖子"，与一辆白色厢式货车撞在一起，两辆车几乎将隧道内四条车道全部占据。其中厢式货车车头破坏严重，一名男子被变形的车头死死卡住，动弹不得，满脸是血，而违规掉头的平板车司机因驾驶室未受损而安然无恙。

据平板车司机称，他发现走错路了，就想在隧道内掉头，结果厢式货车从后面撞了上来。

8. 在环岛前掉头

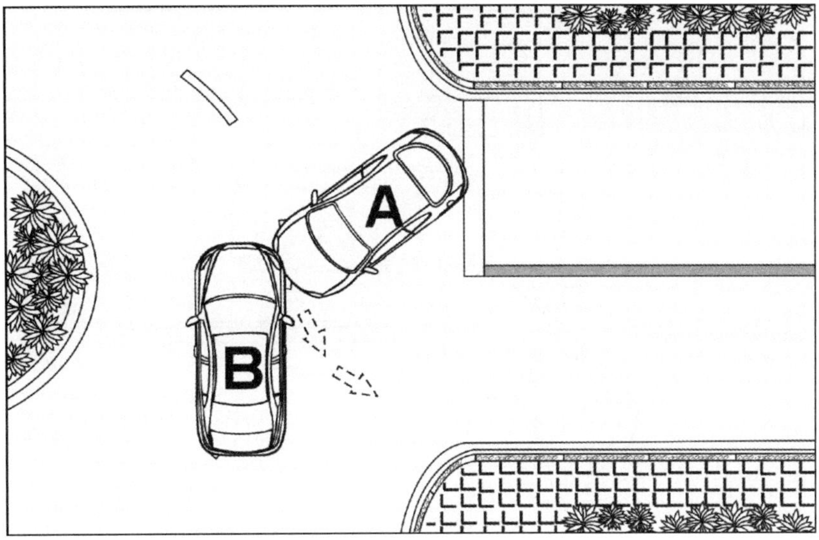

如图所示，A 车在环岛前掉头，与环岛内正常行驶的 B 车发生事故，则 A 车承担全部责任。

◆ 交警解答

其实环岛不涉及掉头的问题，因为车辆顺着环岛绕一圈就掉过来了。然而，有个别司机图省事，连这一圈都不愿意绕，硬是在环岛前掉头。一旦发生事故，自然就要承担全部责任。

◆ 案例链接

2012 年 7 月 13 日，中山市沙溪宝珠路环岛转盘附近发生一起三车相撞事故。

当时，新手司机杨某驾驶刚买的新车从沙溪往城区方向行驶至宝珠路环岛直行时，与对向一辆违规掉头的车辆发生侧面摩擦。紧张之下，杨某错把油门当刹车，直接将停在银行门前一辆小车撞得连上两级台阶，飞入银行大门，引发第二次交通事故。而违规掉头的车辆见势不妙，立即驾车逃逸了。

中山市交警部门相关负责人表示，发生交通事故后，逃逸的当事人应当承担事故的全部责任。

9. 在铁路道口掉头

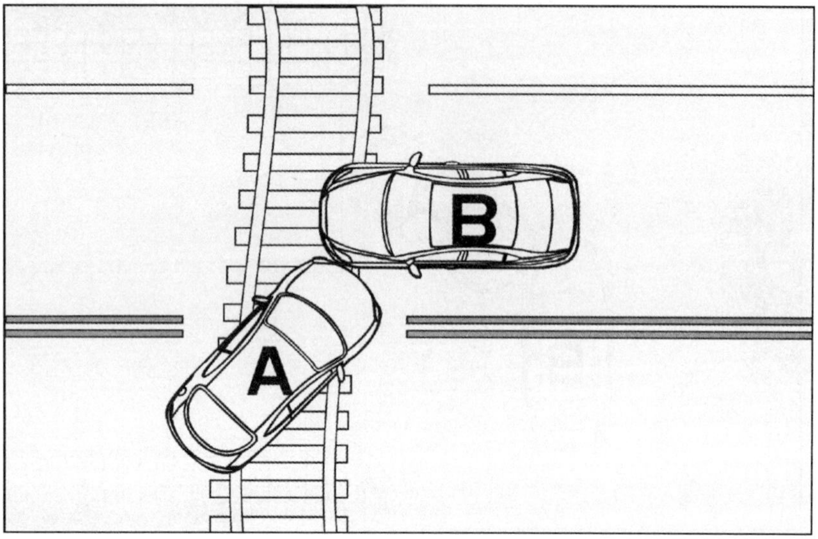

如图所示，A 车在铁路道口掉头，与对向行驶的 B 车发生事故，则 A 车承担全部责任。

◆ 交警解答

《实施条例》第四十九条规定，机动车在铁路道口不得掉头。因为铁路道口是人流车流混杂的地方，交通状况复杂，在这里掉头会造成交通拥堵，甚至引发事故。

◆ 案例链接

2008 年 3 月 20 日 8 点时许，上海市逸仙路 1889 号铁路道口，一辆大型挂车在道口违规掉头，装载在车后的一根两吨多重的钢条由于没有固定牢，甩落并横躺在铁轨上。跟在后面的出租车刹车不及，撞在钢管上。道口不得不紧急封锁以清理现场。

据出租车驾驶员回忆，事发时他看到前方有辆大型挂车正在掉头，便放慢车速。不料一根巨型钢条突然从挂车上甩了出来，就落在出租车的前面。虽然他紧急刹车，但出租车还是一头撞上了钢条，所幸安全气囊及时弹出，他没有受伤。

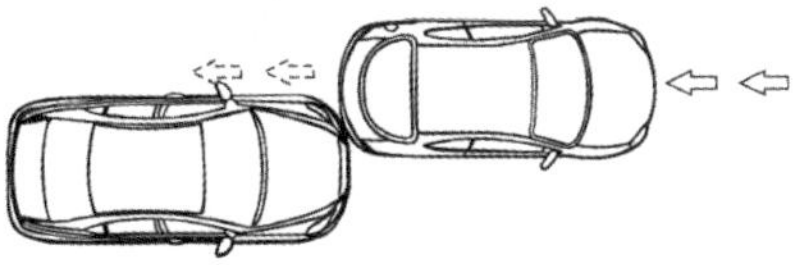

第六章 机动车倒车事故责任认定

1. 在交叉路口倒车

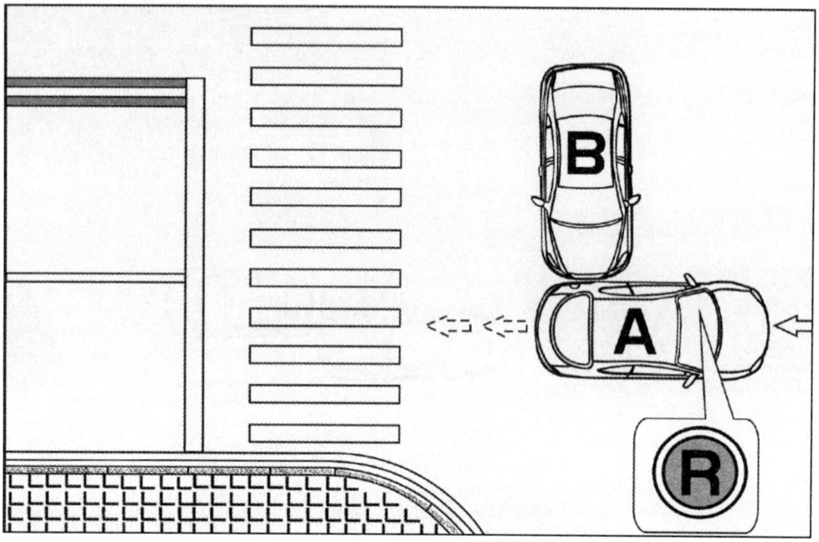

如图所示，A 车在交叉路口倒车，与侧向行驶的 B 车发生事故，则 A 车承担全部责任。

♦ 交警解答

《实施条例》第五十条规定，机动车倒车时，应当察明车后情况，确认安全后倒车，不得在交叉路口倒车。因为交叉路口是人流车流混杂的地方，交通状况复杂，正常行驶都要小心，更不要说倒车了。在这里倒车是十分危险的，极易发生意外事故。

需要特别说明的是，倒车、溜车在实际操作中很难判定，发生事故后，倒车或溜车一方往往不承认。最好的方式是安装汽车黑匣子，又称为汽车工作信息记录仪、汽车安全信息记录仪。它能完整、准确地记录汽车行驶状态下的有关情况，能将汽车行驶轨迹完整地记录下来，并通过专用软件在电脑上再现。这样，有没有倒车就一目了然了。

♦ 案例链接

2011 年 1 月 17 日上午，福州市加洋路与仁德路交叉路口，一辆出租车与一辆小轿车相撞。

当时，这辆出租车自西洋路左拐驶入加洋路，正准备继续前行时，乘客让的哥取道仁德路。因刚超过加洋路与仁德路交叉路口不到一米，的哥当即决定倒车，没想到这一倒便倒出了事。

就在这时，一辆小轿车正与其他车辆挤在一起准备取道仁德路，车身刚驶过加洋路与仁德路交叉路口一点，车尾便被倒车的出租车给撞了，两车车尾的保险杠都脱落了。

据附近居民介绍，由于加洋路与仁德路交叉路口呈三角形，不少车辆来到这里不知道怎么走，常有车辆在这里倒车、掉头，甚至有临时停车的。

2. 在铁路道口倒车

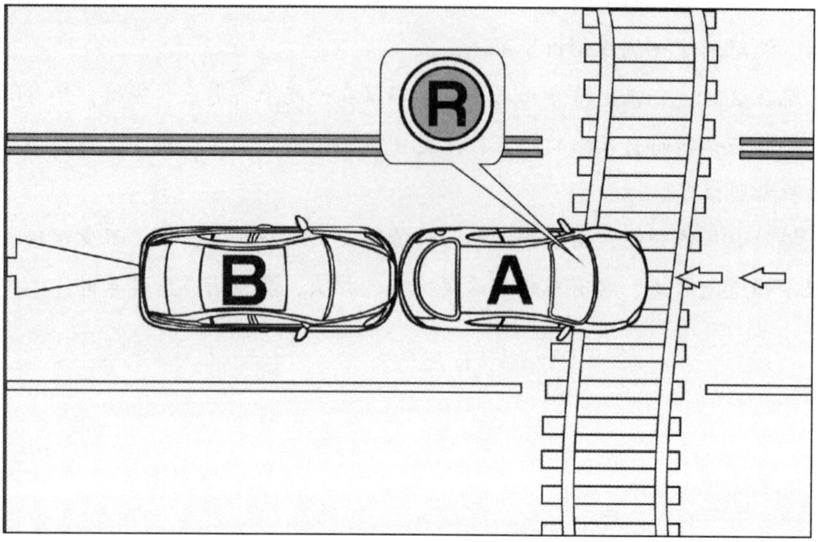

如图所示，A车在铁路道口倒车，与后面同向行驶的B车发生事故，则A车承担全部责任。

◆ 交警解答

铁路道口历来是事故多发地段，一旦发生事故，往往会造成严重后果。为此，国家还特地出台了《铁路道口管理标准》，对铁路道口的安全管理有详细规定。另外，《实施条例》第五十条也规定，机动车在铁路道口不得倒车。

◆ 案例链接

2010年7月3日11时许，在柳州市磨滩路铁路道口，一辆卡车在倒车的过程中将一根电缆电杆撞成三截，由于电缆的牵引，才没有倒下伤及无辜。

据目击者介绍，当时卡车满载钢材，因为该处道路狭窄，而且是一歪斜的交叉路口，一时不慎，车尾撞向电杆。事发后，肇事司机主动报警。

据了解，该路段过往货车比较多，由于道路狭窄，很多车辆往往倒车才能拐弯前行，隐患重重。

3. 在单行道上倒车

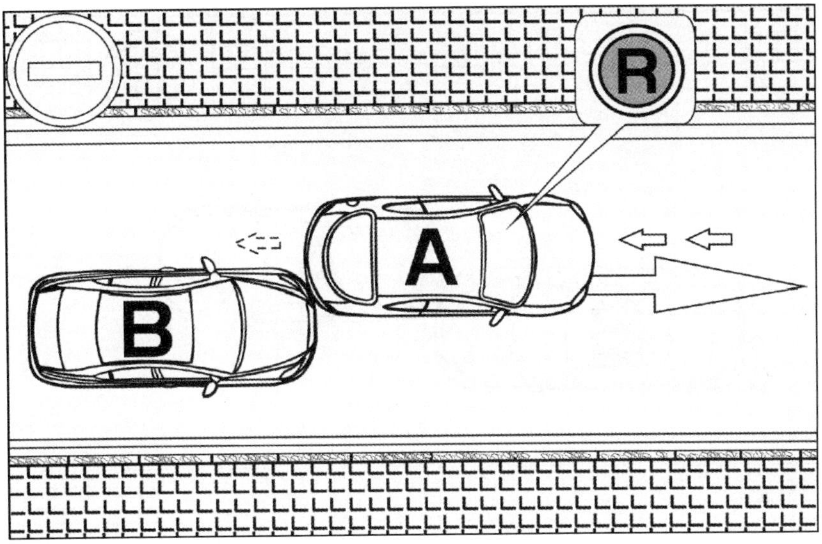

如图所示，A 车在单行道上倒车，与后面同向行驶的 B 车发生事故，则 A 车承担全部责任。

◆ 交警解答

因为单行道只有一个行驶方向，所以在驾驶人的意识中，车辆只会往前行驶，对倒车这种逆行行为缺乏应对的心理准备，一旦前车倒车，就容易发生事故。因此，《实施条例》第五十条规定，机动车在单行路上不得倒车。

◆ 案例链接

2009 年 11 月 11 日 11 时，张某驾驶出租车在南昌市某单行道由南往北行驶时，看见路上有人打车，就停车并由北往南倒车。恰遇王某驾驶二轮摩托车由南往北行驶，结果小车尾部右侧与摩托车正前方碰撞，造成两车受损、王某受伤。

警方认定，张某负事故的全部责任。经司法鉴定，王某为十级伤残，最终获赔 10 万元。

4. 在桥梁上倒车

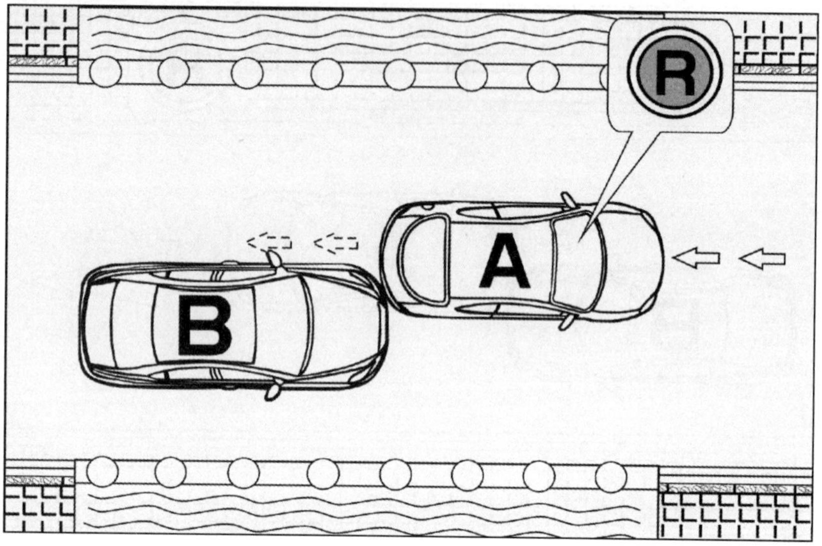

如图所示，A 车在桥梁上倒车，与后面同向行驶的 B 车发生事故，则 A 车承担全部责任。

◆ 交警解答

因为桥梁相对狭窄，交通比较拥堵，驾驶人的注意力一般都集中在如何避让对向车辆上，这时若出现倒车情况，后方来车往往不能有效注意并及时应对，这样就大大增加了发生事故的风险。为此，《实施条例》第五十条规定，机动车在桥梁上不得倒车。

◆ 案例链接

2011 年 1 月 25 日上午，王某驾驶一辆货车搭乘其妻余某，在永川区某镇的一座桥梁上倒车时不慎坠落河中，造成车辆损坏、王某死亡及余某受伤。

交警部门认定，王某的行为违反机动车不得在桥梁上倒车的禁止性规定，应承担此次事故的全部责任。其妻余某则以出事桥梁年久失修、桥梁所有人疏于管理为由，将有关公司告上法庭。法院审理后认为，王某自身的违法行为是造成其死亡的直接原因，遂依法驳回余某的诉讼请求。

5. 在急弯处倒车

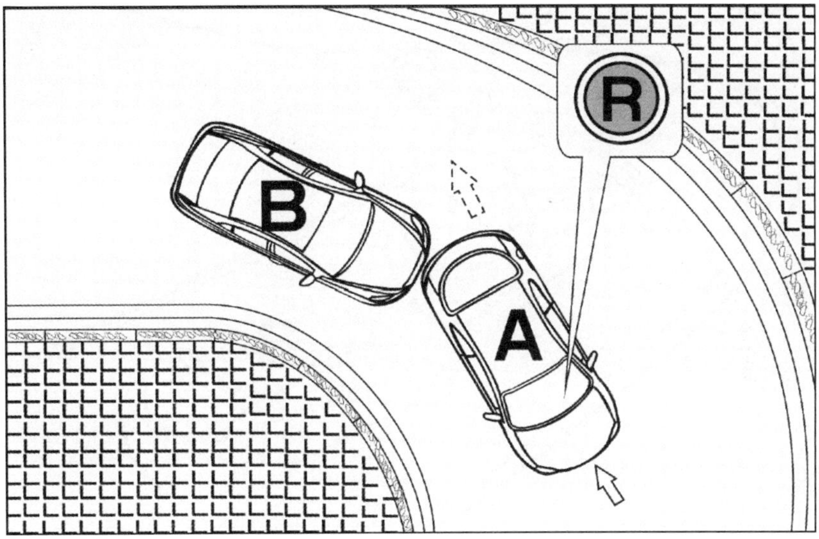

如图所示，A 车在急弯处倒车，与后面同向行驶的 B 车发生事故，则 A 车承担全部责任。若 B 车也有责任，则 A 车承担相应责任。

◆ 交警解答

我们都知道，拐弯处视线受限，尤其是急弯处，行车视线甚至为零。因此，《实施条例》第五十条规定，机动车在急弯处不得倒车。在这样的路段倒车，后方来车根本无法预判和注意，发生碰撞的可能性极大。

◆ 案例链接

2012 年 4 月 1 日 15 时许，祝某驾驶中型自卸货车从湖南省城步苗族自治县威溪乡装载河沙返回西岩镇，在行至西岩镇陈家村一急弯处时，车辆因制动力降低而失控，与路边一辆正在倒车的轻型厢式货车相撞，致对方车厢内 3 人死亡、3 人轻伤，与祝某同车的霍某受轻伤。

交警部门对事故现场进行了勘查，认定祝某驾驶机件不符合技术标准的机动车，且超过核定装载质量在道路上行驶，应对此次事故负主要责任；厢式货车驾驶员马某驾驶机动车在急弯处倒车，且人货混装，对事故负次要责任。

6. 在陡坡上倒车

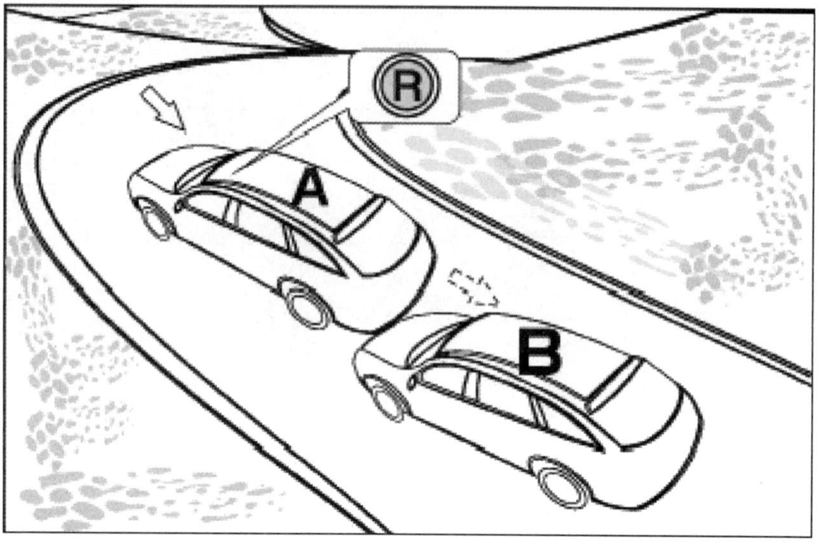

如图所示，A 车在陡坡上倒车，与后面同向行驶的 B 车发生事故，则 A 车承担全部责任。

◆ 交警解答

《实施条例》第五十条规定，机动车在陡坡上不得倒车。因为受车辆自身的重力及制动因素影响，在陡坡上倒车是十分危险的，稍有不慎，就可能发生车辆失控情况。同时，后方来车由于正处于努力爬坡过程中，为了避让前车，也不得不采取相应的制动措施，从而诱发相似的危险因素。

◆ 案例链接

2011 年 8 月 6 日中午 1 时许，厦门东渡金鼎路，一辆满载 500 多件饮料的货车倒车下坡欲卸货时，因所载货物太重，该路段坡度又陡，失控撞破一旁的小区围墙，饮料倾泻而出。所幸未造成人员受伤。

据货车司机说，饮料是要分送到好几个超市和小卖铺的，一家小超市位于金鼎路斜坡上。他于是调转车头，从海山路上倒车下来，以便卸货。不料货物太重，斜坡又陡，车子一下子失去控制倒溜下来，撞向海关宿舍的围墙。

7. 在隧道内倒车

如图所示，A 车在隧道内倒车，与后面同向行驶的 B 车发生事故，则 A 车承担全部责任。

◆ 交警解答

由于车辆刚进入隧道时，驾驶人突然由明处进入暗处，眼睛大约需要七八秒钟的适应时间，即暗适应过程。在这个过程中，驾驶人眼睛的灵敏度十分低，几乎是看不到任何东西的。同样，当车辆驶出隧道口时，环境明暗的再次变化，驾驶人又需要一个适应的过程。

另外，车辆进入隧道后，驾驶人与外界环境隔绝，隧道两壁又离车辆很近，在车辆前进中隧道两壁快速向后流动，造成驾驶人强烈的速度感觉，觉得车辆开得飞快，对车速、行车间距估计不准，容易引发追尾碰撞事故。

因此，《实施条例》第五十条规定，机动车在隧道内不得倒车。

8. 倒车时打闪灯被后车撞上

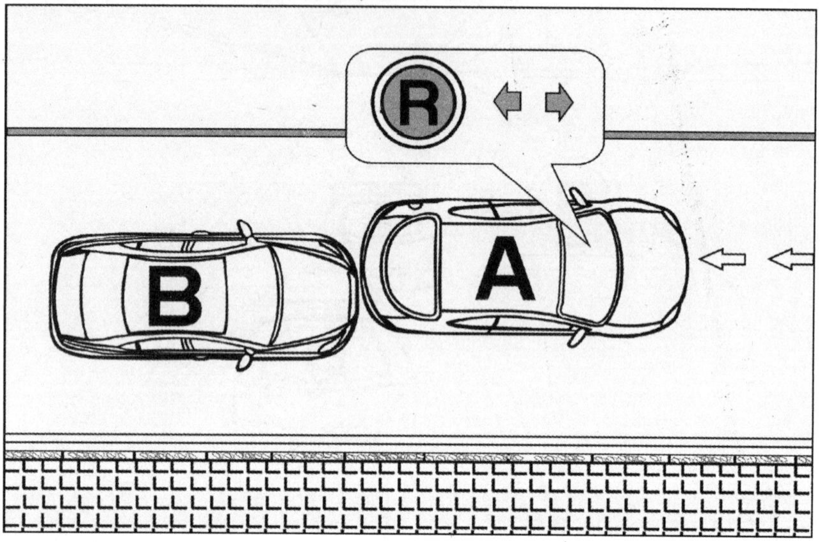

如图所示，A 车在倒车时打闪灯，与后面同向行驶的 B 车发生事故，则 A 车承担主要以上责任。

◆ 交警解答

关于倒车有一个基本规定，就是先要察明车后情况，在确认安全后再倒车。因此，就算倒车的时候打闪灯了，还应注意观察车后的情况，以防意外。

当然，若是后面的车辆属于超速行驶，或者疲劳驾驶，明知前车正在倒车，或反应不及，或反应迟钝，从而发生追尾事故，经现场认定，则双方各自承担相应责任。

◆ 案例链接

2012 年 8 月 7 日上午 8 时许，济南市舜耕路会展中心附近路段发生一起交通事故，一辆公交车在会展中心站牌附近倒车时，与另一辆公交车发生追尾，一位年仅 21 岁的女大学生被夹两车中间不幸身亡。

据介绍，事故发生前，公交驾驶员苏某驾驶 152 路公交大客车沿舜耕路由北向南行驶到会展中心站牌处停车上下客。起步时，苏某挂到倒挡准备倒车，但车向后倒的过程中，意外撞向正在步行的女子高某，随后又碰到车后另一辆48路公交车的前部。高某惨叫一声，当场倒地。

等急救中心人员赶到时，发现高某头部已被压扁，胸腔受到严重挤压。虽经全力抢救，高某仍不幸身亡。

据介绍，高某刚大学毕业，暑假后即将出国进修，却意外遭此不幸，实在令人万分唏嘘。

警方认定，事故原因为公交车司机苏某起步时倒车失误，造成车后女孩被撞。事后，苏某涉嫌构成交通肇事罪被刑事拘留。

9. 倒车时打闪灯被侧向车辆撞上

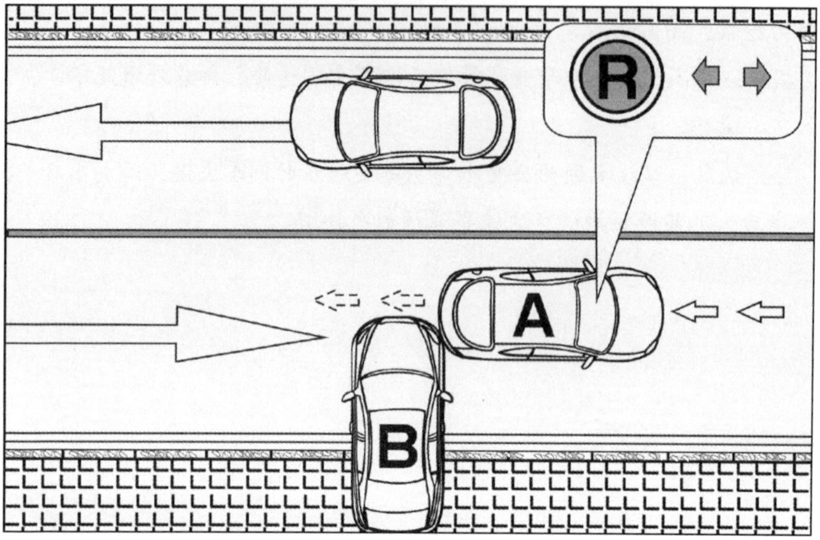

如图所示，A 车在倒车时打闪灯，与侧向进入道路的 B 车发生事故，则 A 车承担全部责任。

♦ 交警解答

在倒车时打闪灯，固然可以引起后方同向车辆的注意，但无法引起侧向车辆的注意，因此，在这种情况下发生事故，倒车一方仍要承担全部责任。

为此，驾驶人在倒车时，务必做到以下几点：

⑴倒车前应注意观察周围情况，选定倒车路线，看清前后有无来车，确定安全后方可倒车；

⑵倒车时要稳住油门，控制车速，不要忽快忽慢，车速不要超过 5 公里 / 小时，并要掌握“慢行车，快转向”的操作方法；

⑶要注意车前车后情况，确定车辆后方视线看不到的“死角”处的确没有车辆、行人或障碍物时再行倒车；

⑷倒车时特别要注意四周有无小孩站立和活动；

⑸如果车内装有倒车雷达或者倒车映像，那就可以更便捷、安全地倒车。

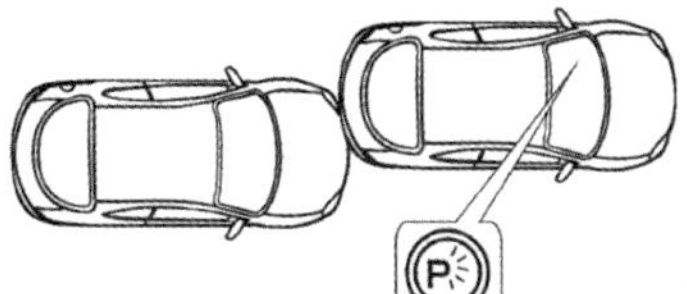

第七章 机动车追尾事故责任认定

1. 后车撞上正常行驶途中紧急刹车的前车

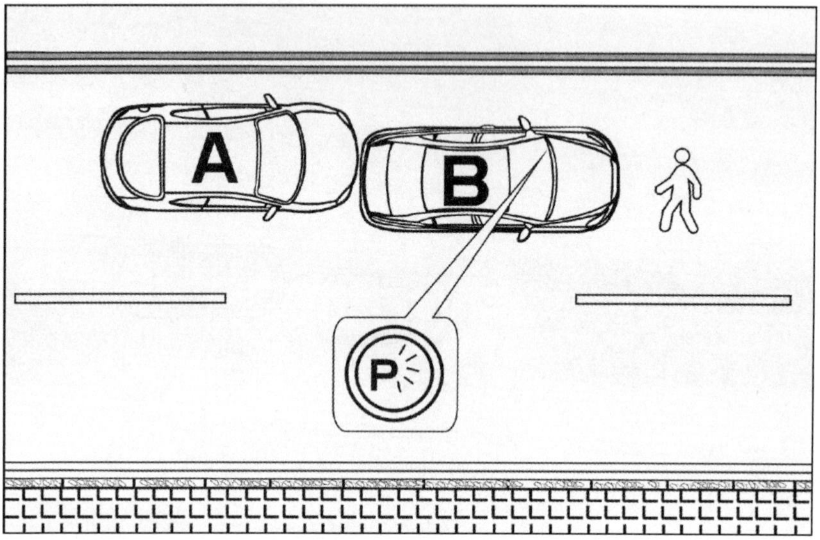

如图所示，B 车在前面正常行驶，遇到行人横过马路紧急刹车，与后面行驶的 A 车发生追尾事故，则 A 车承担全部责任。

◆ 交警解答

A 车可能认为，事故是由于 B 车紧急刹车造成的，所以 B 车应承担全部责任。然而《交通安全法》第四十三条明确规定："同车道行驶的机动车，后车应当与前车保持足以采取紧急制动措施的安全距离。"

这次追尾事故的造成，看似由前车紧急刹车所致，实则由于后车未保持足够的安全距离或驾驶人注意力不集中。因此，后车应负全责。

◆ 案例链接

2012 年 3 月 19 日 6 时许，京港澳高速潭耒段发生追尾事故，激烈碰撞使前车燃起熊熊大火，而后车则冲破高速中间护栏，侧翻在对面车道上。

据前车车主介绍，事故发生时他为避让前面车辆而紧急刹车，虽没追尾别人，却让后车追了尾。当时他的车上装满了挖机等工程设备，里面的油料因激烈碰撞而燃烧，而后车则冲出护栏，翻倒在地。所幸的是，事故没有造成人员伤亡。

2. 前车在机动车道停车后未开启危险报警闪光灯和设置警示标志

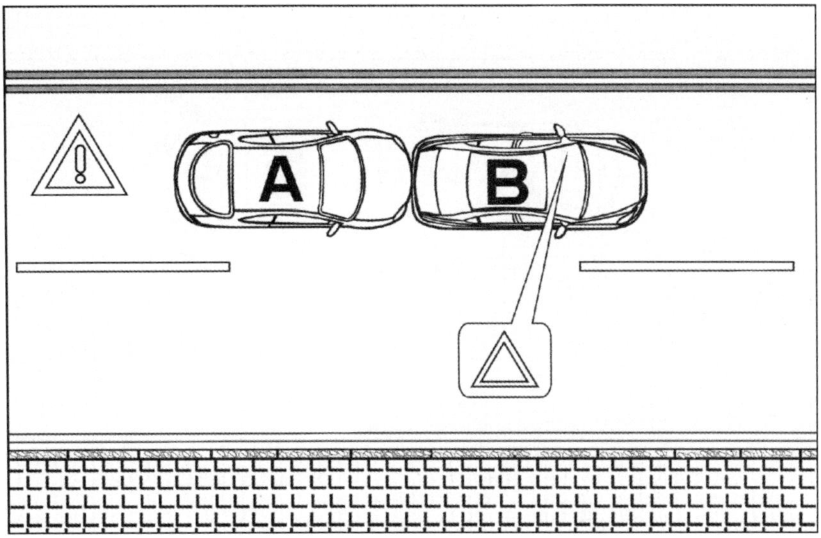

如图所示，B 车在机动车道发生故障停车后，未开启危险报警闪光灯和设置警示标志，导致与后方行驶过来的 A 车发生追尾事故，则 A 车承担主要责任，B 车承担次要责任。

◆ 交警解答

这次追尾事故的发生，双方都有明显过错：一是 A 车驾驶人注意力不集中，二是 B 车驾驶人未按照规定作出相应的提醒。

《实施条例》第六十条明确规定：“机动车在道路上发生故障或者发生交通事故，妨碍交通又难以移动的，应当按照规定开启危险报警闪光灯并在车后 50 米至 100 米设置警告标志，夜间还应当同时开启示廓灯和后位灯。”B 车没有做到这一点，因此在追尾事故中应承担相应责任，即次要责任。

3. 前车在机动车道停车后开启了危险报警闪光灯但未按规定设置警示标志

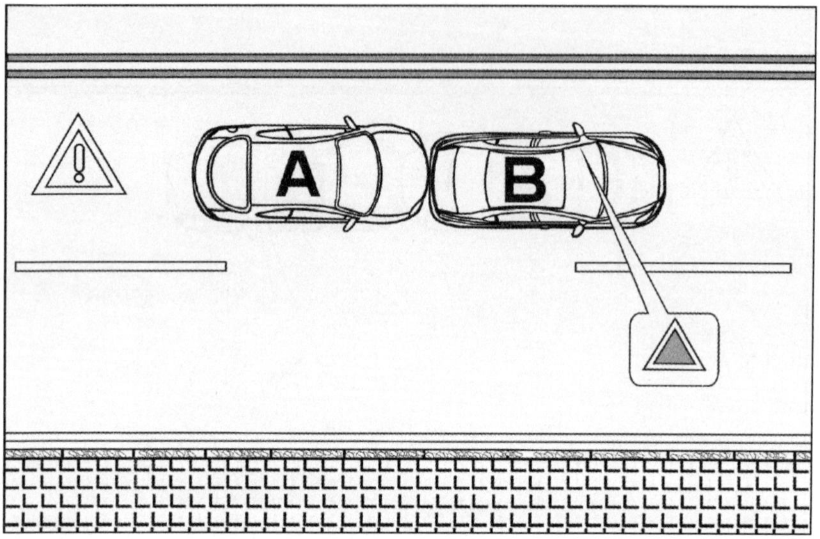

如图所示，B 车在机动车道发生故障停车后，开启了危险报警闪光灯，但未设置警示标志，导致后方驶来的 A 车与其发生追尾事故，则 A 车承担主要责任，B 车承担次要责任。

◆ 交警解答

B 车在发生故障后，虽然采取了一定措施，但是未设置警示标志；或者虽然设置了警示标志，但标志设置过近，远远没有达到《实施条例》要求的“车后 50 米至 100 米”的距离，致使 A 车反应不及，B 车应对这次追尾事故承担相应责任。

当然，事故的主要原因还是 A 车驾驶人注意力不集中，所以 A 车应当承担主要责任。

◆ 案例链接

2012 年 6 月 19 日晚 9 时许，徐某驾驶一辆中型货车，在武汉绕城高速上行驶。这时，后面一辆小型客车径直撞上货车尾部。因两车车速过快，徐某驾驶的货车被追尾后，越过了路中间的隔离带，跑到了迎面车道上逆行 100 多米才停下来。

追尾事故发生后，客车司机胡某赶快来到高速路对面，找到徐某处理、解决追尾事故。徐某从货车里抱下一床红色棉被，放在货车前方约 30 米处，以警示过往车辆避让。

然而，就在此时，悲剧发生了：一辆大货车和 3 辆小轿车相继撞向徐某的货车。大货车被撞得严重变形，车内 4 人中 3 人当场死亡，1 人重伤。

此后，徐某逃离现场，销声匿迹。后来警方通过网上追逃，在河南境内将其抓获归案。

4. 前车在机动车道停车后开启了危险报警闪光灯并按规定设置警示标志

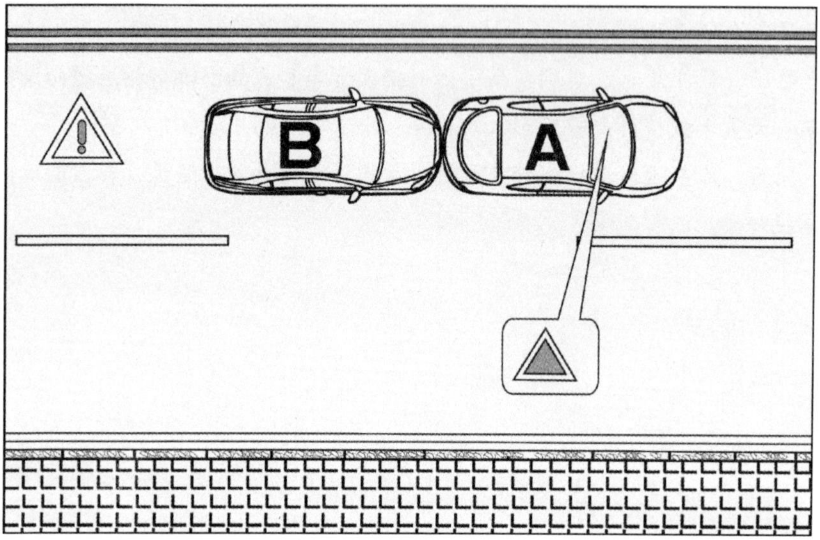

如图所示，A 车在机动车道发生故障停车后，开启了危险报警闪光灯并按规定设置了警示标志，但是后方驶来的 B 车未看清车道情况发生追尾，则 B 车承担全部责任。

◆ 交警解答

A 车在发生故障后，按照规定采取了相应的措施，完全符合交通法规的要求，事故的原因完全是由 B 车造成的。B 车在这种情况下还发生追尾事故，主要不外乎三种原因：一是注意力不集中，二是超速行驶，三是制动系统故障。

◆ 案例链接

某年 7 月，广西发生一起死亡 5 人的特大交通事故。

当天凌晨，邓某驾驶货车行至柳南高速公路下行线 713 公里时，发现车子异响，便于紧急停车线内停车。邓某刚把车子停好，车上另一位同伴便拿着警示牌到车后摆放。突然，随着“轰”的一声巨响，一辆小轿车完全冲进货车尾部。

当交警赶到时，现场的人全部惊呆了，严重变形的轿车里竟然有 5 具尸体。

经核实，这起事故造成3女2男死亡。

在这起特大交通事故中，大货车因故障停于紧急停车线内，并已采取警示措施，属于交通法规内允许的紧急停放。事故的发生是因为轿车司机高速行驶且没有看清车道而造成的。

交警部门提醒，在高速公路上行车，一定要保持安全距离。在路面干燥的情况下，跟车距离不小于车速的数值。遇雨雾天、冰雪天或路面潮湿时，应增加一倍以上距离。

另外，如果前方出现紧急情况，应充分利用道路宽度，不要单单踩住刹车等待事故的发生，应先大力刹车，当车速降低后再松开刹车，快打方向，寻找没有车的位置进行躲避，或朝车头可以直接撞击的物体撞击。即使受伤，也要强过钻入大车车底的“灭顶之灾”。常跑高速的驾驶人需要强化这方面的意识。

5. 前车超长且未按规定设置明显警示标志

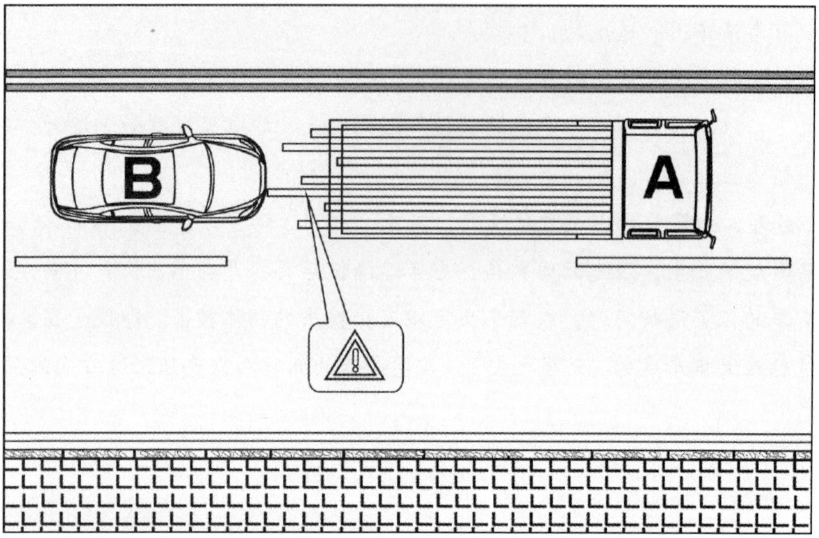

如图所示，A车装载的货物明显越出车厢长度且未设置标志，在紧急刹车时，与后方的B车发生追尾事故，则A车承担同等以上责任。

◆ 交警解答

《交通安全法》第四十八条规定："机动车运载超限的不可解体的物品，影响交通安全的，应当按照公安机关交通管理部门指定的时间、路线、速度行驶，悬挂明显标志。"而《实施条例》第五十四条进一步规定，机动车装载长度、宽度不得超出车厢。因为前车装载超长或超宽的物品，会影响后车对安全距离的判断，增大追尾的危险性。

具体来说，前车只有在办理了超长通行证，也做了明显的超长标志，并按照指定时间、路线、速度行驶的情况下发生追尾，才不承担责任。

◆ 案例链接

2010年3月28日凌晨5时许，在成都市一环路东二段建设路口，两辆同属一个物流公司的货车发生追尾事故，后车司机林某被前车超长的塔吊部件挤压在驾驶室里，经过半个小时的现场抢救，最后还是离开了人世。

事故发生时，两辆货车装运着塔吊钢架从东门往北门行驶。陈某的车在中间车道，走在前面；林某的车在第二车道，走在后面。行驶至建设路口时，后车的林某变更车道向中间车道靠拢，刚好亮红灯，陈某便踩刹车。

就在这时，陈某只觉车身一震，回头一看，钢架已经插入了后车的驾驶室内。只见十几米长的塔吊部件穿过挡风玻璃，抵在林某胸口上，而林某的后背都已紧贴在驾驶室的后窗上。

经过勘查，出事的两辆货车运载的钢架超出货箱两米多，属于货物超长运输。虽然林某有抢道行驶的嫌疑，但是货物超长是造成事故的重要原因。

6. 前车倒车或溜车撞后车

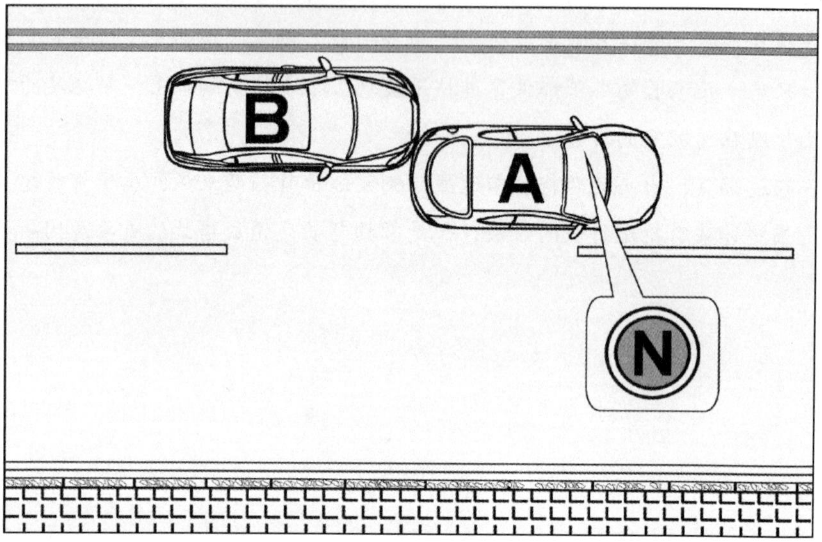

如图所示，B 车与 A 车在停车等待放行时，A 车未正确使用驻车制动器，发生溜车，与 B 车相撞，则 A 车承担全部责任。

♦ 交警解答

在发生追尾事故时，一旦是由于前车倒车或溜车导致的，在现场责任认定方面会有一定困难，往往我说你溜车，你说我追尾。在这方面，需要现场目击证人。若是在车上安装行车记录仪，效果更好。

7. 追尾时前车骑跨车道分隔线

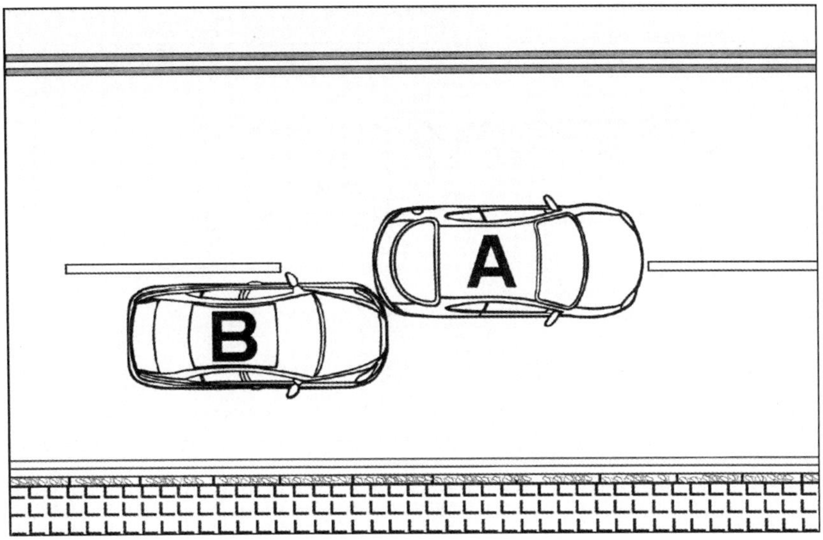

如图所示，B 车在本车道行驶时，与前面骑跨车道分隔线行驶的 A 车发生追尾，则两车各自承担相应责任。

◆ 交警解答

《交通安全法》规定，机动车、非机动车、行人应当各行其道，即使车道分隔线是虚线，也只允许变道，但不允许跨线行驶。

前车跨线行驶，会对后方来车的正常行驶造成妨碍，尤其是超车时容易发生剐碰和追尾事故。不过，在事故责任划分时，跨线是跨线的责任，追尾是追尾的责任。

8. 未避让执行紧急任务的车辆导致追尾

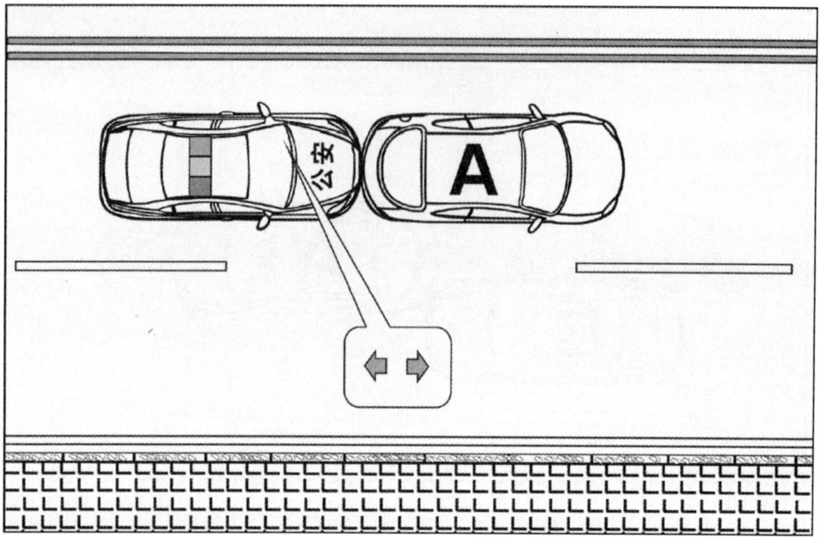

如图所示，A 车在本车道行驶时，后方一辆执行紧急任务的警车疾驶而来，A 车未按规定避让，导致发生追尾，则 A 车应承担相应责任。

◆ 交警解答

《交通安全法》第五十三条规定，警车、消防车、救护车、工程救险车在执行紧急任务时拥有优先通行权，在确保安全的前提下，不受行驶路线、行驶方向、行驶速度和信号灯的限制，其他车辆和行人应当让行。

不少人据此认为，这些特种车辆出了事故可以不负责任。这种理解是错误的。这里还有一句话不能遗漏，就是“在确保安全的前提下”。在以上追尾事故中，A 车固然由于某种原因没有尽到让行的义务，但警车也没有尽到“确保安全”的责任，因此仍然要承担事故的主要责任。

特别需要指出的是，以上车辆并非在任何情况下都是“特权车”。第五十三条同时规定，“在非执行紧急任务时”，以上车辆“不享有前款规定的道路优先通行权”。

然而，不久前北京一名 50 多岁的骑车人被轧成重伤后，因在转送医院的路上少有车辆愿意避让救护车，导致伤者延误治疗，最终死亡。这件事提醒我们，必须加大对不让行特种车辆行为的处罚力度，以伸张公民道义和社会正义。

♦ 案例链接

2012年9月3日晚上21时许，贵阳市花溪公园门口发生一起交通事故，一辆小轿车正等待红灯时，被一辆救护车追尾，轿车司机魏某头部和肩部不同程度受伤。

据魏某介绍，他当时停在斑马线前等红灯，突然被飞驰而来的120救护车给撞出四五米远。然后，救护车司机下车道歉，解释说刹车失灵了。

救护车司机则说："当时我们正在出勤，病人还在救护车上，车上共有7人。我们的车拉着警报，行驶到红绿灯处时，小轿车突然变道到我们前面，来不及避让就撞上去了。"

事故发生后，交警部门经现场勘查，判定事故为救护车追尾，是救护车的责任。

警方特别指出，救护车与普通车辆在行驶过程中发生交通事故的，依然要根据事故现场定责，不能因为救护车是特种车辆，就判定是其他车辆责任。但是，在道路上遇到救护车辆时，一般驾驶人要在保证行车安全的情况下避让救护车。

9. 夜间前车没开尾灯形成追尾

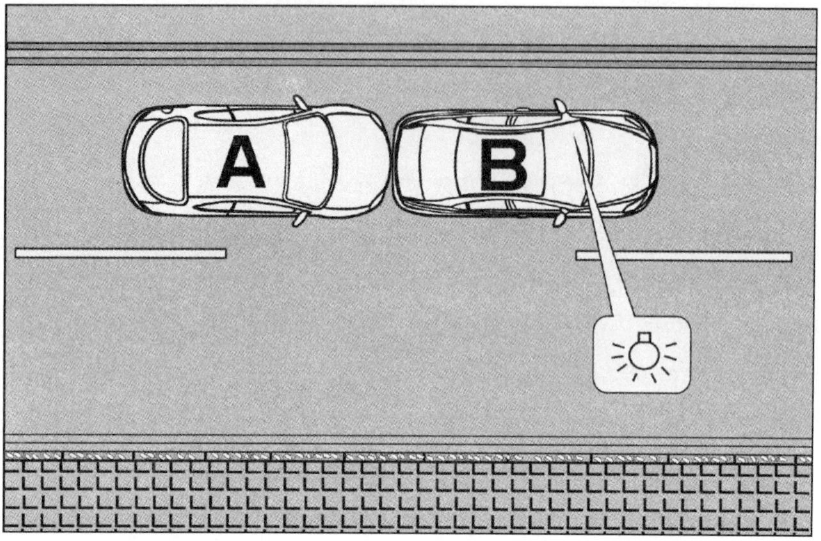

如图所示，B车在夜间没有路灯的路段行驶时未开尾灯，被后面的A车追尾，则A车承担主要责任。

◆ 交警解答

《实施条例》第五十八条规定："机动车在夜间没有路灯、照明不良或者遇有雾、雨、雪、沙尘、冰雹等低能见度情况下行驶时，应当开启前照灯、示廓灯和后位灯。"

在以上事故中，虽然B车未开尾灯对造成追尾事故有一定影响，但是作为A车，依然可以通过其他条件判断前车的行驶情况，所以应对追尾事故负主要责任。当然，B车也应承担未开尾灯的责任。

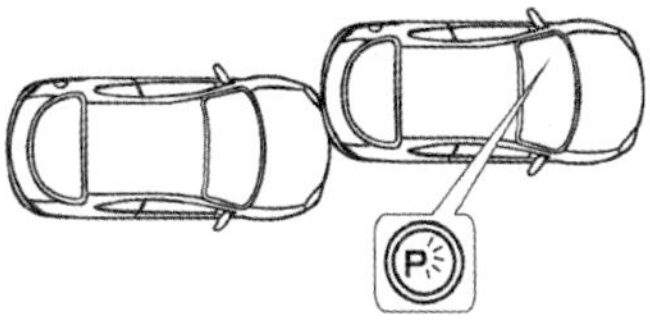

第八章 机动车超速事故责任认定

1. 超过限速标志、标线标明的速度行驶

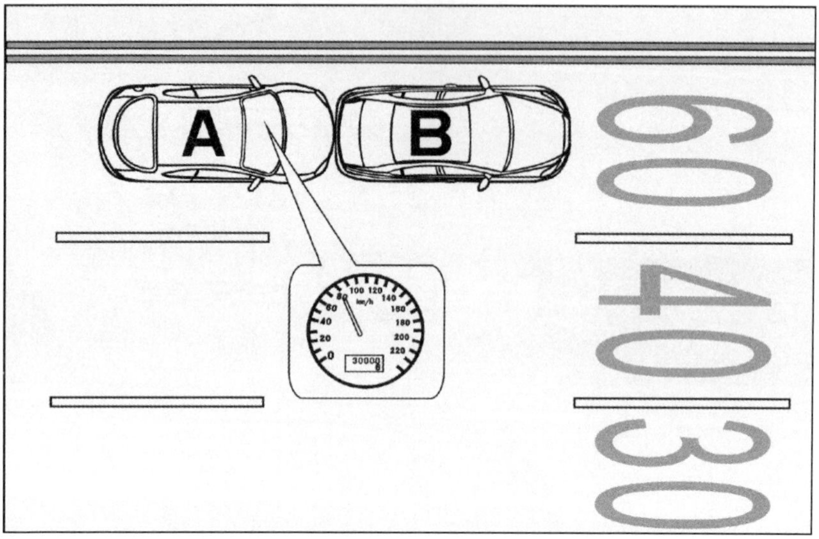

如图所示，A 车在限速路段超速行驶，与同向的 B 车发生事故，则 A 车承担全部责任。

◆ 交警解答

《交通安全法》第四十二条规定：“机动车上道路行驶，不得超过限速标志标明的最高时速。在没有限速标志的路段，应当保持安全车速。”

为什么要限速呢？因为机动车超速行驶，车辆由于惯性，会直接导致制动距离延长，影响车辆的稳定性。在同等条件下，车速提高一倍，其离心力就会增大三倍，导致方向的操纵性受到不同程度的影响。

另外，车辆在行驶中，驾驶人的视野、动视力、周边视力都随车速的变化而变化。超速行驶使驾驶人视野变窄，视力减弱，难以发现突发情况，对突然出现的险情会极度紧张，处置措施失当。

超速历来被称为“公路杀手”，其造成的事故往往后果严重。因此，凡是与超速有关的交通事故，超速一方大多要负全部或主要责任。

2. 在没有道路中心线或同方向只有一条机动车道的道路上超速行驶

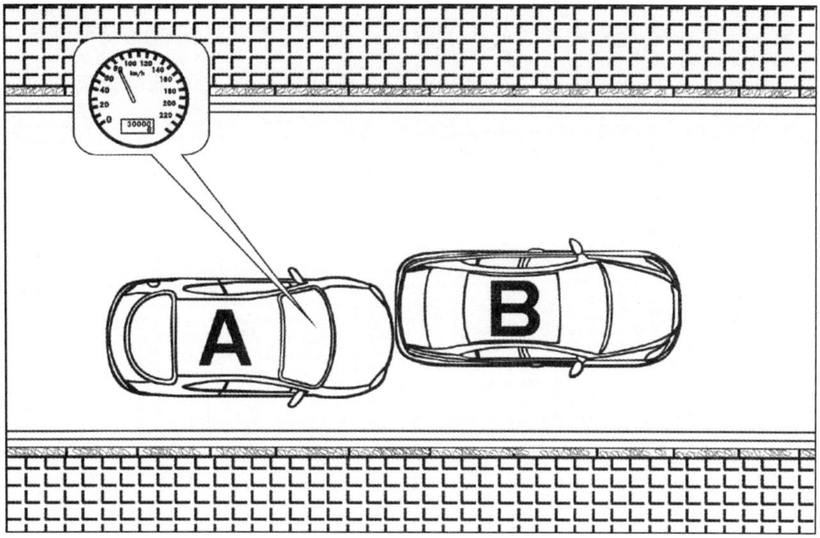

如图所示，A 车在限速路段超速行驶，与同向的 B 车发生事故，则 A 车承担全部责任。

◆ 交警解答

《实施条例》第四十五条规定，没有道路中心线的道路，城市道路为每小时 30 公里，公路为每小时 40 公里；同方向只有一条机动车道的道路，城市道路为每小时 50 公里，公路为每小时 70 公里。凡是超过这个速度行驶的机动车，皆为超速行驶。

上图 A 车在没有中心线的城市道路上以时速 80 公里行驶，远远超过了每小时 30 公里的规定，属于严重超速。

◆ 案例链接

2006 年 11 月 13 日 10 时许，董某独自驾驶菲亚特轿车沿旅顺南路由旅顺往大连方向行驶，至小龙王塘村路段时，越中心双黄实线进入相对方向的快速车道，与对向郭某驾驶的红色出租车相撞，造成董某、郭某及出租车上两名乘客死亡，另有两名乘客受伤，双方车辆受损严重。

经现场勘查，地面无红色出租车刹车痕迹，出租车行驶方向设有限速50公里的交通标志。经大连汽车司法鉴定中心车速鉴定，红色出租车事发时的时速在100～110公里之间。

警方认定，造成此次事故的主要原因是菲亚特轿车违反道路标线进入反向车道，但是郭某无视限速规定超速行驶，且遇到突发情况未采取制动措施，也加重了事故的严重后果。因此，董某负事故的主要责任，郭某负事故的次要责任。

3. 掉头时超速行驶

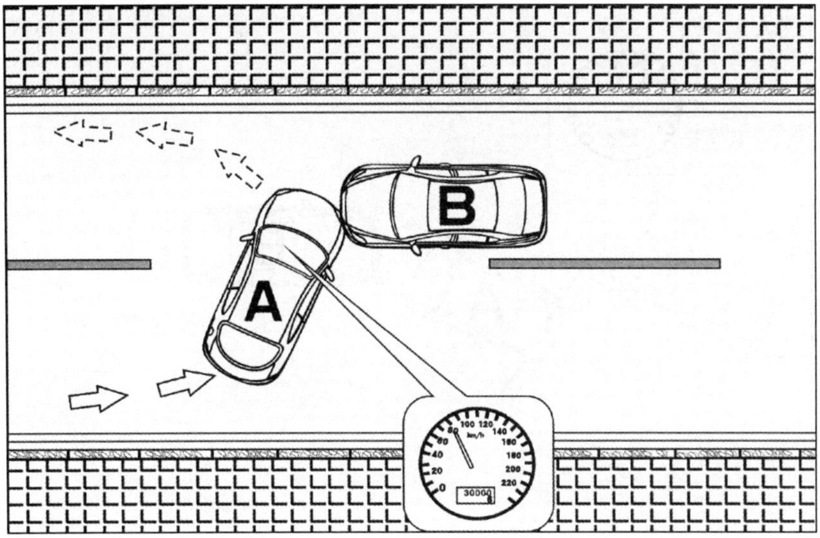

如图所示，A 车在掉头时超速行驶，与对向车道的 B 车发生事故，则 A 车承担全部责任。

♦ 交警解答

《实施条例》第四十六条规定，机动车在掉头时，最高时速不得超过30公里，其中拖拉机、电瓶车、轮式专用机械车不得超过15公里。因为掉头时车速过快，一则自身容易发生侧翻，二则掉头时本来就容易妨碍其他车辆的正常行驶，加上超速掉头，就更容易导致其他车辆反应不及而发生事故。

4.转弯时超速行驶

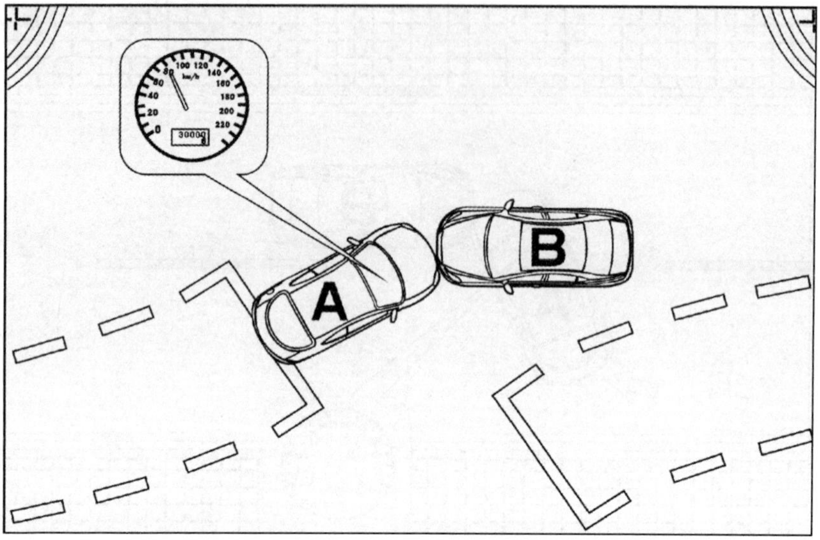

如图所示，A车在转弯时超速行驶，与对向的B车发生事故，则A车承担全部责任。

♦ 交警解答

《实施条例》第四十六条规定，机动车在转弯时，最高时速不得超过30公里。转弯时超速和掉头时车速过快的情况一样，不仅容易与其他车辆发生事故，而且自身也容易发生侧翻或者冲出车道。

♦ 案例链接

2009年9月23日7时许，山东省驾驶人王某驾驶小客车沿津王路由南向北行驶至津王路15公里100米处，因超速行驶，打方向时发生侧滑，致车翻入左侧沟内，驾驶人王某及3名乘车人当场溺水身亡。

5. 下陡坡时超速行驶

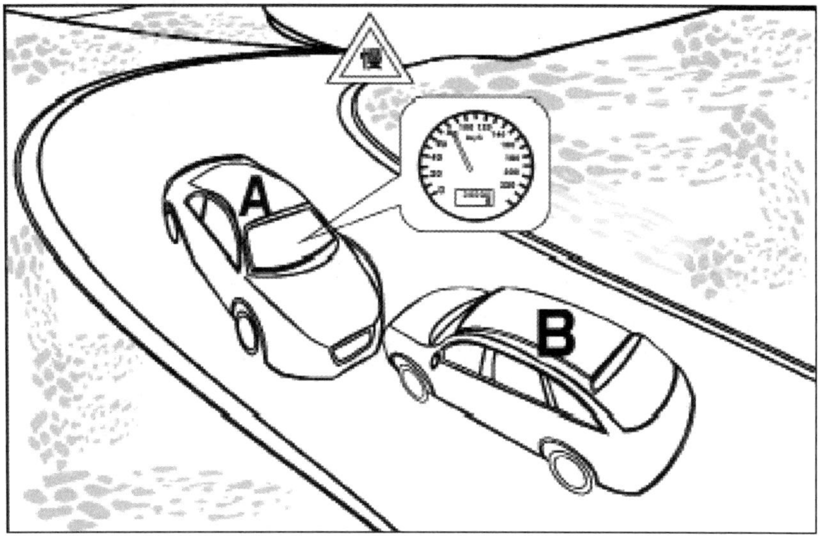

如图所示，A 车在下陡坡时超速行驶，与对向的 B 车发生事故，则 A 车承担全部责任。

◆ 交警解答

《实施条例》第四十六条规定，机动车在陡坡时，最高时速不得超过30公里。陡坡本来就是事故的多发地段，对下坡车辆的刹车系统是个考验，此时若再超速行驶，就会大大增加刹车系统失灵的风险，一旦遇到紧急情况，就容易导致车辆失控，从而发生严重事故。

◆ 案例链接

2011 年 9 月 14 日下午 3 时许，江川县江通公路小白坡路段发生一起交通事故，一辆面包车与一辆商务车相撞，2 人被困，6 人不同程度受伤，经消防官兵抢救全部脱困，但一名伤者因伤势严重死亡。

救援人员赶到现场时，只见一片狼藉，两辆事故车辆侧翻在路中间，车身严重变形，车窗碎裂，玻璃及零件散落一地。

据现场勘查，事故是由面包车下坡时超速行驶导致的。

6.遇能见度在50米以内的天气时超速行驶

如图所示，A车在暴雨天气超速行驶，与前方的B车发生追尾，则A车承担全部责任。

♦ 交警解答

我们都知道，从发现危险情况到作出反应再到车辆最终停下来，中间有一段距离。如果在能见度很低的情况下超速行驶，由于缺乏对附近其他车辆的了解和判断，在视距范围内就很难有效完成以上步骤，从而引发事故。

因此，《实施条例》第四十六条规定，机动车遇雾、雨、雪、沙尘、冰雹，能见度在50米以内时，最高时速不得超过30公里。

♦ 案例链接

2004年12月14日，京珠高速公路河南安阳段突降大雾，能见度低于50米。湖北省潜江市浩口镇村民左某驾驶货车超速行驶，与前车发生追尾，导致两名乘车人死亡，三车损坏。

交管部门认定，左某负事故的全部责任。

7. 在冰雪、泥泞道路上超速行驶

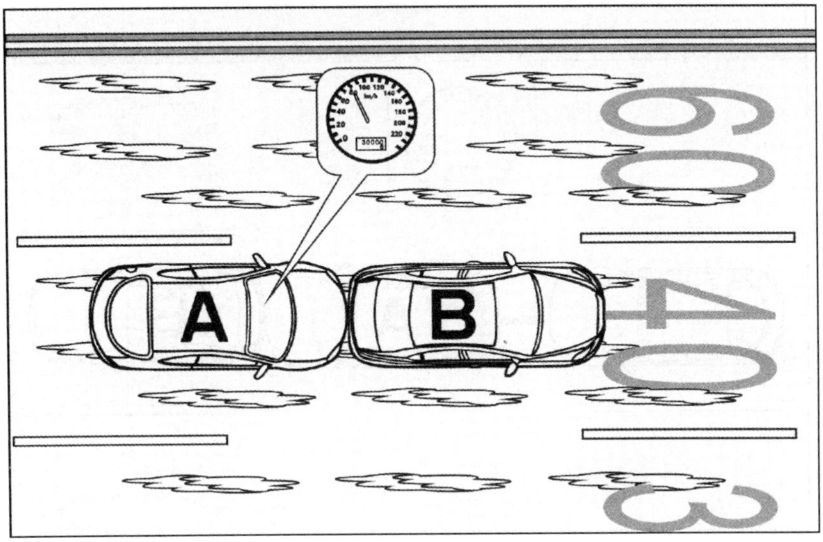

如图所示，A 车在冰雪路面上超速行驶，与前方的 B 车发生追尾，则 A 车承担全部责任。

◆ 交警解答

我们知道，车辆制动距离的长短与行驶速度、制动力、附着系数有关。行驶速度越高，制动距离越长；道路越光滑（如结冰路面），附着系数越小，制动距离越长。

实验证明，机动车以同样的速度，在不同的道路上行驶，制动距离是不一样的。如以 30 公里 / 小时的速度行驶，在柏油路面上的制动距离为 5.9 米，在浮雪路面上的制动距离为 17.7 米，在结冰路面上的制动距离为 35.4 米。

因此，在冰雪道路上超速行驶，是非常危险的行为。为此，《实施条例》第四十六条规定，机动车在冰雪、泥泞的道路上行驶时，最高时速不得超过 30 公里。

8. 牵引发生故障机动车时超速行驶

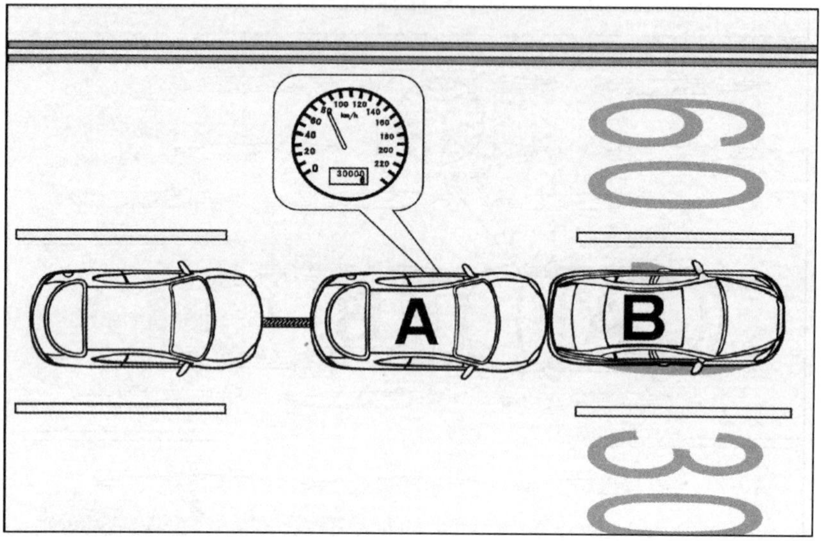

如图所示，A 车在牵引故障车时超速行驶，与同向的 B 车发生事故，则 A 车承担全部责任。

♦ 交警解答

《实施条例》第四十六条规定，机动车在牵引发生故障的机动车时，最高时速不得超过 30 公里。第六十一条更是对牵引故障机动车作了严格规定：被牵引的机动车除了驾驶人外不得载人，不得拖带挂车；被牵引的机动车宽度不得大于牵引机动车的宽度；使用软连接牵引装置时，牵引车与被牵引车之间的距离应当大于 4 米小于 10 米；对制动失效的被牵引车，应当使用硬连接牵引装置牵引；牵引车和被牵引车均应当开启危险报警闪光灯。

然而，很多车主在道路上遇到车辆抛锚的情况时，因为担心费用较高，很少拨打求助救援电话，而是通过朋友的车辆来完成牵引，却不知在牵引的过程中，交通隐患重重，很容易因为车速过快而引发第二次交通事故。

另外，用绳子牵引故障机动车尤其危险。如果绳子与路面颜色相近，牵引车和被牵引车都没有打危险报警闪光灯，特别是在车辆转弯时，若是绳子断了，或者有其他车辆横穿被绳子绊倒，后果将极其严重。

9. 进出非机动车道时超速行驶

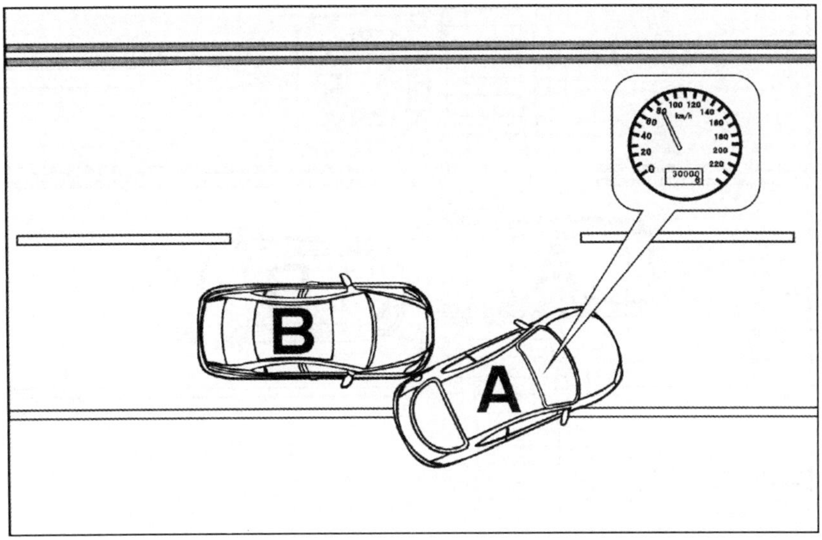

如图所示，A 车在出非机动车道时超速行驶，与机动车道内的 B 车发生事故，则 A 车承担全部责任。

◆ 交警解答

《实施条例》第四十六条规定，机动车在进出非机动车道时，最高时速不得超过 30 公里。然而，有些机动车在进出非机动车道时，还习惯于保持在机动车道的行驶速度，加上非机动车在行驶过程中相对杂乱一些，若机动车再进来一搅和，就容易引发交通事故。

◆ 案例链接

这天中午 12 点多，赵某开车准备出小区，挂 D 挡慢行。因小区在建门面房，通道两边都有彩钢护板，视线受限。车头刚出去一部分，就听一声巨响，车被撞偏了方向，就见一辆新宝来轿车窜在机动车和非机动车道之间的隔离带里。

现场看到，靠近小区这边正常行驶方向是从南向北，而新宝来轿车是直接从北向南，且在隔离带和小区之间的非机动车道上超速行驶。结果交警一来，新宝来车主就承认是他全责。

10. 通过铁路道口时超速行驶

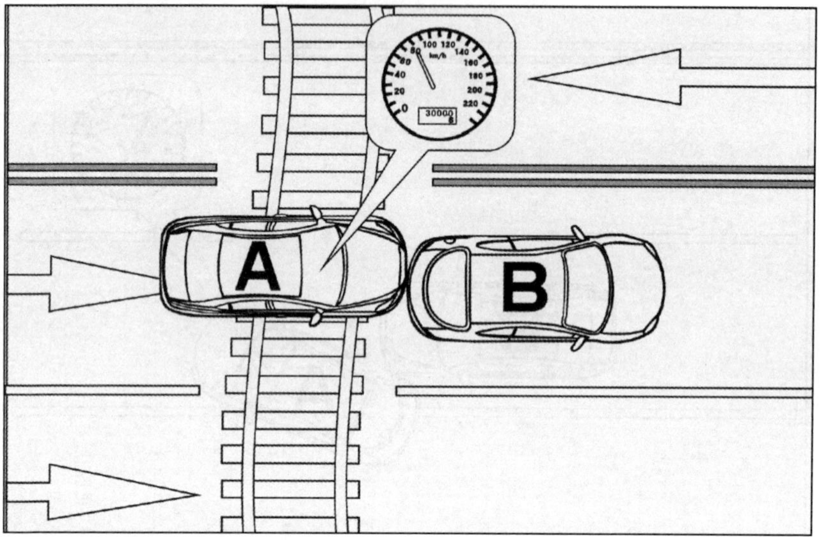

如图所示，A 车在通过铁路道口时超速行驶，与同向行驶的 B 车发生事故，则 A 车承担全部责任。

◆ 交警解答

铁路道口人车混杂，交通拥挤，在此路段行驶时必须特别谨慎。若是超速行驶，不仅容易造成道口设施损坏，而且遇到突发事件时，不能及时停车从而引发事故。为此，《实施条例》第四十六条规定，机动车在通过铁路道口时，最高时速不得超过 30 公里。

◆ 案例链接

2007 年 11 月 27 日 10 时许，4307 次列车运行接近罗家监护道口时，一辆桑塔纳轿车急速向道口驶来。执勤民警立即示意机动车停车。由于车速太快，该车直接撞向已关闭的电动拉门，使该车和电动拉门侵线。

危急关头，监护员立即按下预警按钮，并将车内两名人员救出。补强人员则迎着列车开来方向拦停列车，避免了一次人员伤亡事故。

11. 在急弯路超速行驶

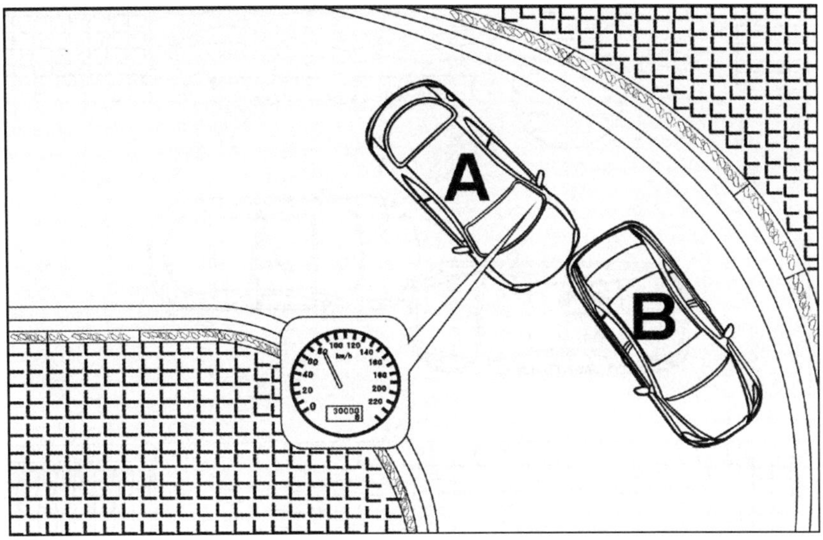

如图所示，A 车在通过急弯时超速行驶，与对向行驶的 B 车发生事故，则 A 车承担全部责任。

◆ 交警解答

《实施条例》第四十六条规定，机动车在通过急弯路时，最高时速不得超过 30 公里。

超速行驶会使驾驶人视力下降，视野变小，分辨能力降低。尤其是在弯道上高速行驶时，很容易导致车辆侧翻或冲出道外。

◆ 案例链接

2008 年 9 月 20 日下午 14 时许，一辆满载钢筋的大货车驶至四川省遂宁市射洪县金华镇西门口急弯处时，因超速超载突然侧翻。当时两个过路人正经过那里，侧翻货车上的钢筋正好压在他们身上，导致两人当场死亡。

据介绍，死者为金华中学高中老师黎某和他的未婚妻曾某。他们准备在国庆节踏上红地毯，此时正在送喜帖途中，但是无情的车祸将他和她的幸福撕裂成了碎片。随同他们一起离开这个世界的，还有曾某腹中 4 个月的胎儿。

12. 在窄路、窄桥上超速行驶

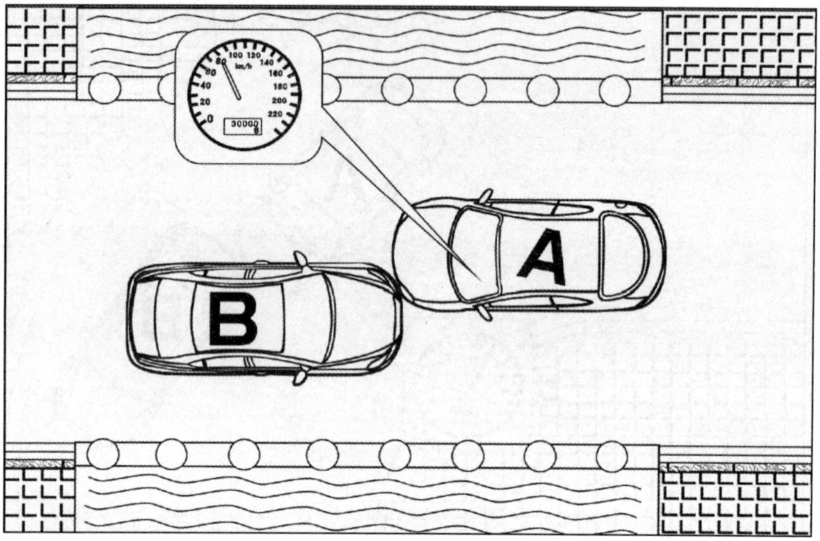

如图所示，A车在窄桥上超速行驶，与对向行驶的B车发生事故，则A车承担全部责任。

◆ 交警解答

《实施条例》第四十六条规定，机动车在通过窄路、窄桥时，最高时速不得超过30公里。因为窄路、窄桥交通相对拥挤，加上避让的空间有限，在超速行驶的状态下很容易发生碰撞事故。

◆ 案例链接

2007年4月23日8时许，重庆发生一起特大交通事故，事故造成25名乘客死亡，6人受伤，其中4人伤势严重。

发生事故的客车为重庆渝运集团的中型客车。现场看到，事故地点长生桥路面非常狭窄，只有双向两车道，出事路段刚好正在修葺中，一半路面都无法使用，这使得往来车辆都挤到了一条窄道上，场面十分混乱。重庆22日晚下雨，路面也有些湿滑。事故客车却超速行驶，结果冲出桥面，堕入十几米深的桥下。

13. 在没有交通信号灯控制的路口超速行驶

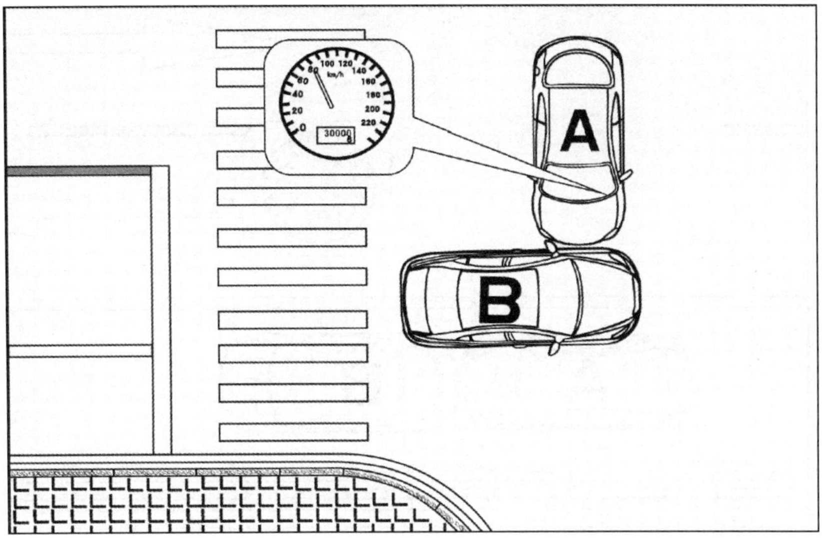

如图所示，在没有交通信号灯控制的路口，A 车超速行驶，与侧向行驶的 B 车发生事故，则 A 车承担全部责任。

◆ 交警解答

《交通安全法》第四十四条规定:“机动车在通过没有交通信号灯、交通标志、交通标线或者交通警察指挥的交叉路口时，应当减速慢行，并让行人和优先通行的车辆先行。”在交通汇集的交叉路口超速行驶，是一种玩命的危险行为。

◆ 案例链接

2007 年 5 月 11 日，烟台美丰机械有限公司驾驶人谢某驾驶中型客车，由北向南行至龙口市东莱街道一交叉路口处，与由西向东行驶的三轮摩托车相撞，造成两车损坏，三轮摩托车驾驶人经抢救无效死亡。

经交警部门认定，中型客车行经路口时严重超速，是导致这起事故的直接原因。

14. 借用非机动车道、人行道时超速行驶

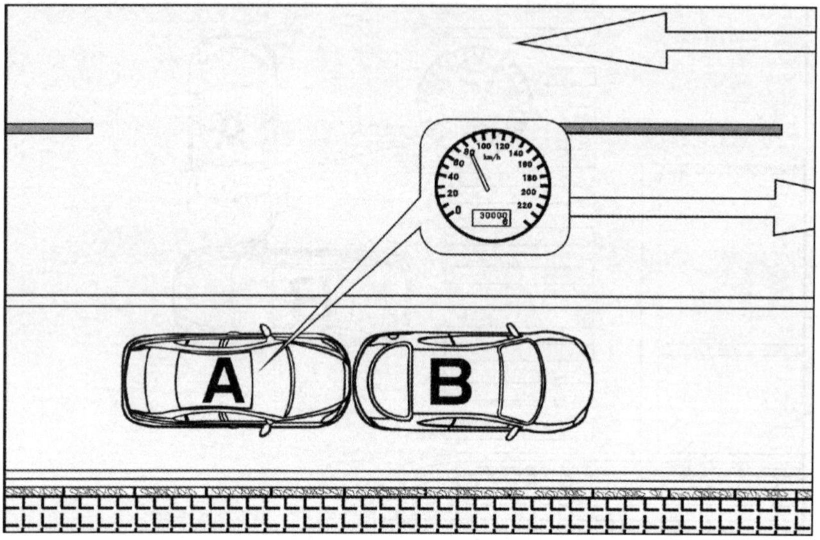

如图所示，A车在借用非机动车道时超速行驶，与非机动车道内的B车发生事故，则A车承担全部责任。

◆ 交警解答

按照各行其道的原则，机动车一般是不允许借用非机动车道或人行道行驶的，遇到特殊情况必须借用时，必须减速慢行，确保非机动车道和人行道内其他车辆和行人的安全。机动车借道非机动车道，已经打乱了非机动车的行驶秩序，此时若再超速行驶，就很容易引发交通事故。

◆ 案例链接

2010年11月2日下班后，赵某开着所在单位的小型普通客车，载着多名工友出行。在行驶到房山区京良路小清河桥上时，赵某将车快速驶入了南侧非机动车道。一车人只顾斗嘴打闹，结果将骑自行车的王某撞飞之后，又先后与由东向西行驶的一辆小轿车和一辆轻型普通货车发生连环碰撞。

事故造成赵某车上5名工友死亡，另有6人受伤。

经交警部门认定，赵某负事故全部责任。

15. 在容易发生危险的路段行驶时未降低速度

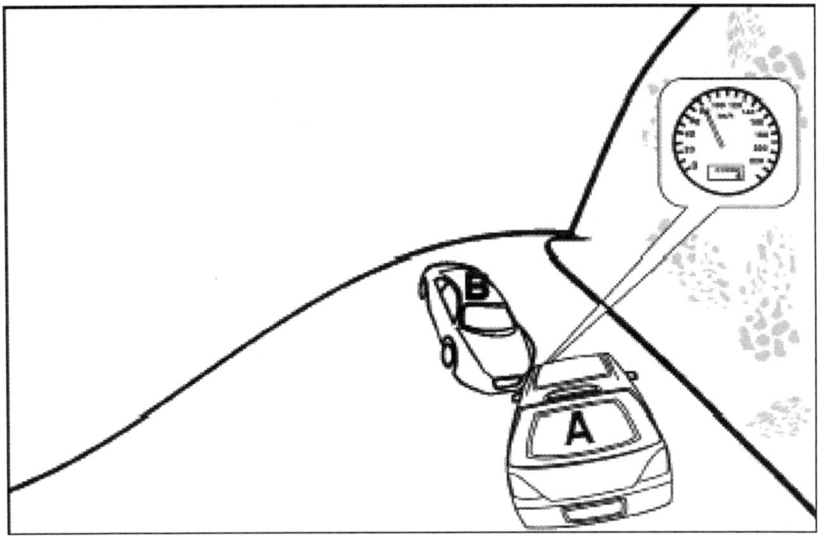

如图所示，A 车在狭窄山道上未减速行驶，与 B 车发生事故，则 A 车承担全部责任。

◆ 交警解答

《交通安全法》第四十二条规定，机动车在容易发生危险的路段行驶，应当降低行驶速度。《实施条例》第五十九条规定："机动车驶近急弯、坡道顶端等影响安全视距的路段以及超车或者遇有紧急情况时，应当减速慢行，并鸣喇叭示意。"

所谓危险路段，是指由于道路设计、施工或维护等方面的问题，而存在较多交通隐患的路段。在这些路段行驶时，必须小心谨慎。

16. 夜间行驶时未降低速度

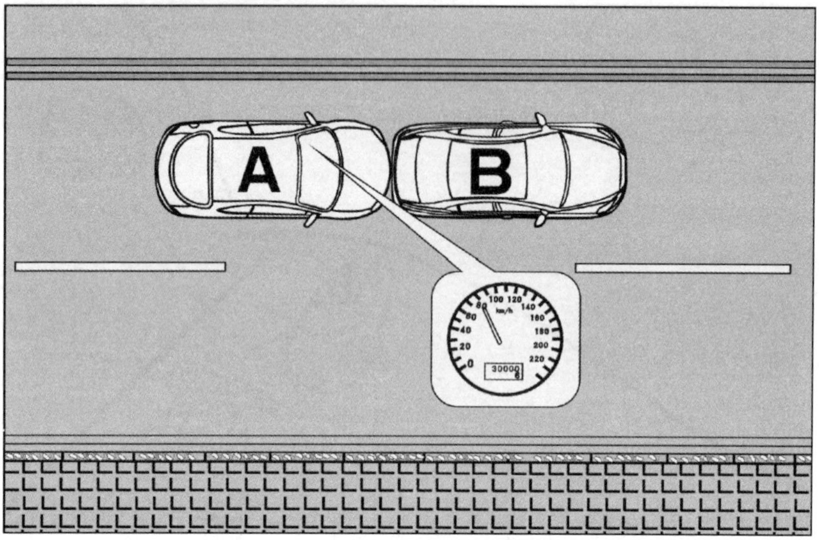

如图所示，A车在夜间行驶时未减速，与同向的B车发生事故，则A车承担全部责任。

♦ 交警解答

《交通安全法》第四十二条规定，机动车在夜间行驶时，应当降低行驶速度。

因为夜间光线暗淡，可见距离比白天短，路面附着物模糊不清，即使车灯再亮，也不如白天清晰。超速行驶会使驾驶人视力下降，判断情况不佳，并延长了车辆的制动距离，扩大了非安全区，一旦突然发现前方有紧急情况，驾驶人就会措手不及，采取措施不及时或不正确，从而发生事故。

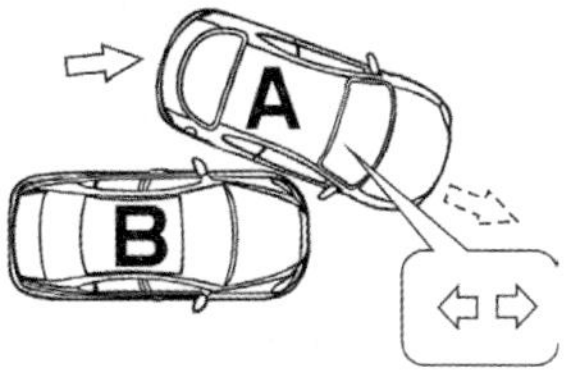

第九章 机动车信号灯事故责任认定

1. 向左转弯时未提前开启左转向灯

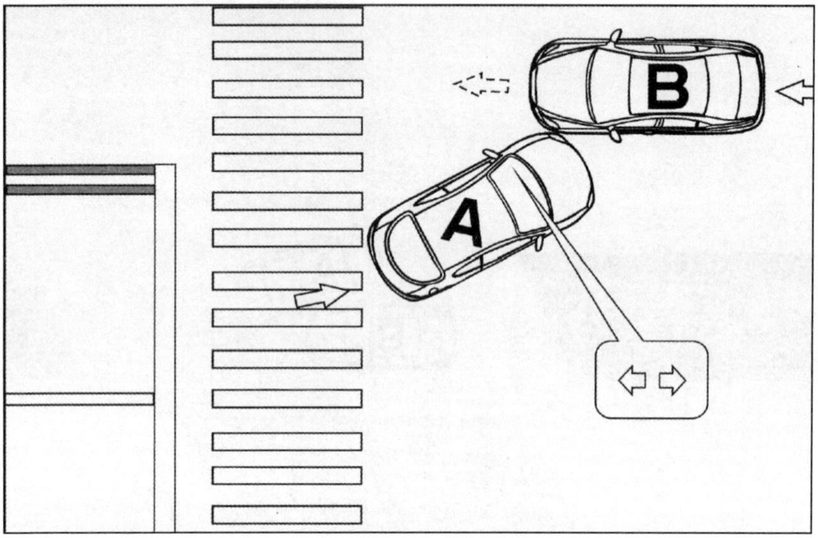

如图所示，A 车向左转弯时未提前开启左转向灯，与对向行驶的 B 车发生事故，则 A 车承担全部责任。

◆ 交警解答

《实施条例》第五十七条规定，机动车在向左转弯时，应当提前开启左转向灯。

转向灯是机动车辆在转向时提示周围车辆及行人注意避让的警示灯，开启转向灯时，灯光会反复闪烁，这是为了引起周围车辆和行人的注意，以免发生交通事故。

转向灯的开启时间要掌握好，应在距转弯路口 50 米左右时打开，如果并线更需提前开启。一定要把握好时间，开得过早会给后车“忘关转向灯”的错觉，开得过晚又会造成后车或行人因反应不及而发生事故。

2. 向左变更车道时未提前开启左转向灯

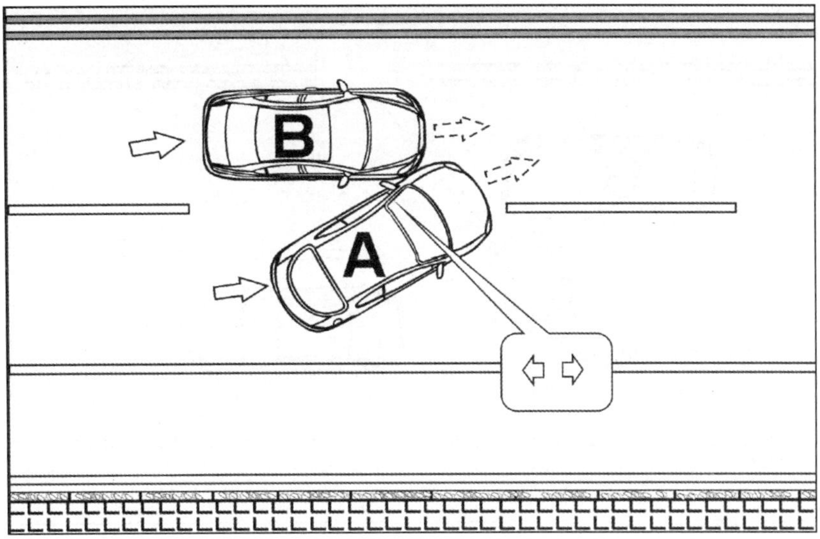

如图所示，A 车向左变更车道时未提前开启左转向灯，与左侧车道内同向行驶的 B 车发生事故，则 A 车承担全部责任。

♦ 交警解答

不少驾驶人认为，变更车道是三两秒之内就能完成的，根本没有必要打转向灯，更不要说提前打灯了。有些驾驶人尽管使用转向灯，但他们往往是“先打轮再打灯”，结果是车身已经并入相邻的车道，转向灯才开始闪烁。正是这种思想和行为造成了许多交通事故的发生。

据相关资料显示，机动车追尾、剐蹭等交通事故有 30% 是由随意变更车道引发的。

因此，《实施条例》第五十七条明确规定，机动车在向左变更车道时，应当提前开启左转向灯。

3. 准备超车时未提前开启左转向灯

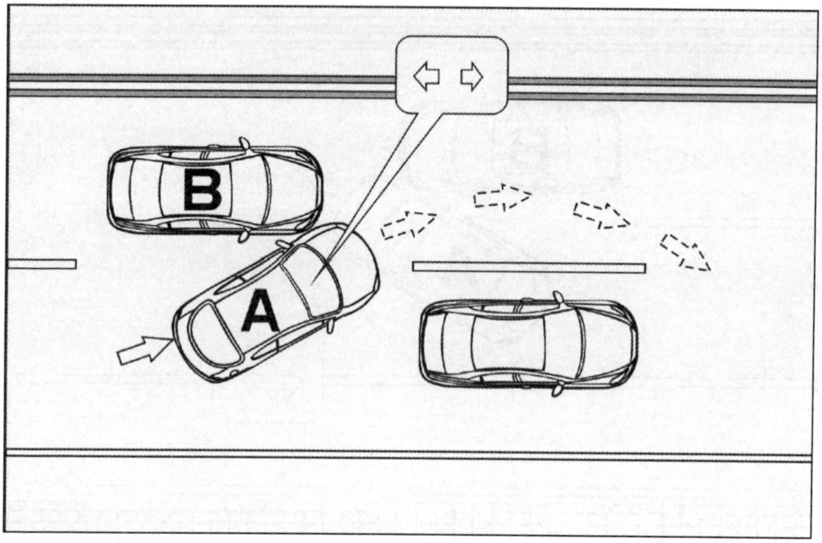

如图所示，A车在超车时未提前开启左转向灯，与左侧车道内同向行驶的B车发生事故，则A车承担全部责任。

◆ 交警解答

《实施条例》第五十七条规定，机动车超车时，应当提前开启左转向灯，变换使用远、近光灯，或者鸣喇叭。后车应当在确认有充足的安全距离后，从前车的左侧超越，在与被超越车辆拉开必要的安全距离后，开启右转向灯，驶回原车道。

超车的正常程序是，提前打左转向灯，看后视镜，确认没问题后再超车，超车完毕后开启右转向灯，慢慢驶回原车道。如果遇上不让超车的，不要硬超。

在上图中，A车既没有提前开启左转向灯，又没有确认充足的安全距离，导致发生事故，应承担全部责任。

4. 掉头时未提前开启左转向灯

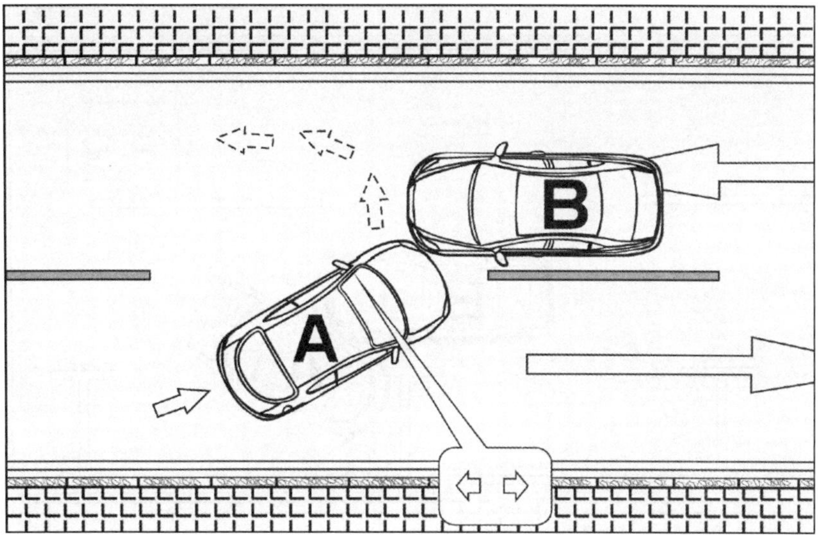

如图所示，A 车在掉头时未提前开启左转向灯，与对向行驶的 B 车发生事故，则 A 车承担全部责任。

♦ 交警解答

掉头时提前打转向灯和转弯时是一样的。为什么掉头时要打左转向灯呢？因为按照规定，应当向左侧掉头，向右侧掉头则属于逆行。因此，《实施条例》第五十七条规定，机动车在掉头时，应当提前开启左转向灯。

♦ 案例链接

2012 年 8 月 13 日 15 时许，327 国道巨野收费站西 1 公里处发生一起两辆货车相撞事故，1 人被困。

现场看到，两辆大型半挂货车斜靠路边，前车车头冲向路边水沟，后车车头撞在前车尾部，且驾驶室严重变形，前挡风玻璃全部碎裂，驾驶人满脸鲜血，碰撞处凹进车体内，死死地挤压住驾驶人的双腿。经消防官兵、交警和现场群众齐心协力，被困司机很快被救出，并送往医院救治。

交警询问当事人得知，前车在行驶中突然掉头，后车刹车不及撞在前车尾部。

5. 驶离停车地点时未提前开启左转向灯

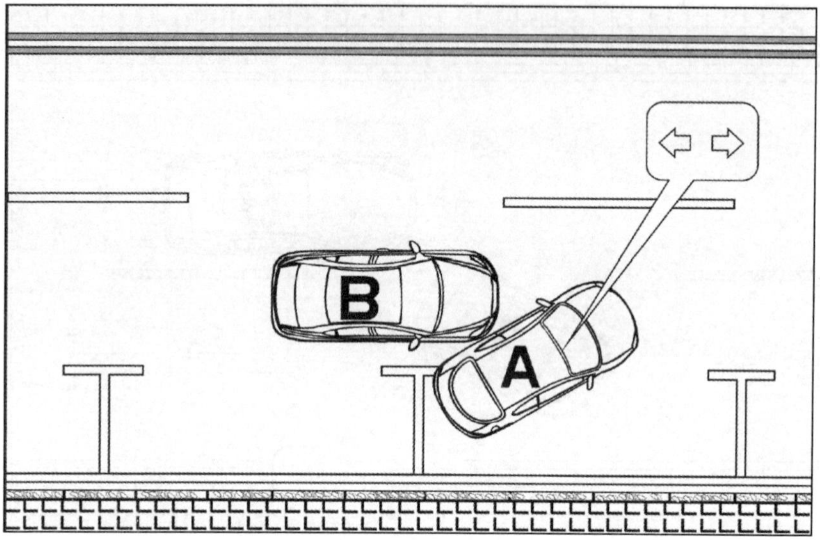

如图所示，A 车在驶离停车地点时未提前开启左转向灯，与后方行驶的 B 车发生事故，则 A 车承担全部责任。

♦ 交警解答

不少驾驶人认为，转向灯只在转弯、弯道或掉头时打，驶离停车点时根本不需要打。这种认识是错误的。

《实施条例》第五十七条规定，机动车在驶离停车地点时，应当提前开启左转向灯。因为驶离停车地点意味着要并入其他车道，从本质上来说属于变道行为，所以应当按照变道的要求来操作。

正常情况下，从停车地点进入车道，是往左侧变道的，所以应提前打左转向灯。

6. 向右转弯时未提前开启右转向灯

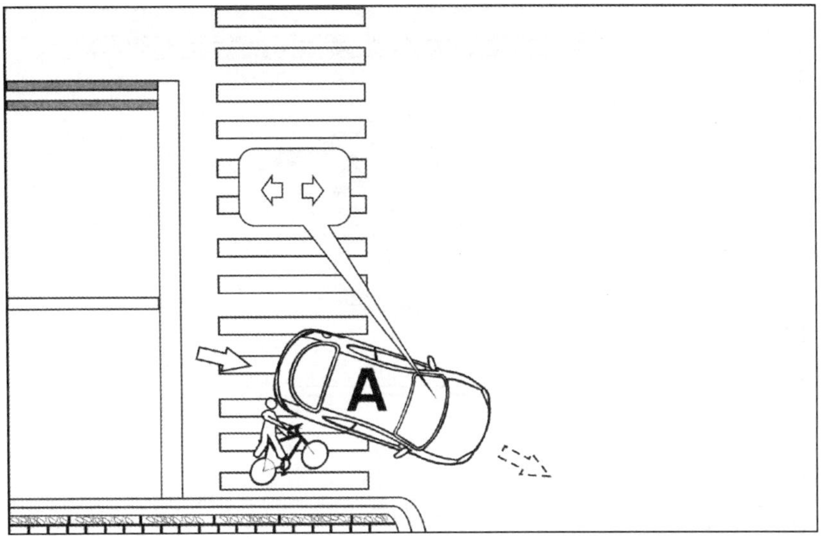

如图所示，A 车在路口右转弯时未提前开启右转向灯，与非机动车道内行驶的自行车发生事故，则 A 车承担全部责任。

◆ 交警解答

《实施条例》第五十七条规定，机动车在向右转弯时，应当提前开启右转向灯。然而，不少机动车驾驶人缺乏对非机动车和行人的尊重及对安全的重视，在右转弯时很少打右转向灯，导致非机动车和行人因无法提前判明情况继续直行，从而发生不应有的事故。

◆ 案例链接

2012 年 3 月 21 日 14 时许，交警蒋某骑着摩托车在兰州市北滨河路执勤时，被一辆急速右转弯停车载客的出租车撞伤。

当蒋某驾驶摩托车在非机动车道上由东向西行驶至市二院附近时，在慢车道上行驶的一辆出租车在未打右转向灯的情况下，急速右转弯冲向非机动车道。在发现蒋某的瞬间紧急刹车，结果右前轮将蒋某撞翻并受伤。

警方认定，出租车驾驶人在慢车道上不打右转向灯就急速转弯，并在不属于出租车停靠的路段停车，所以应承担事故的全部责任。

7. 向右变更车道时未提前开启右转向灯

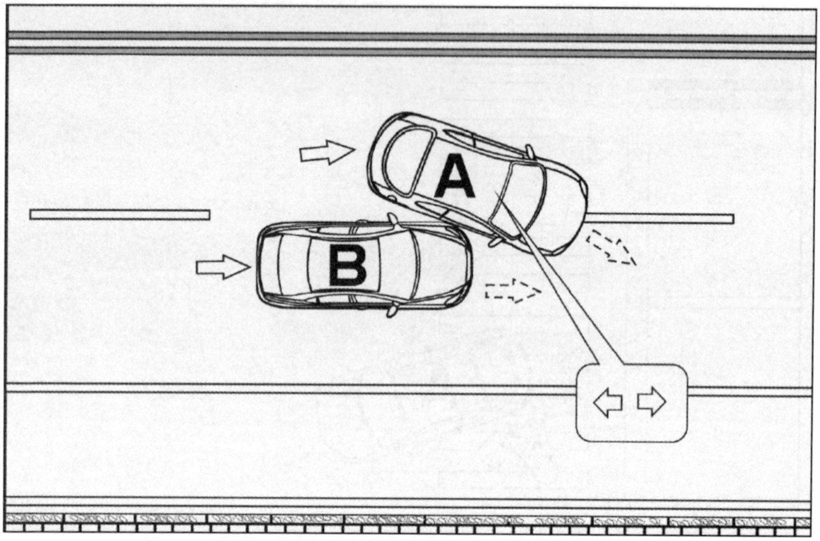

如图所示，A 车在向右变更车道时未提前开启右转向灯，与右侧车道内正常行驶的 B 车发生事故，则 A 车承担全部责任。

◆ 交警解答

我国使用的机动车辆的方向盘位于左侧，在靠右行驶时，从驾驶人的位置看右侧，就有一个视线死角，而且车辆越高视线死角越大。另外，驾驶人观察右边情况时，需从车辆右边的反光镜中观察。由于反光镜中观察得到的视野毕竟有限，远远不及驾驶人用肉眼观察得到的视野范围广，这就给车辆右转弯或变道增加了危险因素。

因此，机动车驾驶人在右转弯或变道时同样需要小心谨慎，提前开启右转向灯。

◆ 案例链接

2011 年 6 月 27 日 10 时许，武汉三环线古田二路高架桥下桥匝道上，2 辆货车、4 辆轿车撞成一团，另有一辆比亚迪轿车停在一边，所幸无人员受伤。事故导致下桥匝道被堵，三环线直行方向 3 股道只剩下一股道通行。

据受损最严重的雪佛兰轿车司机说，当时车辆在排队等红灯，他停在离匝道约10米远的地方，并拉了手刹。突然，一辆货车从左后侧面冲了过来，“嘭”的一声将他的车往前推了近10米远，直接推到前方货车的底部。

集装箱大货车司机说，当时行驶在左前方的比亚迪轿车突然向右变道，他紧急刹车并向右打方向避让，结果冲入下桥匝道。

比亚迪轿车司机则说，他的前方有一辆货车变道，他不得不向右变道。

交警提醒，车辆行驶中切勿随意变更车道，需要变道时，请先开启转向灯，观察后视镜确认后方无车时再变道，强行变道极易引发交通事故。

8. 超车完毕驶回原车道时未提前开启右转向灯

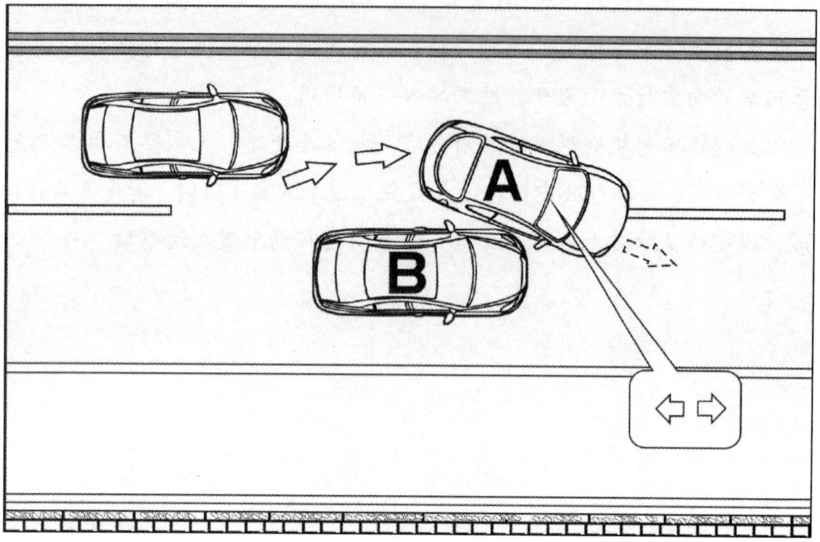

如图所示，A 车在超车完毕驶回原车道时，未提前开启右转向灯，与被超越的 B 车发生事故，则 A 车承担全部责任。

◆ 交警解答

《实施条例》第五十七条规定，机动车在超车完毕驶回原车道时，应当提前开启右转向灯。超车完毕，如果不打右转向灯，会让后车以为你会继续在超车道行驶。这时你若没拉开必要的安全距离，就突然驶回原车道，可能会导致后车反应不及而发生事故。

◆ 案例链接

2011 年 9 月 20 日上午，欧阳某驾驶轿车由吉水县城向金滩圩镇方向行驶。7 时 50 分，车行至 11km+800m 处路段，在超越刘某驾驶的两轮摩托车后，向右驶回原车道时，既没有拉开必要的安全距离，又没有打右转向灯，结果两车发生相撞，刘某受伤，两车受损。

吉水县交警大队认定，欧阳某驾驶轿车在超车完毕驶回原车道时，没有提前开启右转向灯，应负事故的全部责任。

9．靠路边停车时未提前开启右转向灯

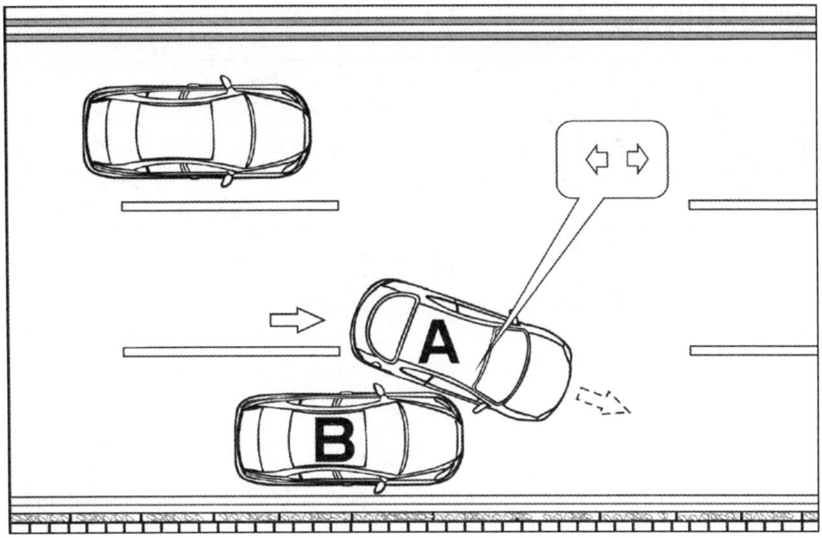

如图所示，A 车在靠路边停车时，未提前开启右转向灯，与同向行驶的 B 车发生事故，则 A 车承担全部责任。

◆ 交警解答

《实施条例》第五十七条规定，机动车在靠路边停车时，应当提前开启右转向灯。特别是在没有划分机动车道、非机动车道和人行道的道路上，机动车在道路中间通行，非机动车和行人在道路两侧通行，这就意味着路边非机动车和行人的流量很大，若是机动车在“不打招呼”的情况下，贸然靠边停车，就容易与非机动车或行人发生事故。

◆ 案例链接

2006 年 10 月 17 日早上 5 时许，京开主路的出京方向新发地桥南，一辆卡车追尾撞上一辆东风大货车。事故造成京开主路出京方向交通中断。

据目击者反映，事故发生时，天刚蒙蒙亮，还有很大的雾。东风大货车由于故障往路边停靠，未开启右转向灯，导致随后而来的卡车与之发生追尾。卡车司机受了重伤，车身前部严重受损。

10. 高速公路能见度小于200米时，未开启雾灯、近光灯、示廓灯和前后位灯

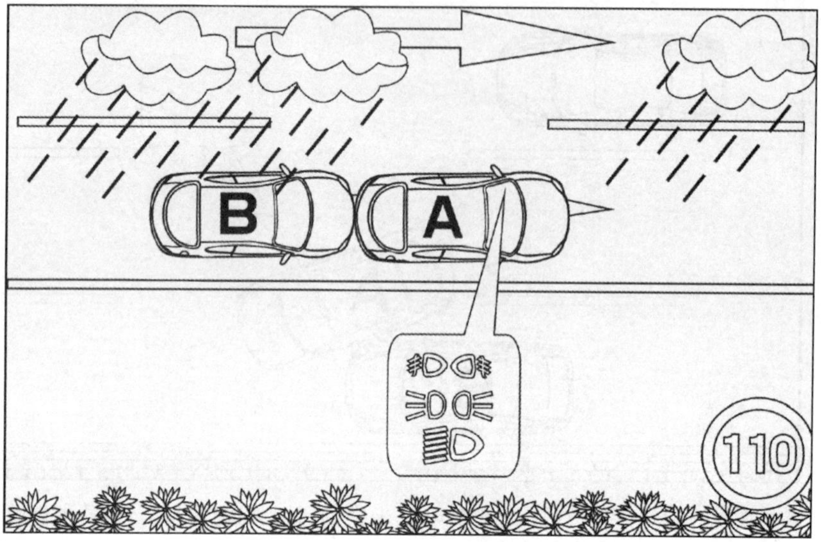

如图所示，A车在能见度小于200米的高速公路上行驶时，未开启雾灯、近光灯、示廓灯和前后位灯，与同向行驶的B车发生追尾事故，则A车承担主要责任。

♦ 交警解答

《实施条例》第八十一条规定，机动车在高速公路上行驶，遇有雾、雨、雪、沙尘、冰雹等低能见度气象条件，当能见度小于200米时，开启雾灯、近光灯、示廓灯和前后位灯，车速不得超过每小时60公里，与同车道前车保持100米以上的距离。

其中，雾灯、近光灯主要是为自己照亮，示廓灯和前后位灯是提醒后方车辆，让其他车辆对自己的车型、位置、速度有个清楚的判断，以避免事故的发生。

11. 高速公路能见度小于100米时，未开启雾灯、近光灯、示廓灯、前后位灯和危险报警闪光灯

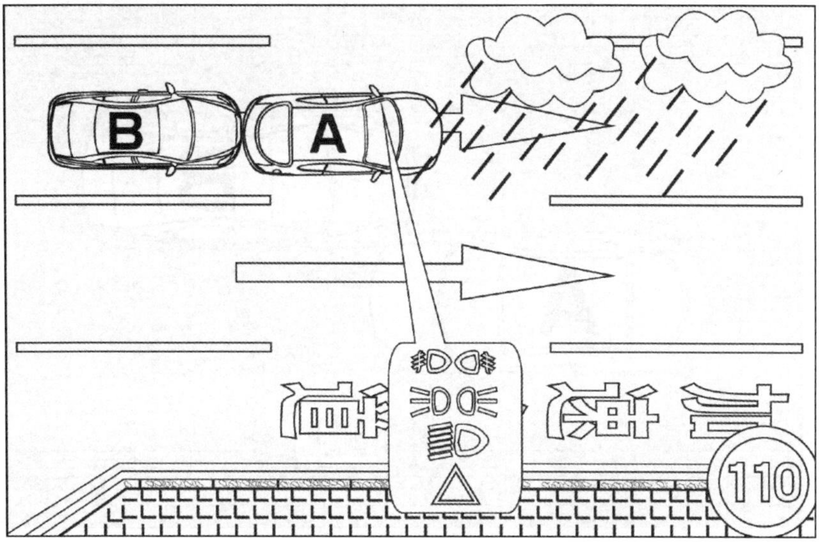

如图所示，A车在能见度小于100米的高速公路上行驶时，未开启雾灯、近光灯、示廓灯、前后位灯和危险报警闪光灯，与同向行驶的B车发生追尾事故，则A车承担主要责任。

♦ 交警解答

《实施条例》第八十一条规定，机动车在高速公路上行驶，当能见度小于100米时，开启雾灯、近光灯、示廓灯、前后位灯和危险报警闪光灯，车速不得超过每小时40公里，与同车道前车保持50米以上的距离。

顺便说一下，这个50米的距离就是车辆在时速40公里情况下紧急刹车时的安全制动距离。

12. 夜间会车时未在距相对方向来车 150 米外改用近光灯

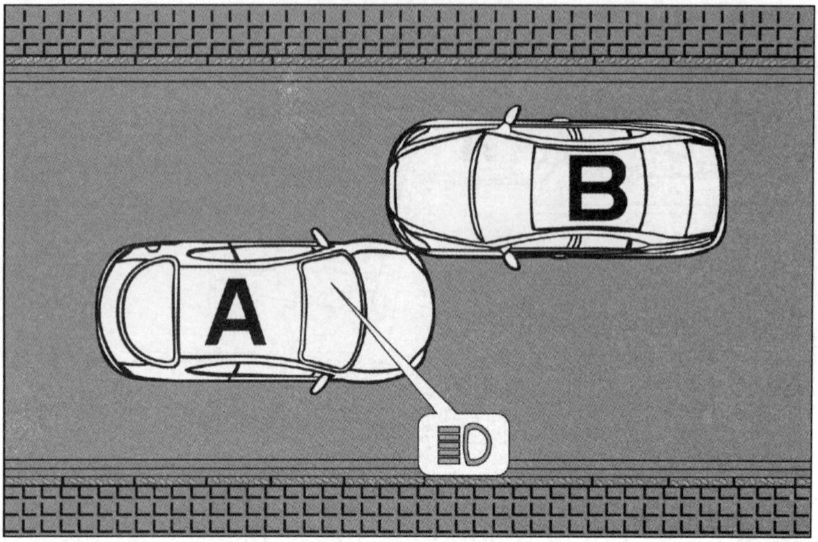

如图所示，A 车在夜间会车时，一直打着远光灯，与对面来车发生碰撞，则 A 车承担主要责任。

◆ 交警解答

《实施条例》第四十八条规定，在没有中心隔离设施或者没有中心线的道路上，机动车夜间会车应当在距相对方向来车 150 以外改用近光灯。因为远光灯的眩光对驾驶人夜间视力危害很大。

然而，有些驾驶人对夜间会车变光持无所谓态度，会车时随心所欲，想变就变，不想变就不变，以至于会车变光的人愈来愈少。刺眼的车灯互射对方的眼睛，造成驾驶人头晕目眩、视线模糊，很难看清路面情况，更不可能对前方的突发情况立刻做出反应，从而带来很大的安全隐患。

◆ 案例链接

2012 年 9 月 5 日 22 时许，巴彦淖尔市驾驶人许某驾驶重型自卸货车，沿杭锦后旗境内 X772 县道由东向西行驶至 21km+600m 处路段时，发现对向车道驶来了一辆大货车。许某连续变换灯光，提示对方会车时使用近光灯，而对向行驶的大货车却无动于衷，持续使用远光灯。炫目的强光干扰着许某的视线。

许某十分气愤，心想对方驾驶人太没素质了，一时逞强，他竟然抱着“他不变换灯光我也不变”的心态，使用远光灯继续驾车向前行驶。

就在两车交会的一刹那，交通事故发生了，许某的车辆撞倒了路侧同方向步行的李某和杨某，致使李某当场死亡、杨某受伤。

交警提醒，与对向车辆相距150米时，应将远光灯变为近光灯，若遇对方不改用近光灯，应立即减速并连续变换远近光来示意对方；如对方仍不改变，则应减速靠右停车避让，切勿斗气以强光对射，以免损害双方视觉而酿成车祸。

13. 夜间在窄路、窄桥与非机动车会车时未使用近光灯

如图所示，A车夜间在窄桥行驶时未使用近光灯，与对面非机动车发生碰撞，则A车承担主要责任。

♦ 交警解答

窄路、窄桥一般都没有划分机动车道和非机动车道，是机动车与非机动车混杂的路段，加上路面狭窄，避让的空间极其有限。夜间在此路段行驶时，若机动车开启远光灯，会导致对向非机动车驾驶人处于视觉“失明”状态，并产生恐慌心理。

据研究，夜间会车不关掉远光灯，容易造成对方驾驶人前10米左右出现盲区，这种视线受阻一般可持续四五秒，而这四五秒钟极可能酿成车祸。

因此，《实施条例》第四十八条明确规定，机动车夜间在窄路、窄桥与非机动车会车时，应当使用近光灯。

14. 夜间没有路灯、照明不良或低能见度情况时未开启前照灯、示廓灯和后位灯

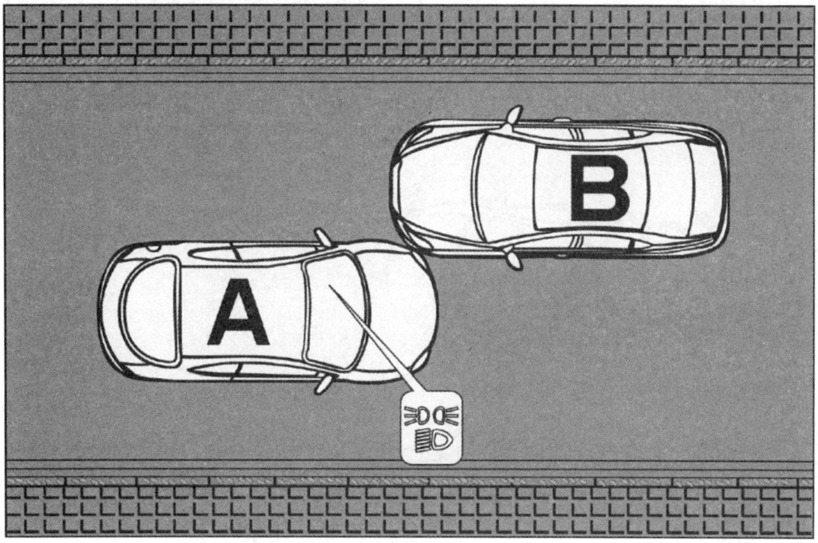

如图所示，A 车夜间在没有路灯的道路上行驶，未开启前照灯、示廓灯和后位灯，与对向的 B 车发生碰撞，则 A 车承担主要责任。

◆ 交警解答

《实施条例》第五十八条规定：“机动车在夜间没有路灯、照明不良或者遇有雾、雨、雪、沙尘、冰雹等低能见度情况下行驶时，应当开启前照灯、示廓灯和后位灯，但同方向行驶的后车与前车近距离行驶时，不得使用远光灯。”说白了，这是为了把自己晾在明处，在看清别人的同时也让别人看清自己。

这里特别提一下示廓灯。示廓灯也叫示宽灯，一般安装在汽车顶部的边缘处，既能表示汽车高度又能表示宽度，在黎明、黄昏或其他能见度稍低的时候应打开。

然而，有的车辆在夜间行驶时出了故障，驾驶员片面认为有路灯照明，可以在原地放心修车，顶多开启危险报警闪光灯，觉得没必要同时开启示廓灯和后位灯。但是，由于夜间能见度较低，驾驶人视野变窄，在高速行驶的状态下，对宽度容易判断失误，稍有不慎，就会引发交通事故。

15. 雾天行驶未开启雾灯和危险报警闪光灯

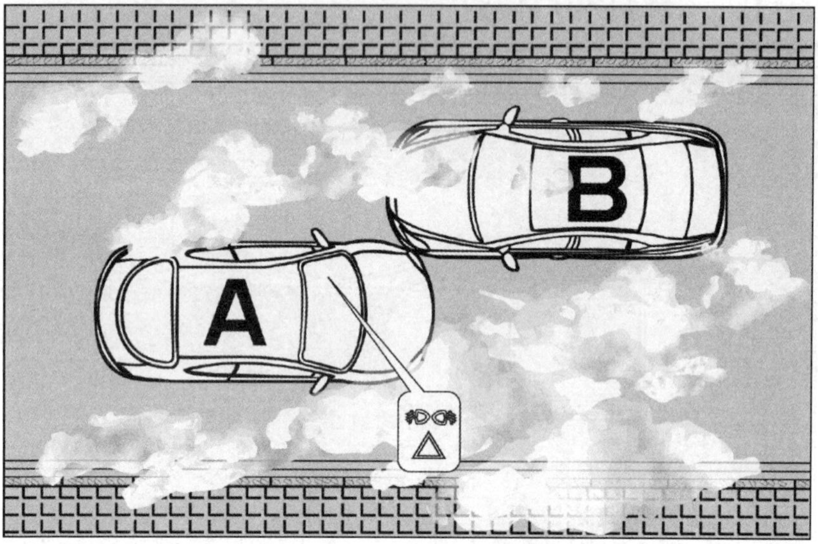

如图所示，A 车雾天行驶时未开启雾灯和危险报警闪光灯，与对向 B 车发生碰撞，则 A 车承担全部责任。

♦ 交警解答

《实施条例》第五十八条规定：“机动车雾天行驶应当开启雾灯和危险报警闪光灯。”

这里介绍一下雾灯。雾灯安装在汽车前部比前照灯稍低的位置，用于雨雾天气行车时照明道路。因为雾天能见度低，驾驶人视线受到限制，灯光可增大运行距离，特别是黄色防雾灯的光穿透力强，它可以提高驾驶人与周围交通参与者的能见度，使来车和行人在较远处就能发现对方。

16. 夜间通过急弯时未交替使用远近光灯示意

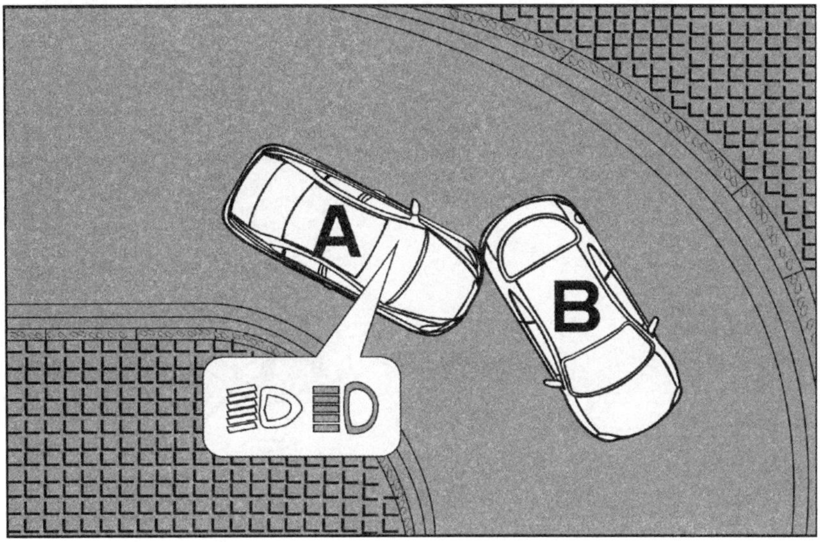

如图所示，A车在夜间通过急弯时，未交替使用远近光灯示意，与对向的B车发生事故，则A车承担主要责任。

◆ 交警解答

《实施条例》第五十九条规定，机动车在夜间通过急弯时，应当交替使用远近光灯示意。因为急弯处视距本来就受到极大限制，夜间视距更是为零。如果不交替使用远近光灯，对面来车就无法从灯光判断A车的距离远近和行驶状态，从而极易发生碰撞事故。

◆ 案例链接

2012年6月某夜，一辆面包车与一辆重型半挂牵引车在东阳双徐线1km+400m急弯处路段发生正面碰撞，两车损坏，面包车上五人不同程度受伤。

事故现场发现，重型半挂牵引车在中心线两边分别留有十多米长的制动印，左前侧保险杠、大灯及面罩破损。面包车头朝重型半挂牵引车，留有四五米长的轮胎侧划印，左前侧破损严重。从这些迹象可以看出，当时两车经过弯道路段时车速都很快。据交警进一步了解，两车当时都没有交替使用远近光灯。

17. 夜间通过坡路时未交替使用远近光灯示意

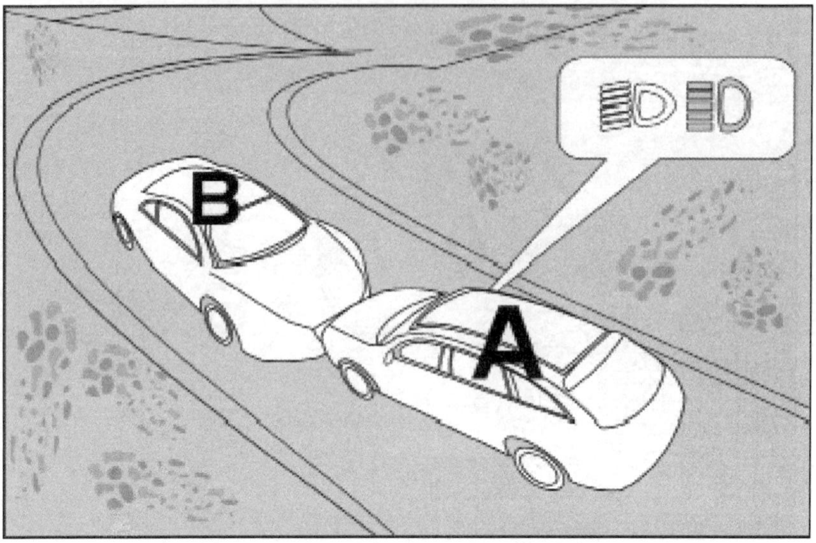

如图所示，A 车在夜间通过坡路时，未交替使用远近光灯示意，与对向的 B 车发生事故，则 A 车承担主要责任。

♦ 交警解答

《实施条例》第五十九条规定，机动车在驶近急弯、坡道顶端等影响安全视距的路段时，应当减速慢行，并鸣喇叭示意。在夜间通过坡路时，应当交替使用远近光灯示意。

因为坡道顶端安全视距大受影响，夜间行驶时，只有交替使用远近光灯示意，才能让坡道另一面的来车及时了解这边的情况，从而小心驾驶，避免事故的发生。

♦ 案例链接

2009 年 1 月 20 日夜里 10 时许，一辆轿车在加速冲上南宁花鸟坡顶时，迎面撞上一个骑电动车的老人。老人被撞飞五六米远，当场身亡。

据目击者反映，该车司机为酒后超速驾驶，而且冲坡时没有交替使用远近光灯示意。交警部门认定，轿车驾驶人负事故全部责任。

18. 夜间通过拱桥时未交替使用远近光灯示意

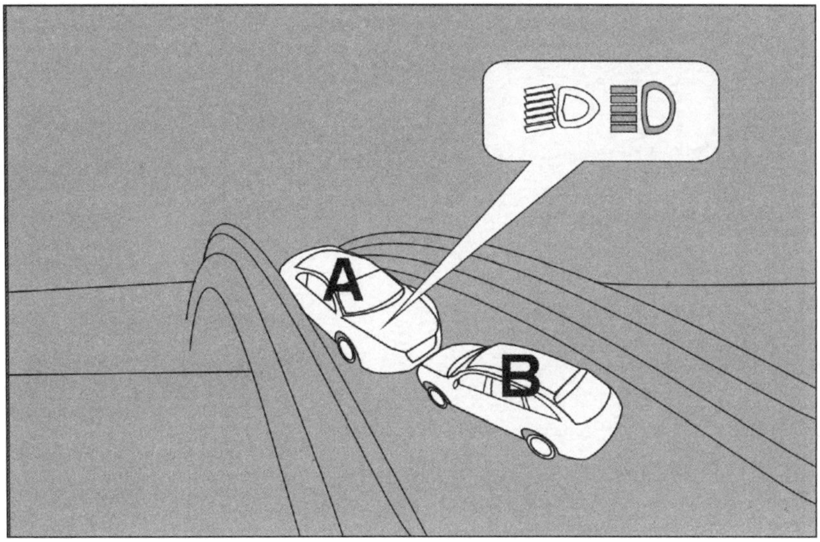

如图所示，A 车在夜间通过拱桥时，未交替使用远近光灯示意，与对向的 B 车发生事故，则 A 车承担主要责任。

◆ 交警解答

拱桥和坡路的交通状况是非常相似的，都是属于安全视距受到影响的路段，而且相对来说，拱桥比坡路更狭窄，遇到紧急情况时更难避让。

因此，《实施条例》第五十九条规定，机动车在夜间通过拱桥时，应当交替使用远近光灯示意。

19. 夜间通过人行横道时未交替使用远近光灯示意

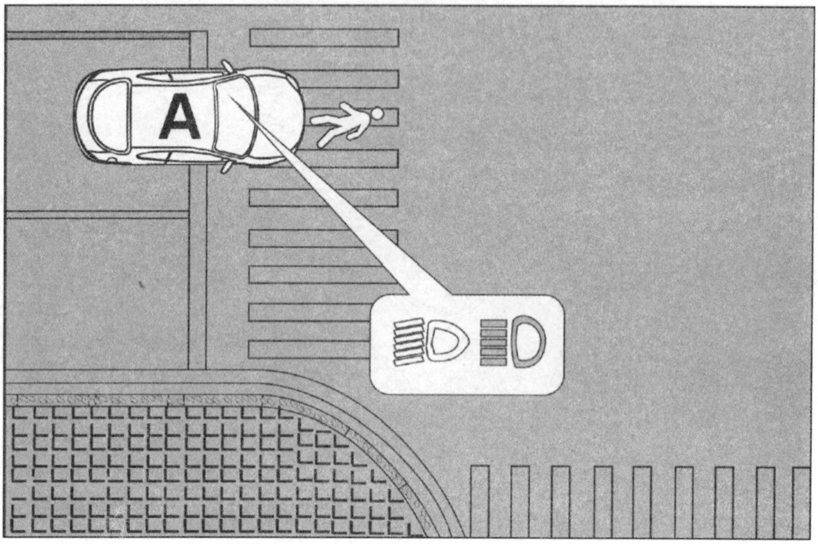

如图所示，A 车在夜间通过人行横道时，未交替使用远近光灯示意，撞上人行横道上的行人，则 A 车承担主要责任。

◆ 交警解答

夜晚行走时，行人通过车灯判断来车距离的远近有一定困难，尤其当车灯保持一成不变时。交替使用远近光灯，则有利于行人判断来车距离，提前采取有效的避让措施。因此，《实施条例》第五十九条规定，机动车在夜间通过人行横道时，应当交替使用远近光灯示意。

◆ 案例链接

2006 年 5 月 2 日晚 7 时许，陈某驾驶摩托车由南往北行驶至柳州市儿童福利院门前路段时，遇行人李某由东往西横过人行横道，摩托车与行人相撞后，行人倒入对面车道。适遇一辆由北往南正常行驶的大客车，大客车后轮碾压行人，造成行人李某当场死亡。

交警经过现场勘查和调查取证认定，陈某夜间行驶不降低速度，且通过人行横道时未交替使用远近光灯示意，应承担事故的全部责任，大客车无责任。

20. 夜间通过没有交通信号灯控制的路口时未交替使用远近光灯示意

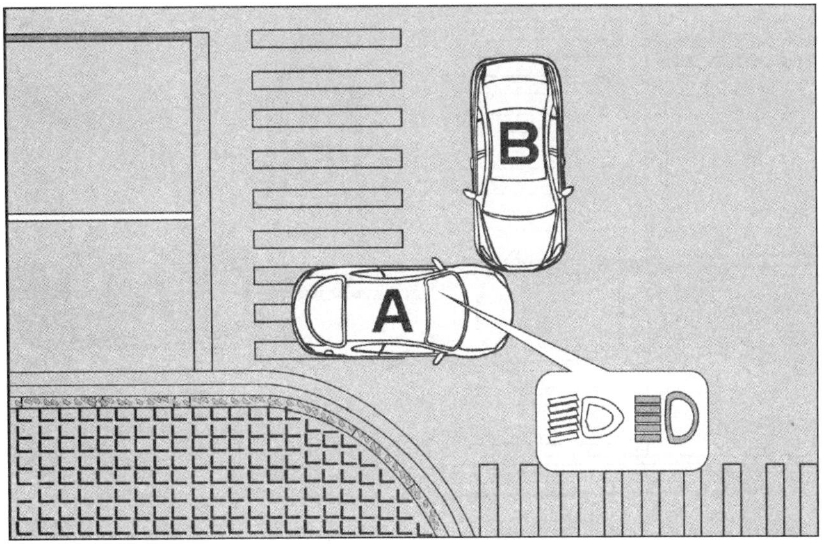

如图所示，A 车在夜间通过没有交通信号灯控制的路口时，未交替使用远近光灯示意，与左侧驶来的 B 车发生事故，则 A 车承担主要责任。

◆ 交警解答

《实施条例》第五十九条规定，机动车在夜间通过没有交通信号灯控制的路口时，应当交替使用远近光灯示意。因为晚上行人过街有时就像个影子，不交替使用灯光，很难保证驾驶员及时发现情况，从而造成事故。

◆ 案例链接

2010 年 12 月 25 日 19 时许，济宁市同济路与诗仙路十字路口两车相撞，一人被困。

现场看到，一辆现代轿车和一辆雪铁龙轿车相撞，两车相距约 30 米，可见撞击之猛烈。雪铁龙轿车右侧被深深地撞瘪进去，车内副驾驶位置一名男子被撞到了驾驶员位置上，双腿被卡在副驾驶座下无法动弹。

据反映，该路口没有交通信号灯，且两车都未交替使用远近光灯。

21. 牵引车与被牵引车未开启危险报警闪光灯

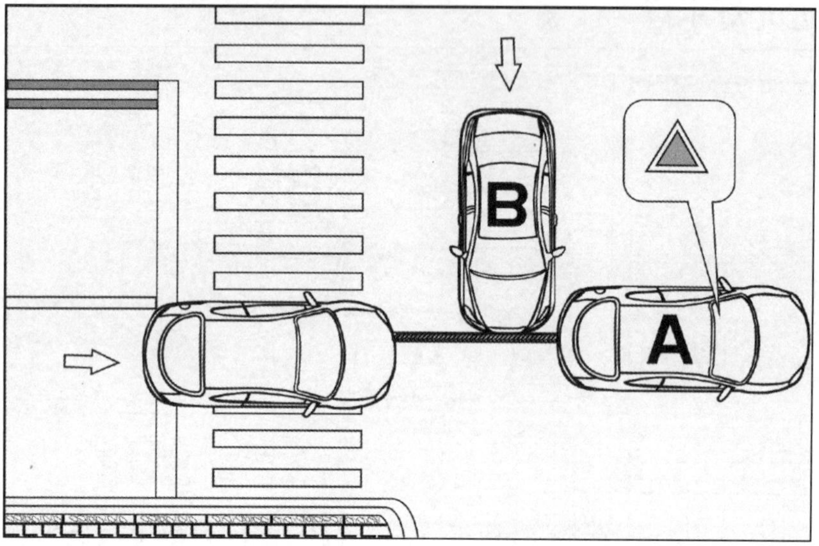

如图所示，A车在牵引车辆途中开启了危险报警闪光灯，但被牵引车未开启，与从两车之间穿插的B车发生事故，则A车承担相应责任。

◆ 交警解答

很多驾驶人都知道，在牵引车辆时，牵引车应开启危险报警闪光灯，却没有意识到被牵引车也应开启。这一点在《实施条例》第六十一条规定得很清楚，牵引车和被牵引车均应开启危险报警闪光灯。目的是提醒过往车辆及行人，特别是后方行驶的车辆，避免穿插超越后急打方向或没有保持必要的安全距离，引起危险情况。

另外，牵引车辆车速较慢，而且有时候跟在后方的车辆并不能看出前方是在牵引，以为在正常行驶。如果情况好，可能会长时间跟在后面，而不知前方道路其实很畅通；如果情况不好，就会造成追尾。

22. 机动车驶近急弯时未鸣喇叭示意

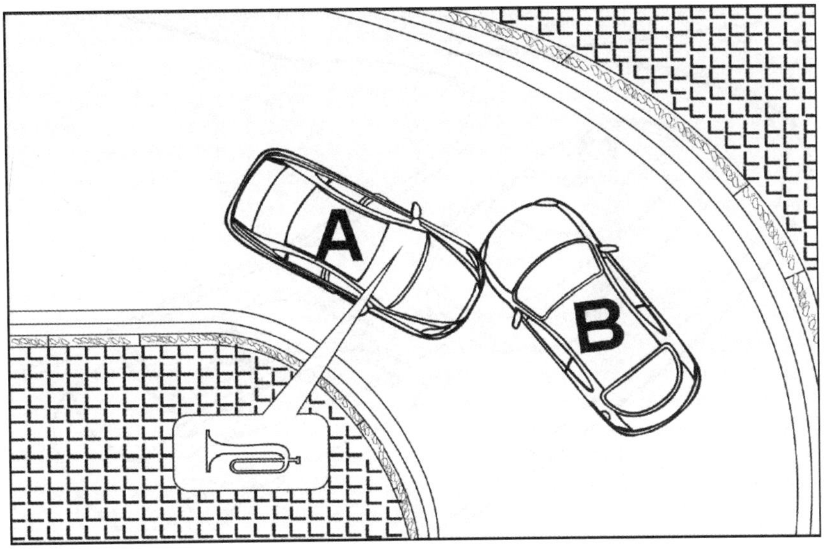

如图所示，A 车在驶近急弯时未鸣喇叭示意，与对向驶来的 B 车发生碰撞，则 A 车承担相应责任。

◆ 交警解答

机动车在夜间通过急弯时应交替使用远近光灯。白天如何提示对面车辆呢？就是鸣喇叭。喇叭是汽车的音响信号装置。在汽车的行驶过程中，驾驶人根据需要和规定发出必需的音响信号，警告行人或引起其他车辆注意，保证交通安全，同时还用于催行与传递信号。

在急弯处鸣喇叭，就是提醒对方，对面有车辆正在驶来，请遵守交通规则，减速靠右行驶。

23. 机动车驶近坡道顶端时未鸣喇叭示意

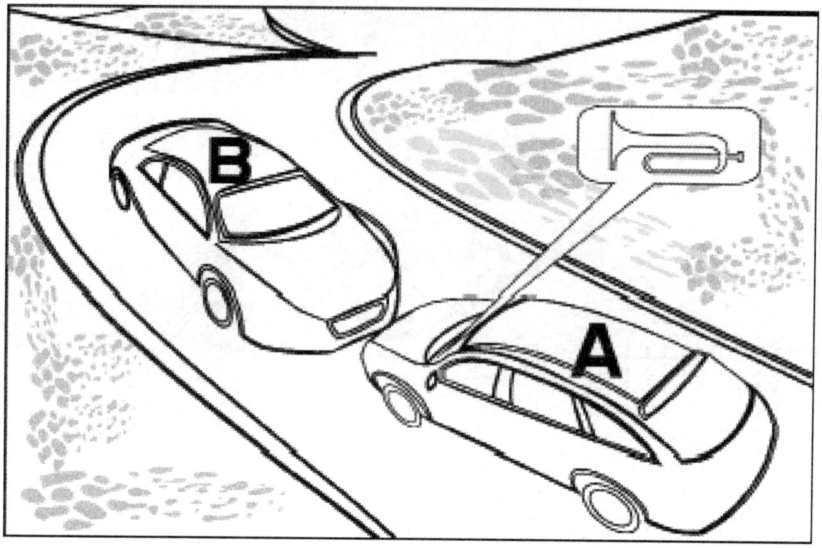

如图所示，A车在驶近坡道顶端时未鸣喇叭示意，与对向驶来的B车发生碰撞，则A车承担主要责任。

◆ 交警解答

通常情况下，安全视距受到的影响越大，发生危险的可能性也就越大。机动车在行驶过程中，一旦遇到影响安全视距的路段，比如坡顶，就应严格遵守交通规则，减速慢行，并发出适当信号以引起对向来车的注意，这是基本的驾驶常识和要求。

因此，《实施条例》第五十九条规定，机动车驶近坡道顶端时，应鸣喇叭示意。

24. 机动车超车时未鸣喇叭示意

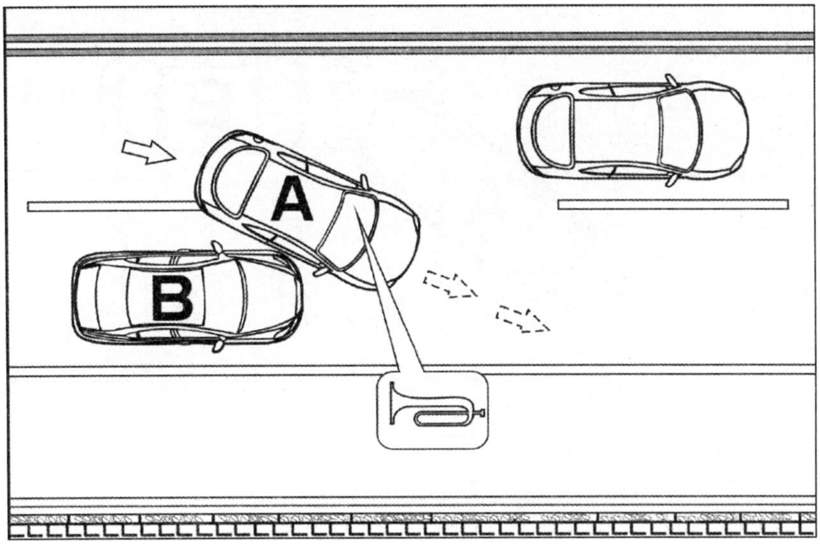

如图所示，A 车在超车时未鸣喇叭示意，与同向行驶的 B 车发生碰撞，则 A 车承担主要以上责任。

◆ 交警解答

《实施条例》第五十九条规定，机动车在超车时，应鸣喇叭示意。鸣喇叭的用意，一是提醒前车，我准备超车了，请保持目前的行驶路线和速度，不要突然变道或减速；二是提醒对面来车，请注意减速靠右行驶，以免出现意外。

因此，超车时"鸣锣开道"，可以提高安全系数。超车鸣喇叭，为己也为他！

◆ 案例链接

2010 年 5 月 23 日，罗某驾驶中型自卸货车行至云南省水富县城振兴北路与临江西路交汇处，右转弯时违规超越同向行驶的自行车，将自行车撞倒，货车右后轮从骑车人赵某头部碾压而过，造成这个花季少女当场死亡，搭乘自行车的另一少女徐某轻微伤。

案发后，罗某主动投案自首。交警认定，罗某在超车时未鸣喇叭以及在未确认有充足安全距离的情况下超车，应负事故的主要责任，赵某负次要责任。

25. 机动车遇有紧急情况时未鸣喇叭示意

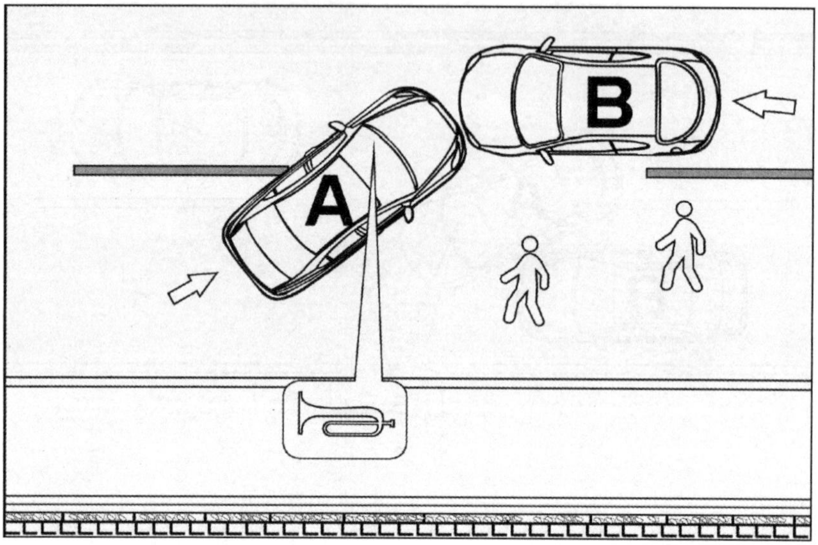

如图所示，A车在遇紧急情况时未鸣喇叭示意，与对向驶来的B车发生碰撞，则A车承担主要责任。

♦ 交警解答

虽然鸣喇叭会产生噪声，但是，车上既然装有喇叭，肯定是有其用意的。一般来说，在非紧急情况下，如果为了“叫人”而鸣喇叭，或开霸王车而急鸣喇叭，则要受到处罚。但在紧急情况下，不按喇叭安全没法保证，就需要鸣喇叭。

因此《实施条例》第五十九条规定，机动车在遇紧急情况时，应鸣喇叭示意。

比如，在看到前车突然并线或者其他紧急情况时，就需要鸣喇叭提醒，以防交通事故发生。

顺便提醒一下，如果是紧急避险，驾驶人在紧急刹车的同时按响了喇叭，是不会受处罚的。

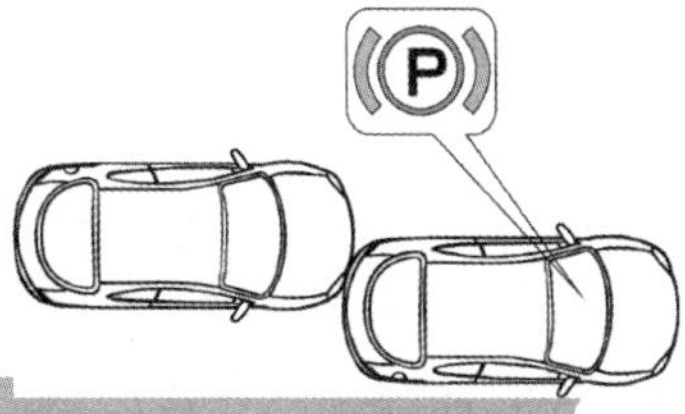

第十章 机动车停车事故责任认定

1. 在设有禁停标志、标线的路段停车

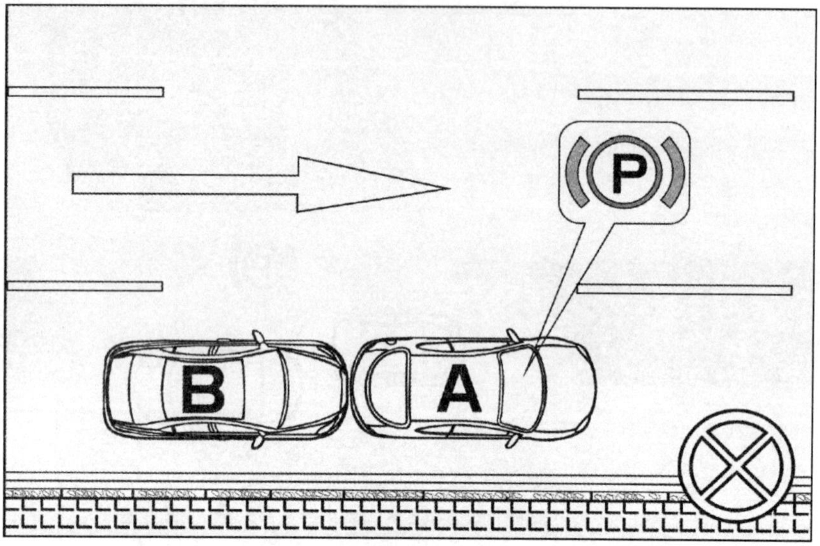

如图所示，A 车在设有禁停标志的路段停车，与后方驶来的 B 车发生追尾，则 A 车承担相应责任。

◆ 交警解答

随着有车的人越来越多，随地乱停车现象也愈演愈烈。在城市主干道旁的人行道上和非机动车道上，总有不少车辆一看到有空位就见缝插针地停车，给交通秩序造成了混乱，对交通安全带来了危害。

为此，一般城市都会在有些路段设置禁停标志或标线。如果出现车辆乱泊乱停情况，或是在禁停标志旁停车，交警将予以警告、罚款、拖走车辆等处罚。

那么，什么是禁停路段呢？一般来说，部分禁停标志上面会标上“全路段”或者其他字样，以表明禁止停车的范围；如果没有特别文字标识，则表示设有禁停标志的整个路段都禁止临时或长期停放车辆。

2.在机动车道内停车

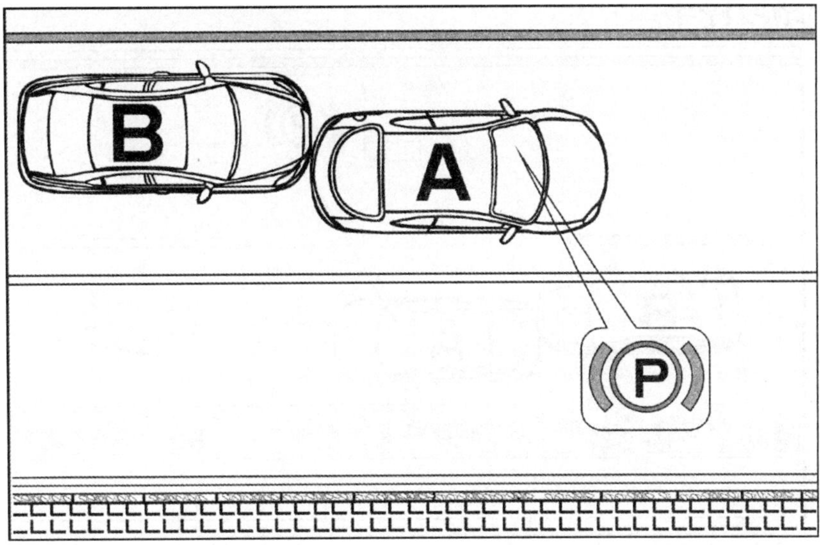

如图所示，A 车在机动车道内停车，与后方驶来的 B 车发生碰撞事故，则 A 车承担主要以上责任。

◆ 交警解答

所谓机动车道，顾名思义，就是供机动车行驶的通道。在机动车道上违章停车，会大大降低道路的通行能力，影响其他车辆安全通行，更严重的可能会引起交通堵塞，造成交通秩序混乱和事故的多发。

◆ 案例链接

2012 年 8 月，杨某驾驶一辆丰田小型轿车搭载庞某行驶至昌平区回龙观镇某小学门口，将车停在机动车道内时，庞某开启左侧后门。这时刚好高某驾驶摩托车从后面驶来，猝不及防撞在车门上摔倒，在送去医院后，抢救无效死亡。

交警部门认定，杨某违反规定在机动车道上临时停车，庞某从机动车左侧开车门下车，妨碍其他车辆通行，致使交通事故发生，负事故同等责任；被撞女子高某未取得机动车驾驶证驾驶机动车，负事故次要责任。法院一审判决保险公司和司机杨某、乘车人庞某共赔偿高某家人经济损失 78 万余元。

3. 在机动车道与非机动车道、人行道之间设有隔离设施的路段停车

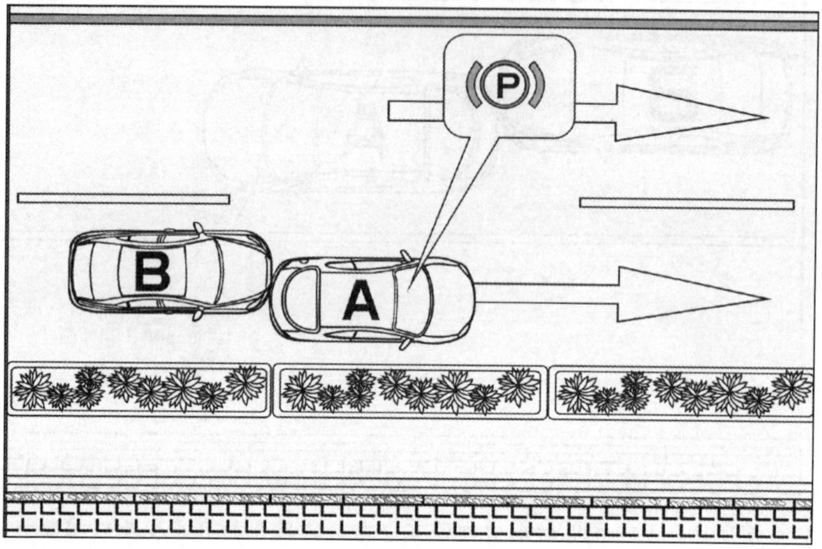

如图所示，A 车在机动车道与非机动车道之间设有隔离设施的路段停车，与后方驶来的 B 车发生碰撞，则 A 车承担主要以上责任。

♦ 交警解答

《实施条例》第六十三条规定，机动车在机动车道与非机动车道、人行道之间设有隔离设施的路段，不得停车。

设有隔离设置，意味着车道是封闭式的。封闭式车道的用途很单纯，就是只作为车辆正常行驶的通道，而禁止其他车辆和行人穿越，也不能停车。如果在封闭式车道内停车，很容易让其他车辆产生误判，从而发生事故。

4．在人行横道停车

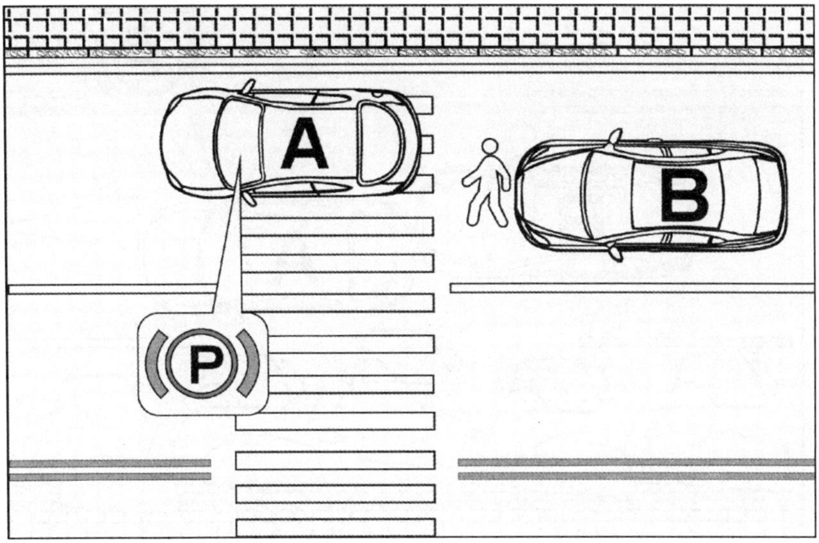

如图所示，A 车在人行横道停车，导致行人绕行车道，被 B 车撞倒，则 A 车也应承担相应责任。

♦ 交警解答

人行横道是庇护行人过马路的安全区域。在路段中，当行人通过人行横道线时，经过的车辆都要减速慢行和避让行人，这就表明行人在人行横道中享有绝对权利。《实施条例》第六十三条明确规定，机动车在人行横道不得停车。

机动车驾驶人将机动车停放在人行横道线上，不仅是一种严重的违章停车行为，还使行人无法安全正常地过马路，侵犯了行人的通行权。如果驾驶人将车停放在人行横道上，行人因绕行过路口而发生事故，那么违章停放的车辆也要对事故负责。

5. 在施工路段停车

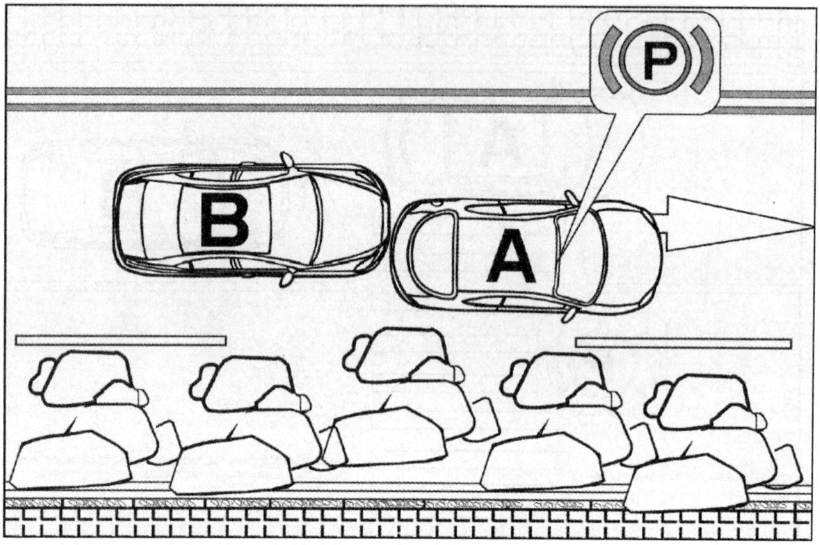

如图所示，A 车在施工路段停车，被后方驶来的 B 车碰撞，则 A 车承担相应责任。B 车在施工路段未减速慢行，也有责任。

◆ 交警解答

《实施条例》第六十三条明确规定，机动车在施工地段不得停车。由于道路施工需要占用部分车道，导致相关地段道路狭窄，本来就给道路畅通和行车安全带来不便，此时若在施工地段违规停车，则会进一步加剧交通堵塞，增大车辆剐撞等事故风险。由此引发的交通事故，违规停放车辆当然应承担相应责任。

◆ 案例链接

2011 年 11 月 1 日上午，在青银高速公路由东向西方向 1493km+150m 处，发生一起 3 车连环相撞的交通事故。

事发路段是高速公路施工区。10 时许，一辆越野车通过该路段时，驾驶人王某在减速停车过程中，被后方一辆婚庆小轿车追尾。紧接着，后方一起接亲的另一辆小轿车没刹住车，又撞上打头小轿车的尾部。

事故发生后，另外 7 辆接亲车竟然在高速公路上违规停车，对于突发的意外茫然无措。

6. 在交叉路口停车

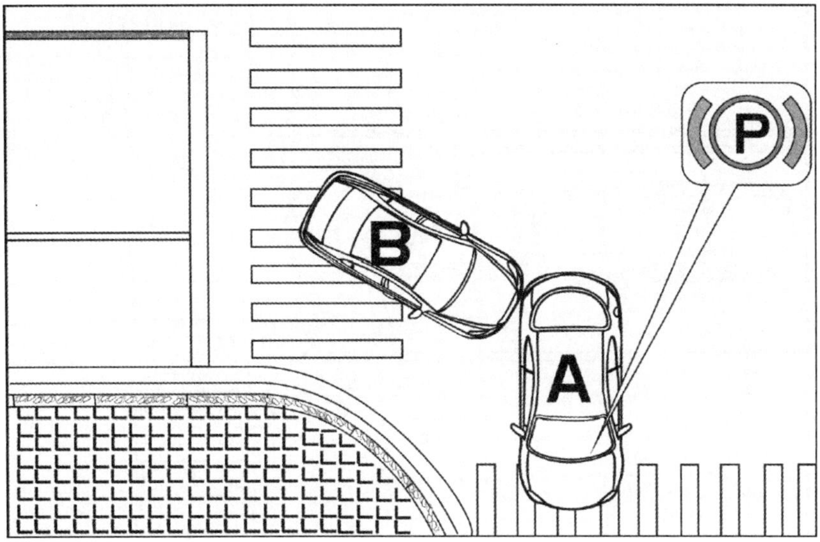

如图所示，A 车在交叉路口停车，与右转弯驶来的 B 车相撞，则 A 车承担相应责任。另外，B 车未注意观察，也有责任。

◆ 交警解答

交叉路口车流人流交汇，车子停在交叉路口容易挡住其他车辆和行人的视线，使其难以观察其他方向来车和来人情况。另外，其他车辆想转弯过去，必须把弯打得很大，这样就容易和其他方向的车辆发生碰撞。

因此，《实施条例》第六十三条明确规定，机动车在交叉路口以及距离该地点 50 米以内的路段，不得停车。

◆ 案例链接

2009 年 7 月 13 日 14 时许，由新干县城开往界埠方向的中巴车行至长排村交叉路口，停车下客。付某梅抱着幼子从车头前横过马路，恰遇付某辉驾驶摩托车经过，因车速过快，避让不及，撞倒付某梅，致其死亡。

交警部门认定，付某辉负事故的主要责任，付某梅负事故的次要责任。另外，中巴车司机在交叉路口非法停车，也有过错，其违法行为与付某梅的死亡具有一定的因果关系，应负担相应的赔偿责任。

7. 在铁路道口停车

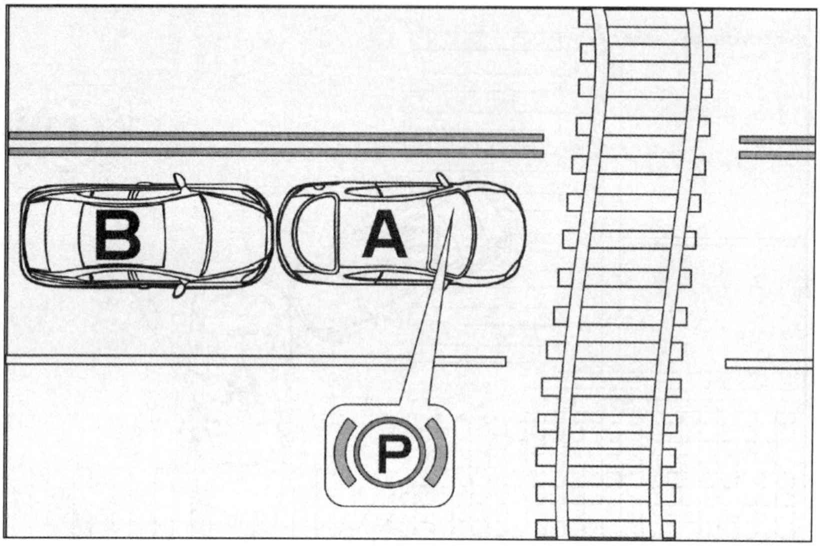

如图所示，A 车在铁路道口停车，与驶来的 B 车相撞，则 A 车承担主要以上责任。

♦ 交警解答

铁路与公路交叉口交通状况复杂，交通事故多发，为了保持交通畅通，便于机动车及时疏散，《实施条例》规定，距离铁路道口前后 50 米以内的路段，机动车不能临时停车。如需临时停车，应将驾驶的机动车停放在距铁路道口 50 米以外的安全地段，并不得影响正常交通。

8. 在急弯路停车

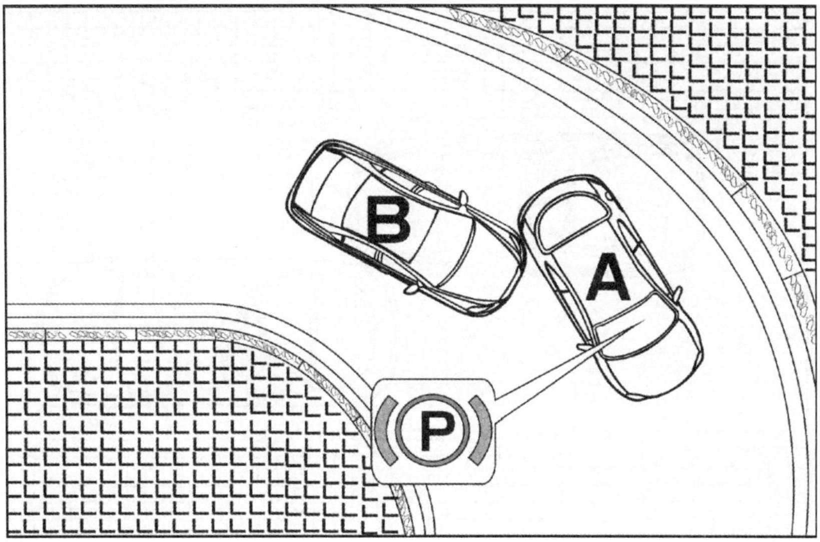

如图所示，A 车在急弯路停车，与驶来的 B 车相撞，则 A 车承担相应责任。

◆ 交警解答

急弯路本来视线就不好，若再占道停车，来往的车辆就必须窄路急转弯，一不留神，车速稍快，就有发生碰撞或侧翻的危险。因此，在急弯路停车，是对交通安全和他人生命极度不负责任的行为。

《实施条例》为此规定，距离急弯路前后 50 米以内的路段，机动车不能临时停车。

9. 在宽度不足4米的窄路上停车

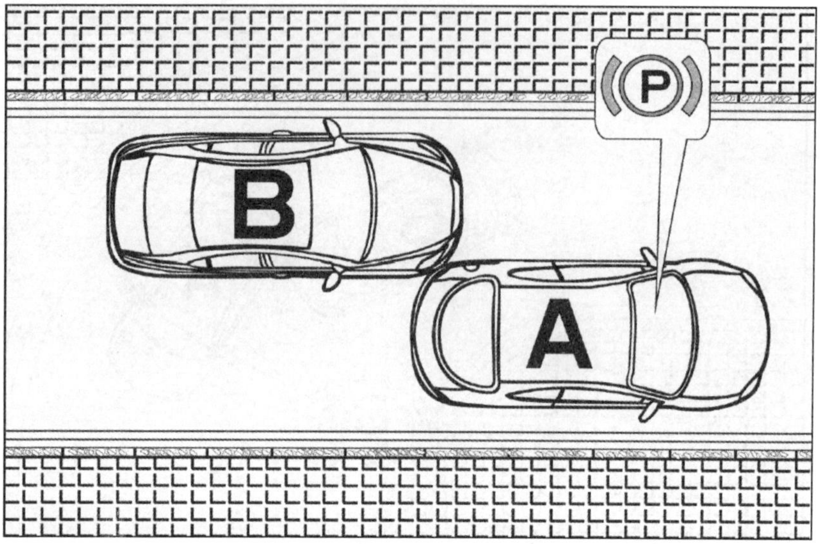

如图所示，A车在宽度不足4米的窄路停车，与驶来的B车相撞，则A车承担相应责任。

◆ 交警解答

选择停车位置至少要考虑以下几方面的因素：

⑴不要在窄路停车，否则别人如何行走？《实施条例》为此规定，在宽度不足4米的窄路，以及距离上述地点50米以内的路段，机动车不得停车；

⑵不要在上下坡道停车，否则很容易发生溜车事故；

⑶不要在视线盲区停车，比如在弯道、交叉路口停车等，这样很容易引发交通事故；

⑷不宜在车流量较大的路段停车，否则很容易堵塞交通，形成侧刮事故；

⑸不要在行人、非机动车辆较拥挤的地方停车，因为这样自车很容易形成他车的视线盲区，从而引发他车剐碰行人等事故。

◆ 案例链接

2004年12月13日，家住龙州县下冻镇的丁某驾驶借来的摩托车，搭载2

人从邻村回家。由于当时视线不清，摩托车追尾撞上苏某同向停放在路边的货车，造成丁某当场死亡，其他两人受伤，摩托车损坏。

经交警部门认定，丁某无证驾驶，超员载人，不戴安全头盔，应承担事故主要责任；货车司机苏某在宽度不足 4 米的窄路停车，应承担次要责任。

遭遇丧子之痛的丁家父母不满意调解结果，遂将货车车主诉至龙州县人民法院，请求经济赔偿。

法院审理后认为，双方对事故发生均有责任，应根据双方过错依法予以承担，即受害人丁某承担事故 70% 的责任，被告苏某承担 30% 的责任。

10. 在桥梁上停车

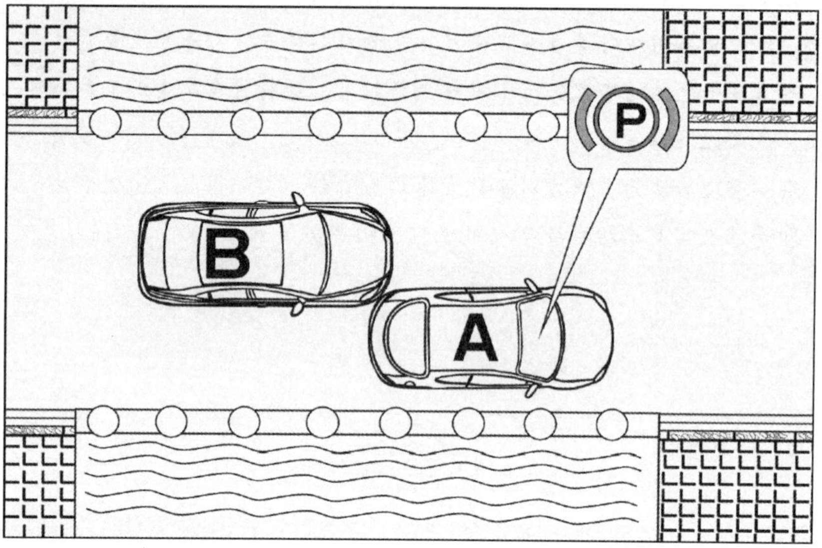

如图所示，A 车在桥梁上停车，与驶来的 B 车相撞，则 A 车承担相应责任。

◆ 交警解答

桥梁通常比路基要窄，没有路肩带，也没有辅道，所以要是停车的话，肯定对后面的车流造成堵塞。另一方面，停车会造成对桥梁的损害，增加桥梁的负荷。因此，《实施条例》第六十三条第二款规定，在桥梁以及距桥梁 50 米以内的路段，机动车不得停车。

◆ 案例链接

2012 年 8 月 24 日，哈尔滨市三环路群力高架桥洪湖路上桥分离式匝道发生侧滑事故，4 车坠桥致 3 死 5 伤。事故发生后，网络舆论矛头多指向桥梁质量，而忽视了相关货车司机超载和停车的责任。

据分析，该段桥梁的载重能力为单向 50 吨，也就是说，单个车道一次通过一辆载重 50 吨的货车。而事发前，停靠在桥上的三辆拉生石灰的货车重量各在 120 吨左右，另一辆小货车也应在 30 吨左右，4 辆货车重量总计 400 吨左右，已超设计载重数倍。

11. 在陡坡上停车

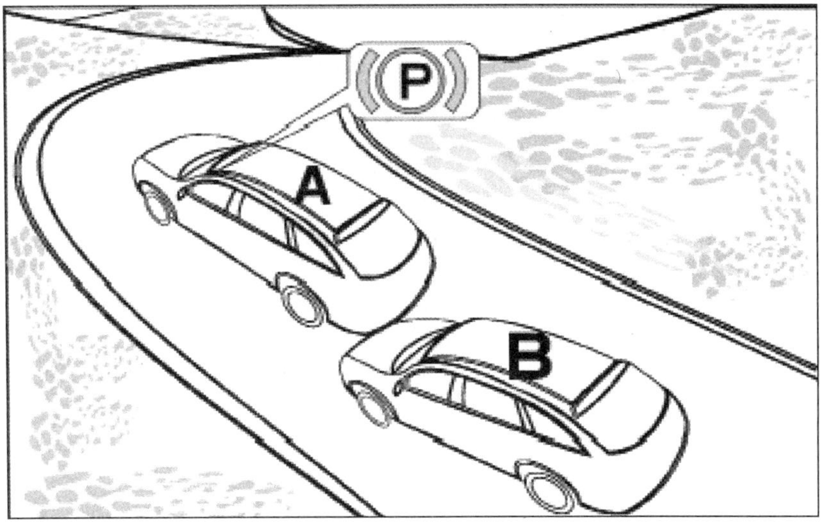

如图所示，A 车在陡坡上停车，导致溜车与后面的 B 车发生碰撞，则 A 车承担全部责任。

◆ 交警解答

《实施条例》规定，不要在陡坡上停车，因为这样容易发生溜车事故。若必须在坡路停车，首先要拉好手刹，同时，在车辆熄火后，应把挡位挂在 1 挡或倒挡上，这样即使没拉手刹，车也不会移动。

另外，驾驶人要研判停车位的周围可利用条件，当车头冲坡下时，让右前轮顶在路沿石上；如果车头朝向坡顶，则让右前轮的后部紧靠在路沿石上；如果没有路沿石，则要向右打方向盘，以避免汽车倒滑进入路中央。长期在坡路上停车的驾驶人，应自备砖头、木块等物品，把车垫住。

12. 在隧道内停车

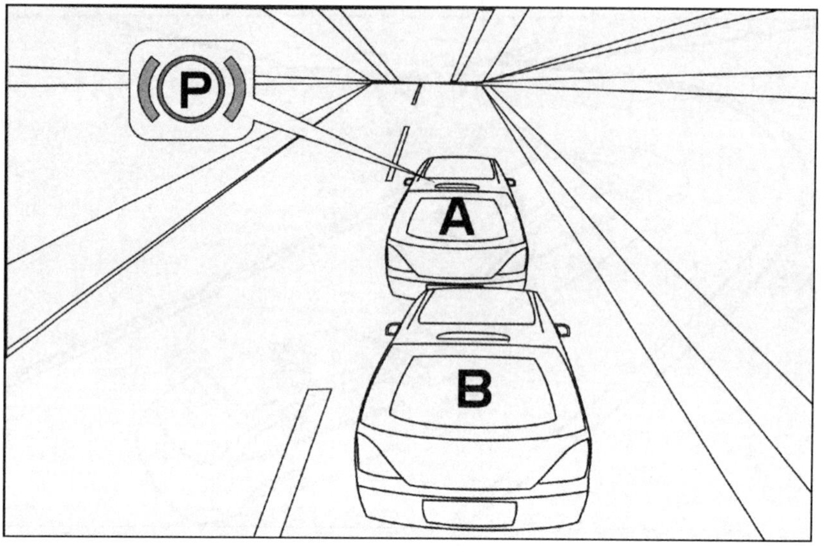

如图所示，A 车在隧道内停车，导致后面的 B 车发生碰撞，则 A 车承担主要以上责任。

◆ 交警解答

隧道相对狭窄、阴暗、湿滑，是交通事故的多发地段。车辆在进入隧道后，应开启大灯，时速不得超过 60 公里，严禁超车。隧道内严禁停车，若是车辆在隧道内发生故障，必须开启警示灯，并在车后 150 米处放置警示牌。

◆ 案例链接

2012 年 6 月 10 日夜里 22 时许，在沪昆高速往江西方向樊村隧道内发生一起交通事故，一辆厢式货车与前方一辆半挂车追尾，厢式货车驾驶员被卡在车内，最终被救出并送往医院救治。

据半挂车驾驶人徐某反映，当时他在超车道上正常行驶，发现前面的车子突然都减速停在路上，他也停下来了，刚停下几秒钟，就听到后面“嘭”的一声，后面一辆货车追尾了。

由于事故现场当时只剩下这两辆事故车停着，没有发现前方有其他车辆。

为了核实徐某所说情况，高速交警调取了事故现场隧道内的监控。

从监控视频中清楚地看见，一辆半挂车慢慢行驶进隧道后，直接在隧道内的主车道上停了下来，后面车辆纷纷减速避让。右侧几辆小车转向左侧车道时，造成了后方短暂的堵车。

就在这时，徐某驾驶的半挂车也随着车队停在左侧车道上，后面的厢式货车尾随行驶过来，车辆朝右侧打了一把方向，没避过前面的车尾，一头撞了上去。最前面的违停半挂车发现后面出事故了，马上开车驶离了现场。

正是这辆半挂车在隧道内短短10秒钟的停车，引发了后面这起严重的交通事故。

13. 在高速公路上的车道内停车

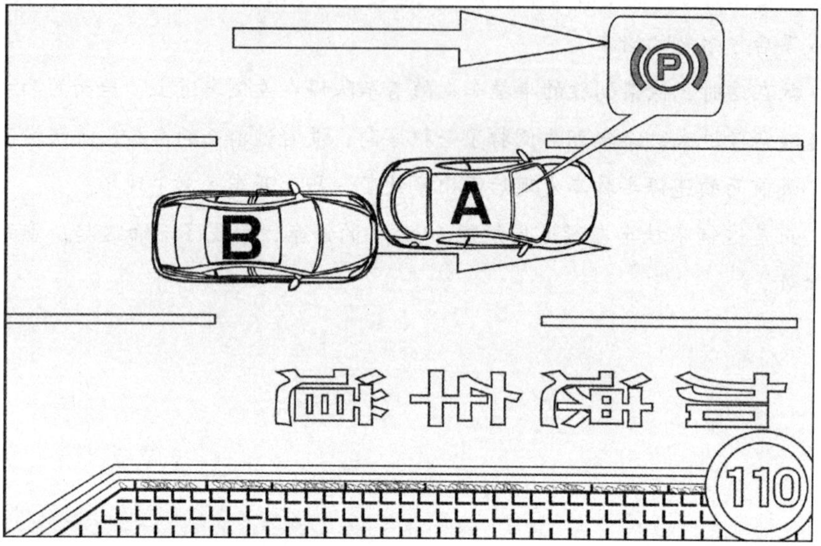

如图所示，A 车在高速公路车道内停车，导致与后面的 B 车发生碰撞，则 A 车承担主要以上责任。

♦ 交警解答

如果给高速公路各种危险驾驶动作排序的话，突然停车应该放到首位。原因很简单，高速公路上的车辆速度都非常快，如果你突然停车，后方车辆避闪不及就会直接撞上你。按照高速公路的行车速度，这一撞基本上能把前车直接撞飞。

因此，《实施条例》第八十二条规定，机动车在高速公路上行驶，不得在车道内停车。

♦ 案例链接

在湖北某高速公路上，孟某带着一家 6 口人，驾驶一辆小轿车行驶到汉石段时，因想看路牌，竟然把车停在快车道上。

5 秒钟后，一场悲剧就此发生：后面一辆大客车因刹车不及，与小轿车发生撞击，当场把小轿车的油箱撞爆，并将小轿车从快车道直接撞到应急车道，小轿车燃起熊熊大火。

浑身着火的孟某兄弟先后从驾驶室的窗户爬出，然而妻儿 4 人却被活活烧死。

14. 非紧急情况下在高速公路应急车道上停车

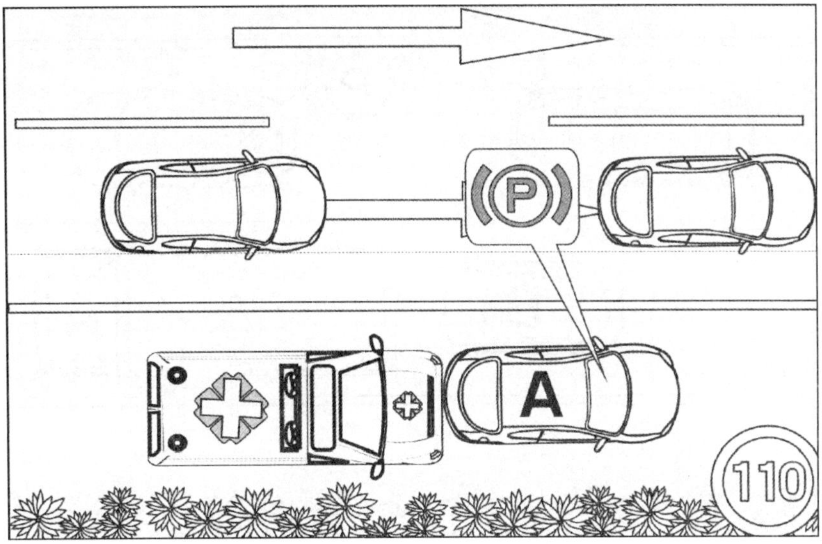

如图所示，A 车非紧急情况下在高速公路应急车道内停车，导致与后面执行紧急任务的救护车发生碰撞，则 A 车承担全部责任。

◆ 交警解答

《实施条例》第八十二条规定，机动车在高速公路上行驶，非紧急情况时不得在应急车道行驶或者停车。

高速公路应急车道是“生命通道”，只供应急车辆通行。除执行紧急任务的警车、消防车、工程救险车、救护车外，其他机动车不得进入应急车道内行驶或者停车。除了车辆出现故障外，任何车辆任何时候都不能在应急车道停放。

个别驾驶人疲劳驾驶感觉困倦后，将车辆停靠在应急车道休息，这种做法是绝对不行的。有的人甚至还将车停靠在应急车道，到路边“方便”，这都是十分危险的行为。司机困倦或是想“方便”，必须到服务区里。

此外，客车在应急车道停车上下客的，一经发现，也将被严肃处理。

15. 在高速公路快车道、行车道停车上下人或装卸货物

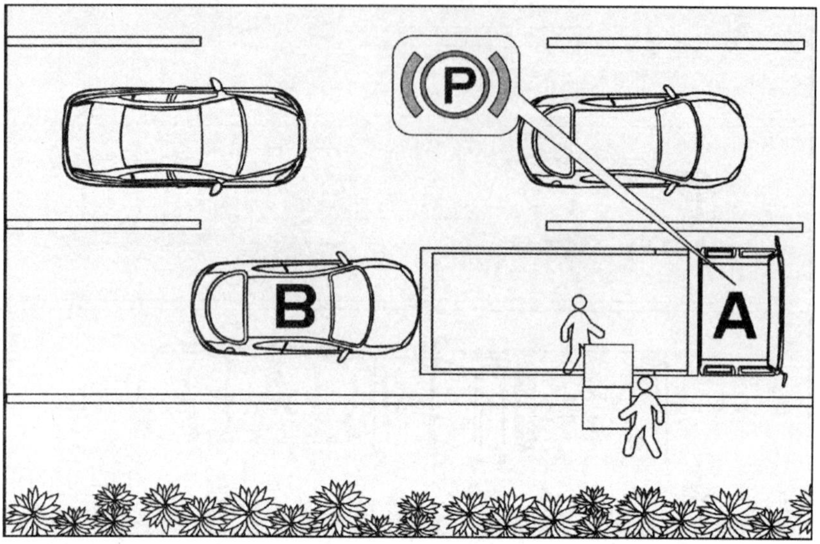

如图所示，A 车在高速公路行车道停车装卸货物，导致 B 车与之碰撞，则 A 车承担相应责任。

◆ 交警解答

高速公路在通车之际，都设置了完善的交通安全设施，但是由于人为破坏，或者疏于维护，高速公路上行人活动的区域随处可见陈旧性的“出入口”，给高速公路上客车上下人提供了“客观条件”。

《安徽省实施〈中华人民共和国道路交通安全法〉办法》第四十四条明确规定：“在高速公路上行驶的车辆，除因车辆出现故障、发生交通事故等紧急情况必须停车外，不得停车、停车上下人员或者装卸货物。”

但是，总有一些驾驶人受利益驱动而不惜以身试法，为了“挣个过路费，挣个油钱”，一见路边有人招手或乘客要求，就在高速路上停车上下人，拿安全当儿戏。这是极度不负责任的危险行为。

◆ 案例链接

2010 年 4 月 27 日 17 时许，王某驾驶宇通牌大型普通客车（车载 14 人），

由宣城市驶往郎溪县。当车行至 G50 沪渝高速下行线 259km+300m 处时，因车上乘客要求在此路段下车，王某即减速变道，打算在高速公路应急车道停车下客，后方车辆遇此情形纷纷减速。

焦某驾驶一辆重型半挂牵引车行至事发路段，欲从左侧行车道超越前方车辆，发现前方车辆纷纷减速，便想同步减速。然而，因车辆载物超过核定载质量，车身自重增加，不能同步减速。

焦某见势不好，便向右急转方向，从应急车道超越前方车辆。在超越过程中，发现在应急车道停车的王某车辆及行人，又向左急转方向避让，因避让不及，与客车追尾碰撞后失控侧翻。

更严重的是，在侧翻的同时，车厢部位又剐撞到行人唐某、王某、余某、沈某，造成唐某等 4 人当场死亡，牵引车乘车人郑某受伤，两车受损。

16. 在公共汽车站前停车

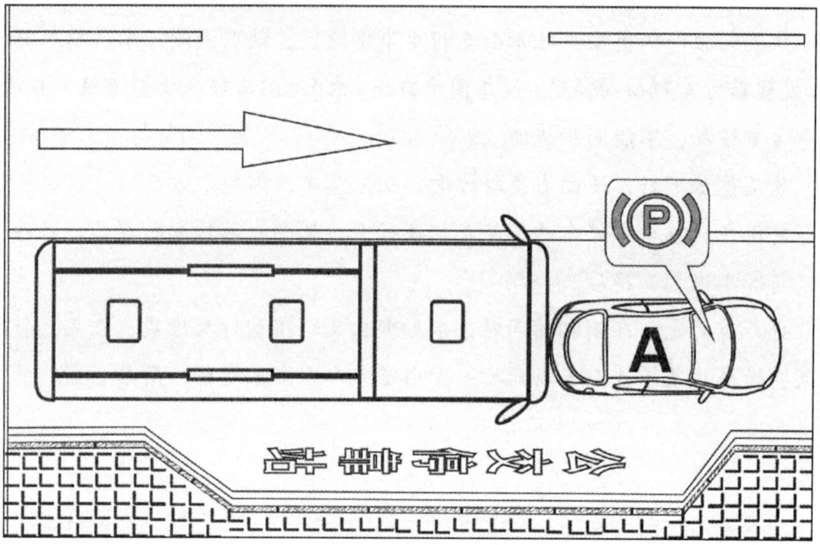

如图所示，A 车在公共车站前停车，与进站的公交车发生碰撞，则 A 车承担相应责任。

◆ 交警解答

《实施条例》第六十三条规定："公共汽车站、急救站、加油站、消防栓或者消防队（站）门前以及距离上述地点 30 米以内的路段，除使用上述设施的以外，不得停车。"

公共汽车站是车流、人流非常集中的地方，在此路段停车，不仅对交通秩序造成很大妨碍，甚至因道路或视线受限引发交通事故。

◆ 案例链接

2004 年 9 月 2 日上午 7 时许，正是早高峰时间，何某驾驶一辆面包车从家里送人到公交车站，以便乘坐公交车去火车站。

何某将车停靠在市区繁华地段的一公交车站牌旁边，然后下车到后备箱中取行李。此时，在站牌下有 20 多名乘客在等候公交车。

一辆公交车由东向西驶来，准备驶进该车站。公交车司机葛某见公交车站的停车位被何某占去一半，先是减速，准备将车停于面包车的后面，后来想到一会儿还有其他车可能要进站，就左打方向盘，想从面包车的左侧绕过，停在面包车的前面。

站牌下候车的乘客见到公交车进站，一拥而上，奔向该公交车。后来见公交车要往前开，有些已经走到车门前的乘客又随着车绕过面包车往前跑。

乘客肖某就是其中一位，但是她在绕过面包车时奔跑太急，一个踉跄，摔倒在地，正好摔倒在公交车右侧后车轮下，被碾轧致死。

事后，肖某的丈夫将公交司机葛某、公交公司和面包车司机何某告上法庭，要求三人连带承担肖某死亡的民事责任。

法院经审理认为，本案的起因是由于何某违规停车造成的，他占用了公交车的正常停车位置，对交通事故的发生负有重要责任；公交车司机葛某先是准备将车停在面包车后面，在乘客已经准备上车时，又临时决定改变停车位置，造成了乘客追车的危险情况，对事故的发生也负有不可推卸的责任；受害人肖某未能在确保自身安全的情况下追车，负有次要责任。

法院最终判定，由面包车司机何某和公交车司机葛某承担同等责任，肖某的过失行为可抵消双方负有的一定责任，因此双方对肖某的死亡各承担40%的责任，另20%由肖某承担。因葛某在发生交通事故时在执行本单位公交公司的任务，他的赔偿责任应由公交公司承担。

17. 在急救站门前停车

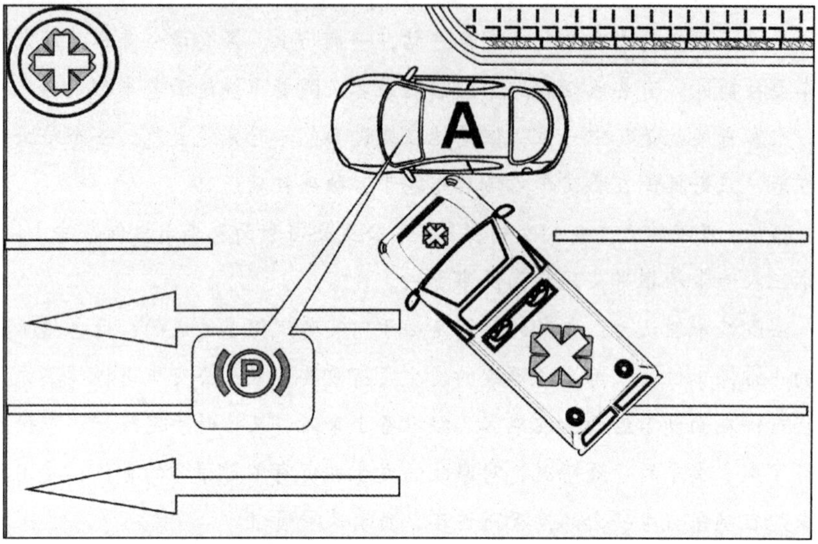

如图所示，A 车在急救站门前停车，与进站的救护车发生碰撞，则 A 车承担相应责任。

◆ 交警解答

急救站是一个集院外、院内救治为一体的医疗急救单位，承担着医疗救护和重大意外灾害事故的抢救任务。

正因为急救站的性质和功能，对于急救站来说，时间就是生命。如果在急救站门前乱停车，影响急救车辆的进出，不仅会耽误急救时间，甚至可能引发交通事故。

18. 在加油站前停车

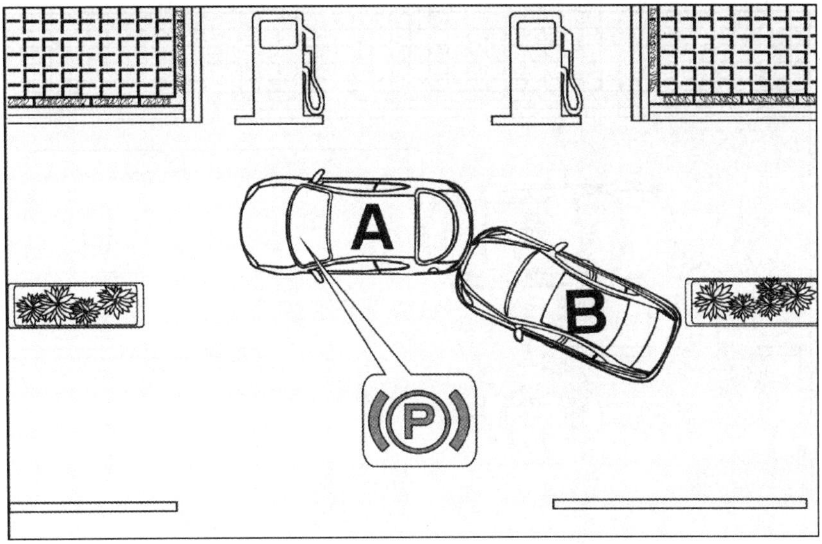

如图所示，A 车在加油站前停车，与进站的 B 车发生碰撞，则 A 车承担相应责任。

◆ 交警解答

每个驾驶人都知道，加油站是安全重地，在安全重地内当然是不允许随便停车的。然而，加油站却成为少数驾驶人心目中的“免费停车场”。少数驾驶人把车开到站内不是来加油，只是想免费停车。

在加油站乱停放车辆，不仅会影响站里的正常营业，也影响了加油站的通行秩序。有的驾驶人将车辆停在加油站门口，直接导致其他进出车辆视线受影响，容易引发交通事故。特别是入夏后，加油站油气浓度升高，违法停车极易引发安全事故。

19. 在消防队门前或消防栓处停车

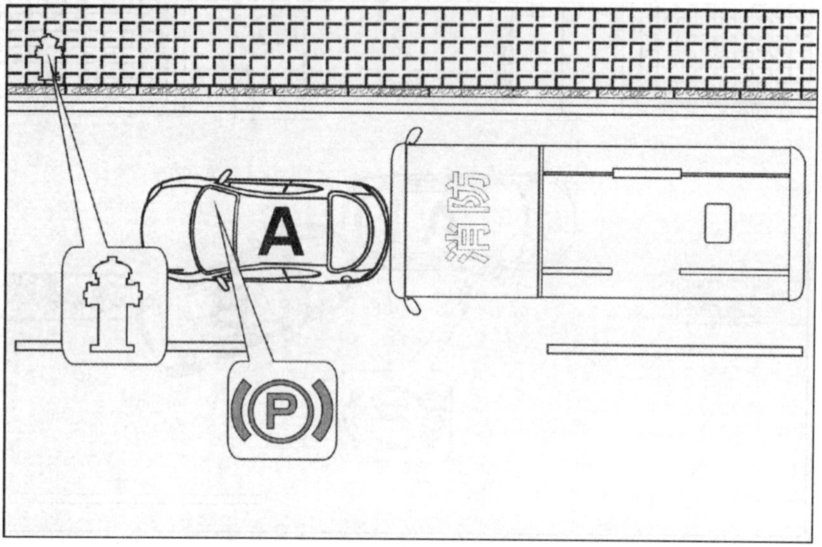

如图所示，A 车在消防栓前停车，与紧急救险的消防车发生碰撞，则 A 车承担全部责任。

♦ 交警解答

我们都知道，火灾一旦发生，火势发展极其迅猛，破坏力极其巨大。我国有句广为流传的谚语：“贼偷三次不穷，火烧一把精光。”形象地说明了火灾的残酷无情。特别是在城市地区，社会人口相对集中，建筑设施鳞次栉比，一旦发生火灾，所造成的生命财产损失更是惨重。

在世界各国，对待火灾最重要、最专业、最强大的力量就是消防队。因此，全社会和每个公民都有责任和义务为他们的工作提供安全畅通的通道。

20. 车停稳前开车门和上下人员

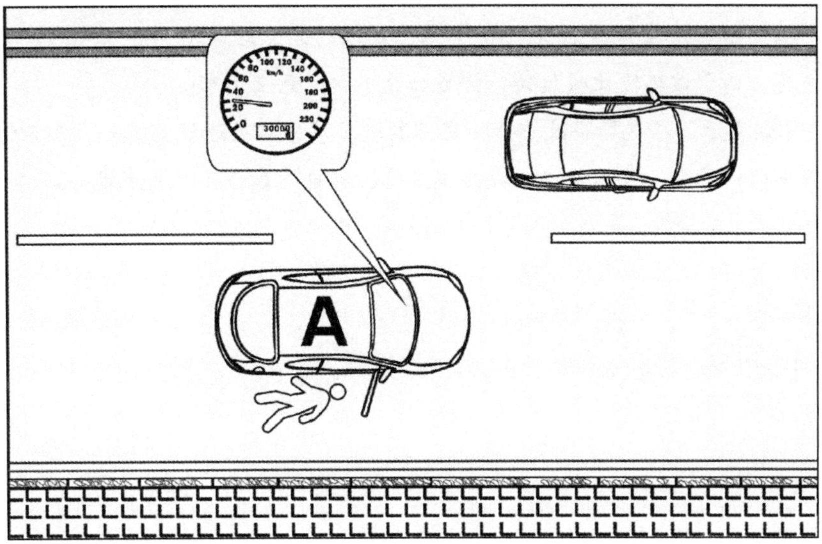

如图所示，A 车在停稳前就开车门，导致乘客摔出车外，则 A 车承担全部责任。

◆ 交警解答

凡是乘过车辆的人都有一个基本常识：车停稳前开车门，容易导致站在车门口的乘客摔出车外；车在停稳前下乘客，可能导致乘客在惯性作用下摔伤；车在停稳前上乘客，一旦乘客一脚踏空或踩滑而掉落车下，可能造成严重后果。因此，车在停稳前开车门和上下人员，都是非常危险的行为。

为此，《实施条例》第六十三条规定，车辆停稳前不得开车门和上下人员，开关车门不得妨碍其他车辆和行人通行。

◆ 案例链接

2011 年 6 月 8 日晚 8 时许，重庆市金山路 15 号附近发生一起交通事故：公交车尚未停稳就开车门，乘客吴某由于惯性被摔出车外，颅骨损伤，经抢救无效死亡。

据同车的死者侄儿介绍，当该公交车行至南坪金山路段一处约七八百米的长下坡时，他们要求下车。当时车速很快，车还未停稳，车门就开了，吴某一个踉跄就摔了下去，后脑勺先着地，鲜血汩汩流出，当即不省人事，后经抢救无效死亡。

据了解，事发地点并无公交车站，最近的站点距此有400米左右。当地居民称，由于该路段比较偏僻，许多公交车都随意上下客。

警方表示，在这场事故中，公交车驾驶员涉嫌两项违规：其一，车未停稳就开车门；其二，下车地点未设公交车站，私自下客违反有关规定。

21. 开关车门妨碍其他车辆和行人通行

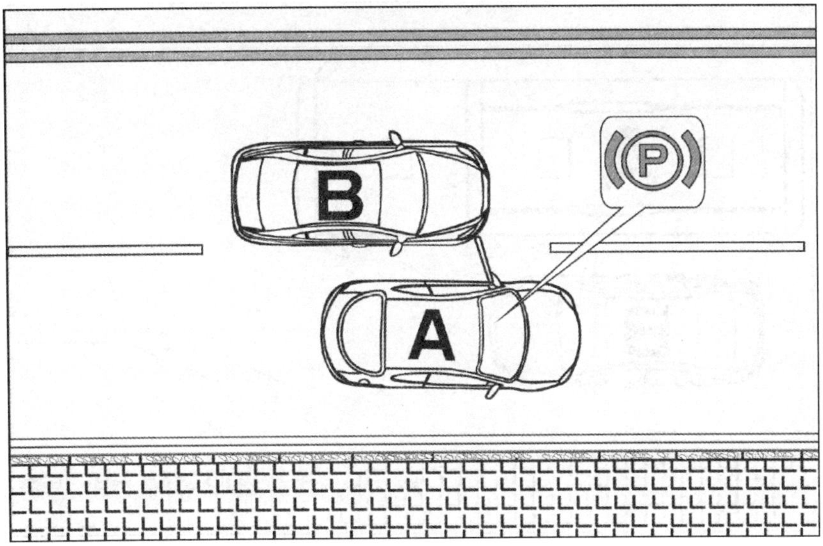

如图所示，A 车在开车门时未观察周围情况，导致车门与经过的 B 车剐碰，则 A 车承担全部责任。

♦ 交警解答

开关车门，对于有车一族而言是最平常不过的事情，但是每年因莽撞开车门而撞伤行人的事故不计其数，严重的还有致人死亡的。鲁莽开车门已经成了现在最常见、对行人最具威胁的不良驾驶和乘车习惯。

《实施条例》第六十三条除了规定车未停稳时不得开车门外，还规定开关车门不得妨碍其他车辆和行人通行。那么，如何开车门才能确保安全呢?

在允许停车的地方，待车辆完全停稳之后，最好能打开双闪灯，前后环视车外，特别是车门侧后方，确认安全之后再开门。

开门时，速度一定要慢，千万不要一下子推开门。应该先拧开车门把手，推开一个小门缝，再次确认车外情况。

在确定旁边、后方没有来车、来人后，再完全打开车门下车，并迅速关上车门。

若车上还有其他乘客，驾驶人也要这样提醒乘客。

22. 公交车在站点外停车上下乘客

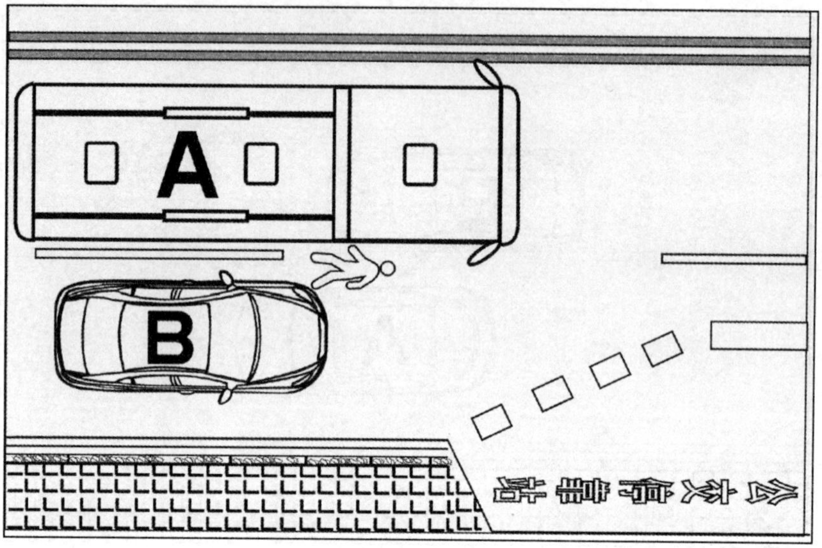

如图所示，A公交车在站点外停车上下乘客，导致乘客被B车碰撞，则A车承担相应责任。

◆ 交警解答

《实施条例》第六十三条明确规定：“城市公共汽车不得在站点以外的路段停车上下乘客。”《城市公共汽电车客运管理办法》第十八条也规定：“城市公共汽电车在营运过程中不得到站不停，不得在规定站点范围外上下客，不得无正当理由拒载乘客、中途逐客、滞站揽客。”

到站停车是对公交车的基本要求。如果公交车不在站点停车上下乘客，其他过往车辆就容易疏忽大意而与上下车乘客发生事故。

23. 遇前方交叉路口交通阻塞时，在路口内停车等候

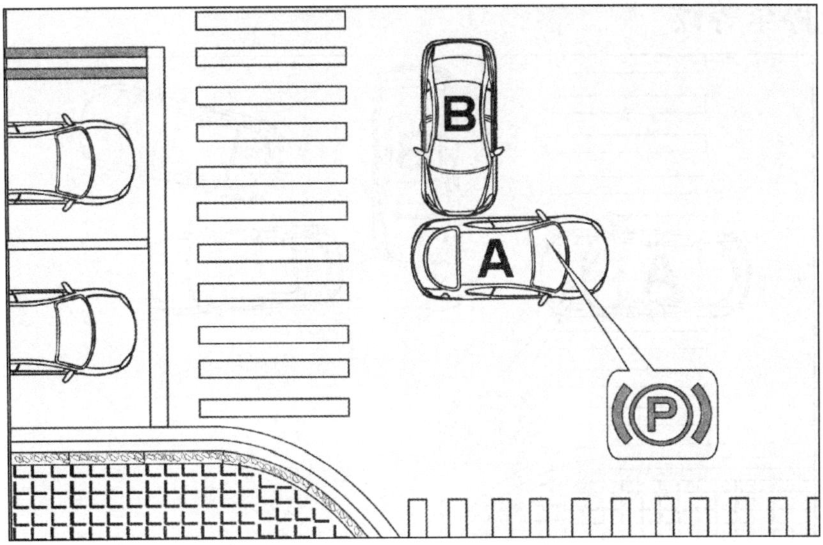

如图所示，A 车在交叉路口交通阻塞时，在路口内停车等候，与侧向行驶的 B 车发生事故，则 A 车承担主要以上责任。

◆ 交警解答

“让一步海阔天空”，这句古训在道路交通中得到充分印证。“让”能让出一分畅通，“让”能让出一分安全，而“抢”往往是交通事故和拥堵的罪魁祸首。

因此，交通法律法规中，对“让”作了详细规定。比如，《实施条例》第五十三条就规定：“机动车遇有前方交叉路口交通阻塞时，应当依次停在路口以外等候，不得进入路口。”

24. 遇前方车辆停车排队等候或缓慢行驶时，在人行横道停车等候

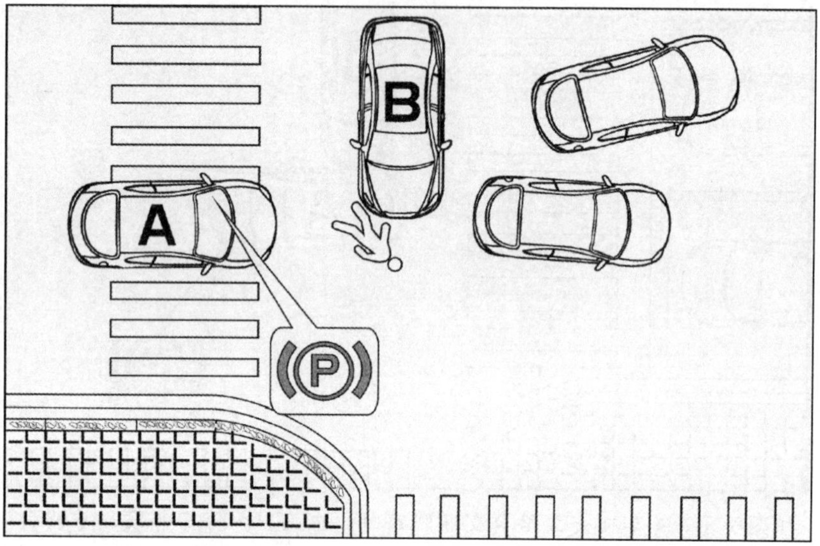

如图所示，A 车在遇前方车辆停车排队等候时，在人行横道停车等候，导致行人在绕行时发生事故，则 A 车承担相应责任。

♦ 交警解答

《实施条例》第五十三条规定："机动车在遇有前方机动车停车排队等候或者缓慢行驶时，应当依次排队，不得从前方车辆两侧穿插或者超越行驶，不得在人行横道、网状线区域内停车等候。"

机动车占压人行横道线停车，对行人安全会造成危害，迫使行人在车辆中穿行，或在路口内横穿道路，从而没有安全保证。

据温州有关部门统计，在行人通过路口不走人行横道而引发的交通事故中，有六成是因人行横道线被机动车占压、行人无路可走而横穿马路所致。

25. 遇前方车辆停车排队等候或缓慢行驶时，在网状线区域内停车等候

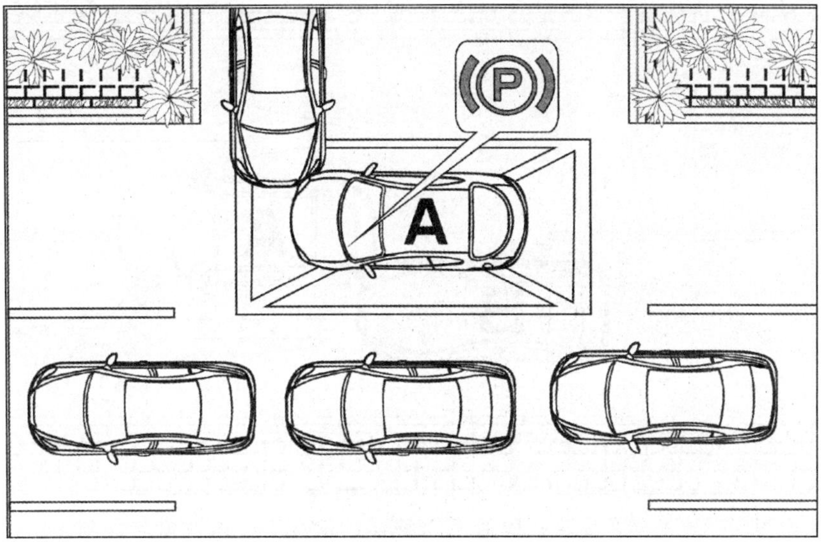

如图所示，A 车在遇前方车辆停车排队等候时，在网状线区域内停车等候，引发交通拥堵，则 A 车承担相应责任。

◆ 交警解答

黄色网状线不准停车，这是为保证与主干路交叉的两侧道路或重要机关、单位门前始终处于畅通状态而制定的一项交通法规。

机动车占用人行横道线与占压黄色网状线的法律责任一致，处罚标准相同，但是两者给道路交通安全通畅带来的危害不同：机动车占压人行横道线停车，会危害行人安全；机动车占压黄色网状线停车，极易导致瘫痪式交通拥堵。

26. 未将故障车移到不妨碍交通的地方停放

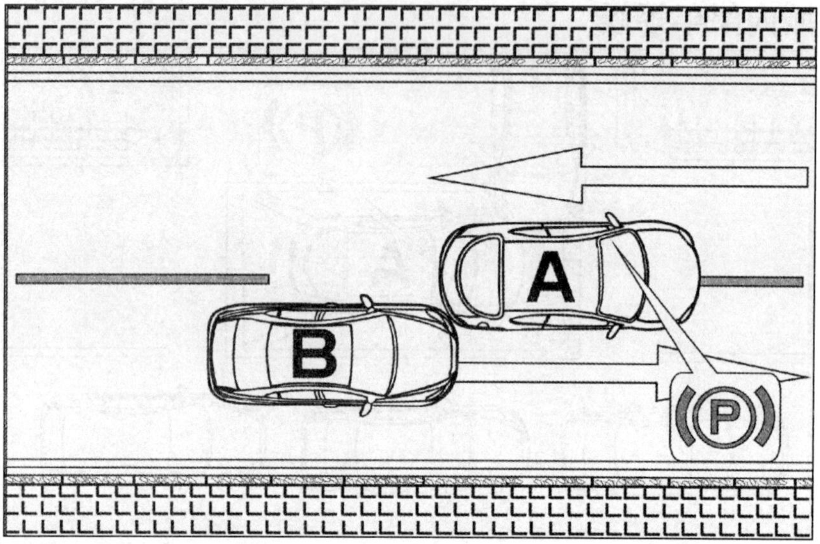

如图所示，A 车在发生故障且可以移动的情况下，未及时转移到不妨碍交通的地方，与后方的 B 车发生事故，则 A 车承担相应责任。

♦ 交警解答

《交通安全法》第五十二条规定：“机动车在道路上发生故障，需要停车排除故障时，驾驶人应当立即开启危险报警闪光灯，将机动车移至不妨碍交通的地方停放。”当然，这里所指的是可以移动的故障车辆。这样做的目的，一是不妨碍交通，二是避免发生事故。

♦ 案例链接

2007 年 12 月 17 日早上，大雾弥漫，能见度低。驾驶人陈某驾驶微型客车，上杭甬高速公路往宁波方向行驶，发现雾灯失灵，便把车停在了第二车道内。

正当陈某准备报警求助时，李某的轿车与客车发生追尾，致使客车发生侧翻，并造成两车驾驶人和乘客受伤。

高速交警提醒，驾驶人在高速公路遇到车辆故障或发生交通事故，能移动的一定要尽量靠边到硬路肩，不要停放在行车道内，以免造成严重事故。

27. 在道路上发生故障或交通事故后，妨碍交通而又难以移动的，不设置警告标志或使用警示灯

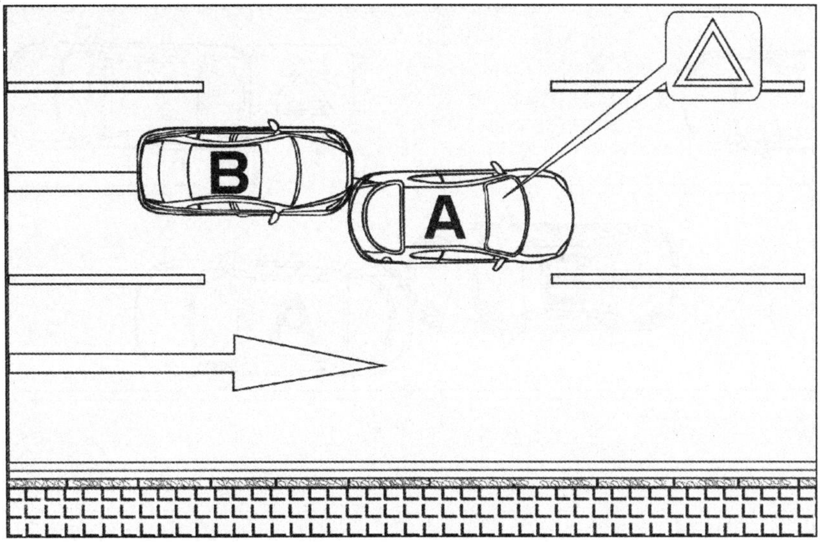

如图所示，A 车在发生故障且无法移动的情况下，未及时使用警示灯并设置警告标志，与后方的 B 车发生事故，则 A 车承担相应责任。

◆ 交警解答

《交通安全法》第五十二条规定，机动车在道路上发生故障，需要停车排除故障时，难以移动的，应当持续开启危险报警闪光灯，并在来车方向设置警告标志等措施扩大示警距离，必要时迅速报警。

◆ 案例链接

杨某驾驶中型普通货车在某高速公路行驶时，左后轮爆胎，便停在行车道内修理。该车危险报警闪光灯损坏一直没有修理，杨某仅在车后 20 多米处摆放了警告标志。

适有李某驾驶旅行车由后方驶来，由于超速且未注意安全，旅行车先将警告标志压碎，继而与故障车发生碰撞，造成李某当场死亡。

交警部门认定，杨某未按规定开启危险报警闪光灯、设置警告标志，李某超速行驶且未注意观察，双方行为对事故所起作用基本相当，应负同等责任。

28. 在高速公路发生故障或交通事故后，未开启报警闪光灯、未在故障车来车方向 150 米以外设置警告标志

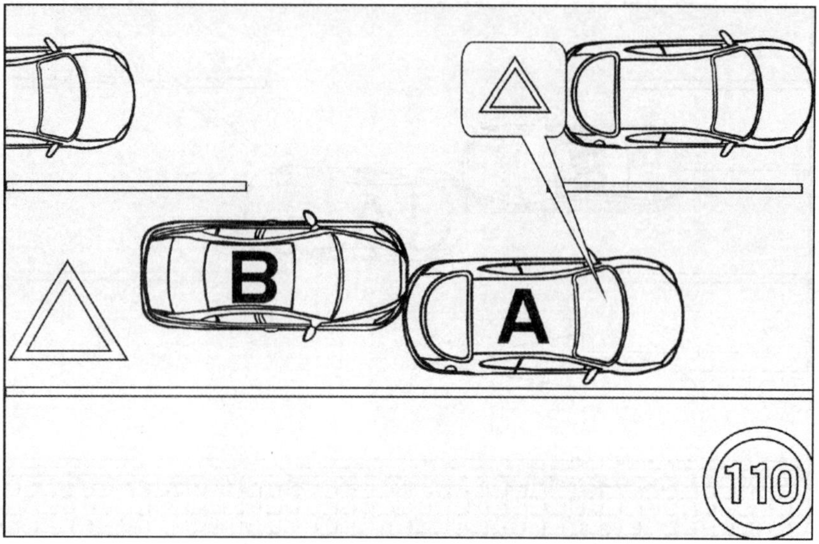

如图所示，A 车在高速公路发生故障后，未开启危险报警闪光灯，未设置警告标志，与后方 B 车发生事故，则 A 车承担相应责任。

◆ 交警解答

《交通安全法》第六十八条规定，机动车在高速公路上发生故障时，无法移动的，驾驶人除了应当立即开启危险报警闪光灯外，还应在故障车来车方向 150 米以外设置警告标志，车上人员应当迅速转移到右侧路肩上或者应急车道内，并迅速报警。

之所以规定警告标志要设置在 150 米外，是充分考虑到高速公路上的行车速度和制动距离。

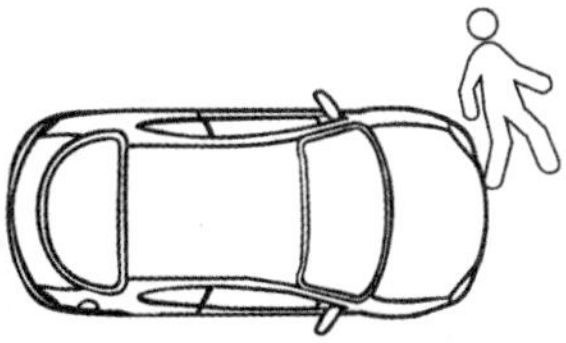

第十一章 机动车与行人事故责任认定

1. 红灯亮时，行人进入人行横道

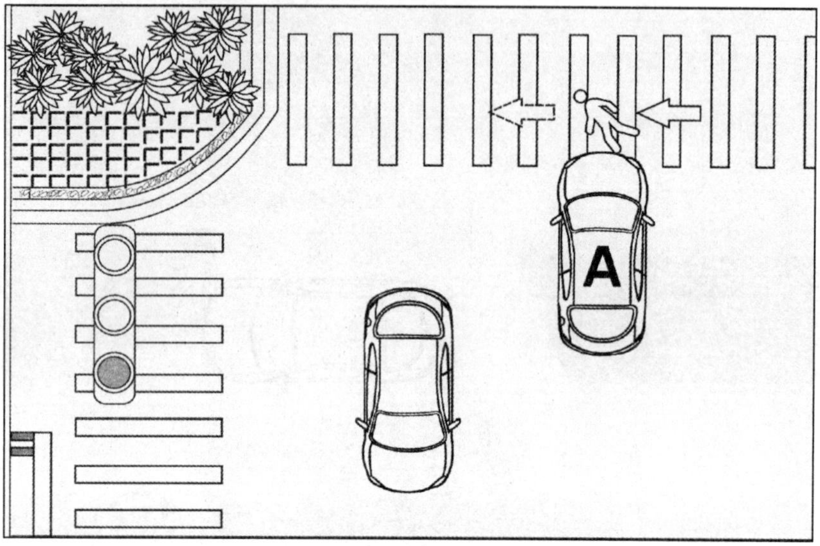

如图所示，行人在红灯亮时进入人行横道，被 A 车撞上，则行人承担同等以上责任。

♦ 交警解答

《交通安全法》第六十二条规定，行人通过有交通信号灯的人行横道，应当按照交通信号灯指示通行。第四十七条又规定："机动车行经人行横道时，应当减速行驶；遇行人正在通过人行横道，应当停车让行。"即使行人正在闯红灯也不例外。

♦ 案例链接

2004 年 5 月 9 日 6 时许，上海市西藏北路与芷江路交叉口发生一起交通事故。一名行人由东向西闯红灯进入路口，一辆由南向北的小货车见状紧急刹车避让，紧随其后的大客车追尾撞上小货车，随后改变方向冲向人行道，并将一老一少卷入车底下，导致孩子双腿和颈部骨折，老人经抢救无效死亡。

警方认为，行人闯红灯是这次事故的诱因，大客车司机没有保持安全车距是事故的直接原因，因此，大客车驾驶人杭某应负事故的主要责任，行人负次要责任，其他当事人不负责任。

2. 红灯亮时，行人正走到道路中心线处，又继续通过

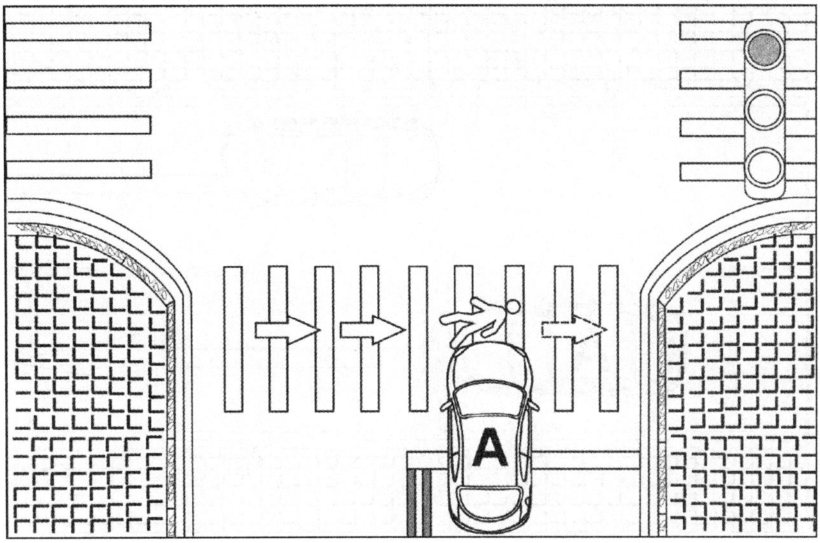

如图所示，行人在红灯亮时已走到道路中心线处，又继续通过，被A车撞上，则A车承担主要以上责任。

◆ 交警解答

经常遇到这种情况：明明看到绿灯亮了，可走到一小半，右转弯的车来了。止步吧，红灯马上亮；前行，汽车从身边刷刷驶过；等待，可能几个绿灯都过不了马路，这时，你是走还是不走？

《实施条例》第三十九条规定，红灯亮时，已经进入人行横道的行人，可以继续通行或者在道路中心线处停留等候。也就是说，行人有选择继续通行的权利，这种情况下不算闯红灯。

作为被放行车辆的驾驶人，一定要注意观察路口尤其是人行横道情况，坚持“一看二慢三通过”，确保行人安全，避免意外事故的发生。

3. 经过没有交通信号的道路时，遇行人横过道路未避让

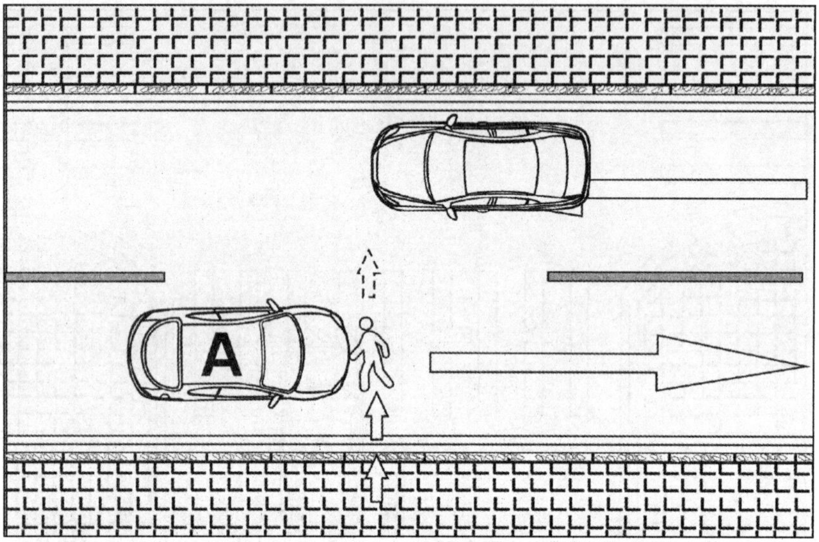

如图所示，A 车经过没有交通信号的道路时，遇行人横过道路，发生碰撞，则 A 车承担主要责任。

◆ 交警解答

在城市中许多没有设置信号灯的路口，机动车驾驶人仿佛无视前方斑马线，呼啸而过，从而给行人安全造成重大威胁。

《交通安全法》第四十七条明确规定：“机动车行经没有交通信号的道路时，遇行人横过道路，应当避让。”对于行人的要求则体现在第六十二条：“行人通过没有交通信号灯、人行横道的路口，或者在没有过街设施的路段横过道路，应当在确认安全后通过。”

行人在没有交通信号的路段横过机动车道时，虽属借道通行，但在这种情况下，机动车有避让行人的义务。这是行人在没有交通信号控制的路段横过道路的特殊通行规定，也是道路交通安全法以人为本指导思想的具体体现，充分表现出重点保护弱者的特点。

◆ 案例链接

2007 年 6 月某日 15 时许，贾某驾驶小货车由北向南行驶至瓦房店交流岛朝阳村路段时，将由西向东横过道路的行人王某撞死。

经勘查，肇事路段无交通信号控制，路宽 9 米，肇事时天气晴，路面干燥，视线良好。

交警部门认定，贾某驾车行经没有交通信号的路段，应当保持注意力，随时注意可能出现的行人，并将车速保持在足以采取紧急措施的范围内，而贾某既没有保持安全车速，又没有尽到让行义务，是造成交通事故的直接原因，贾某应负事故的主要责任。行人王某没有观察来往车辆的情况，也是造成事故的原因之一，王某负事故的次要责任。

4. 有人行横道或行人过街设施时，行人横过机动车道

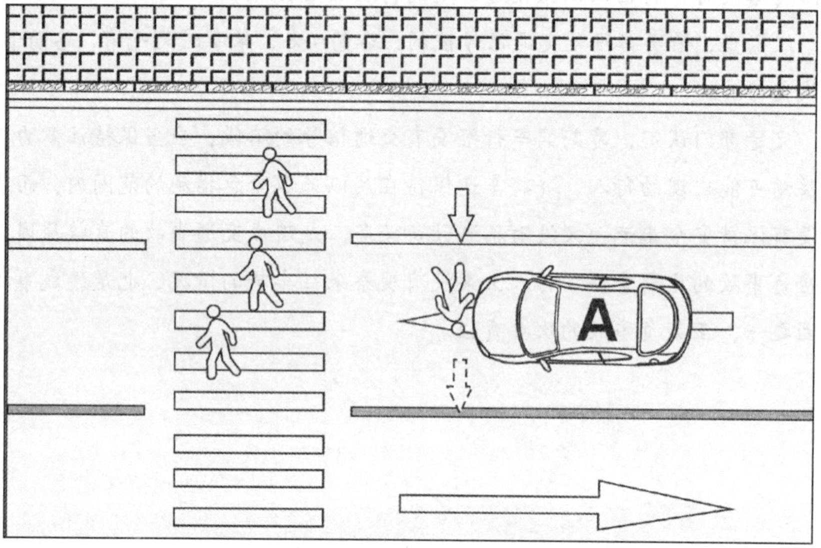

如图所示，有人行横道的情况下，行人仍横过机动车道，被A车撞上，则行人承担主要责任。

♦ 交警解答

最常见的行人交通违法，就是横穿马路；而行人最危险的交通违法行为，就是守着完备的交通设施不用，在法定范围以外横穿马路。

殊不知，也许仅仅是几十厘米、十几厘米的距离，在人行横道内行人可能不承担交通事故责任；如果在人行横道外，就要承担很大一部分责任。同样是过马路，合法与非法，受保护与不受保护，也许只差一步。

《交通安全法》第六十二条明确要求："行人通过路口或者横过道路，应当走人行横道或者过街设施。"

5. 紧急避险撞倒行人

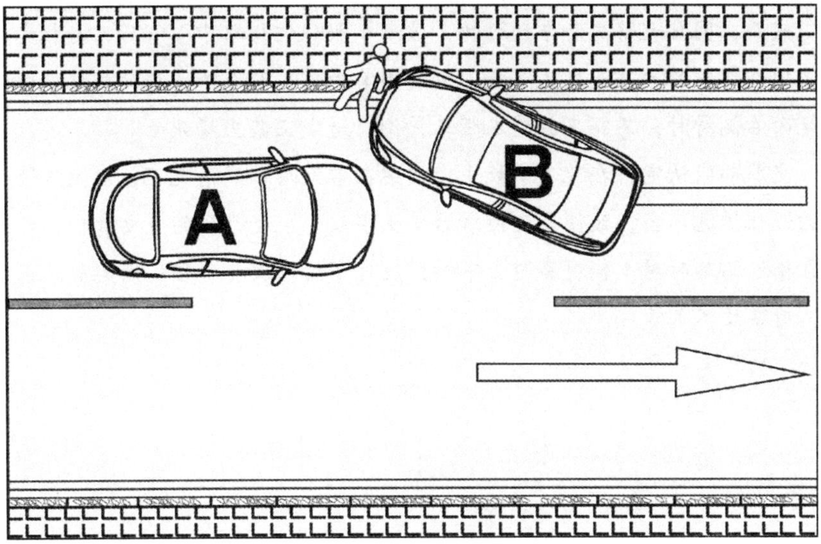

如图所示，B车正常行驶，突然对面A车逆行而来，B车为避让A车急打方向，不慎把行人撞倒，则A车承担相应责任。

◆ 交警解答

紧急避险是指为了使社会公共利益、本人或他人的合法权益免受更大的损害，不得已而采取的紧急措施。紧急避险必须符合如下条件才能构成：一是必须存在正在发生，并威胁社会公共利益、本人或他人合法权益的危险；二是必须情况紧急，没有其他方法可以避免危险才能采取避险措施；三是避险不得超过必要的限度，也就是说，紧急避险所造成的损害必须小于不采取这种措施必然造成的损害。

我国《民法通则》第129条规定："因紧急避险造成损害的，由引起险情发生的人承担民事责任。如果危险是由自然原因引起的，紧急避险人不承担民事责任或者承担适当的民事责任。"

因紧急避险发生交通事故的，应当认定引起险情的人负全部责任；如果避险不当，认定引起险情的人和避险人负相应的责任；如险情是自然原因引起的，根据避险人避险措施得当与否，认定避险人不负责任或负适当的责任。

♦ 案例链接

2001 年 1 月 8 日，柳某驾驶半拖汽车沿苏 239 线由西向东行驶，发现由南向北横过公路的骑车少女王某，立即采取向左打方向并刹车的避让措施。

然而，因雪天路滑和车速过快，该车车头越过公路中心线后，与相向而行的由周某驾驶的大货车发生碰撞，致使周某受伤，两车不同程度损坏；同时，车尾向右侧滑时，又将王某连人带车撞倒，造成王某当场死亡。

交警部门认定，在此次事故中，柳某在雪天路滑的情况下，发生险情时采取的避让措施不当，致使车辆侧滑后发生事故，应负事故的主要责任；死者王某在横过马路时对车辆观察避让不够，应负事故的次要责任；周某属于正常行驶，对事故不负责任。

6. 行人在机动车道内行走

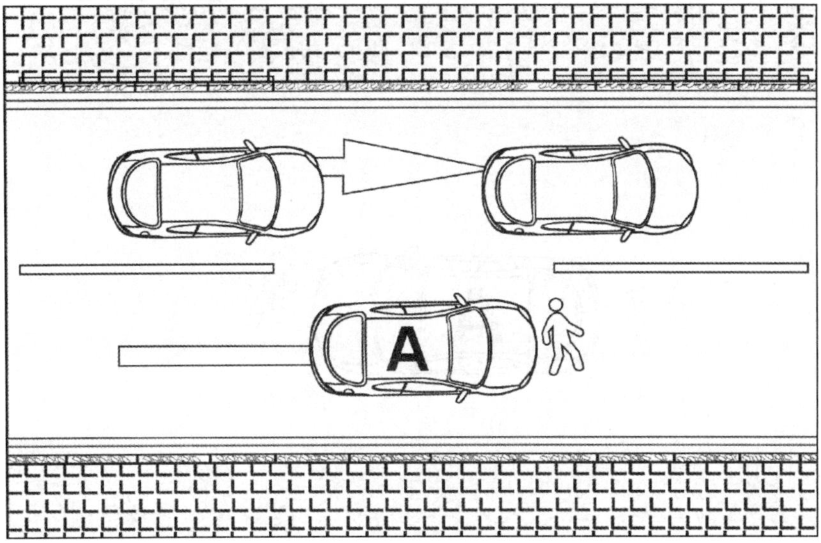

如图所示，A车在行驶过程中，与在机动车道行走的行人发生碰撞，则A车承担相应责任。

◆ 交警解答

《交通安全法》第三十六条对分道通行作了规定："根据道路条件和通行需要，道路划分为机动车道、非机动车道和人行道的，机动车、非机动车、行人实行分道通行。没有划分机动车道、非机动车道和人行道的，机动车在道路中间通行，非机动车和行人在道路两侧通行。"

因此，若行人在机动车道行走，发生交通事故，行人要承担相应责任。

7. 没有人行道时行人未靠边行走

如图所示，在没有划分人行道的道路上，行人未靠边行走，与A车发生碰撞，则A车承担相应责任。

♦ 交警解答

一般来说，非机动车道是在机动车道的两边，人行道是在非机动车道的两边。但是，有的道路可能仅划有机动车道和非机动车道，在这种情况下，非机动车和行人在同一条道路上通行，行人要在道路的两边通行。

行人在两边通行时，以距路边多少为合适呢？一般为不超过1米。如果不靠边，发生交通事故也有责任。

8．行人跨越道路隔离设施

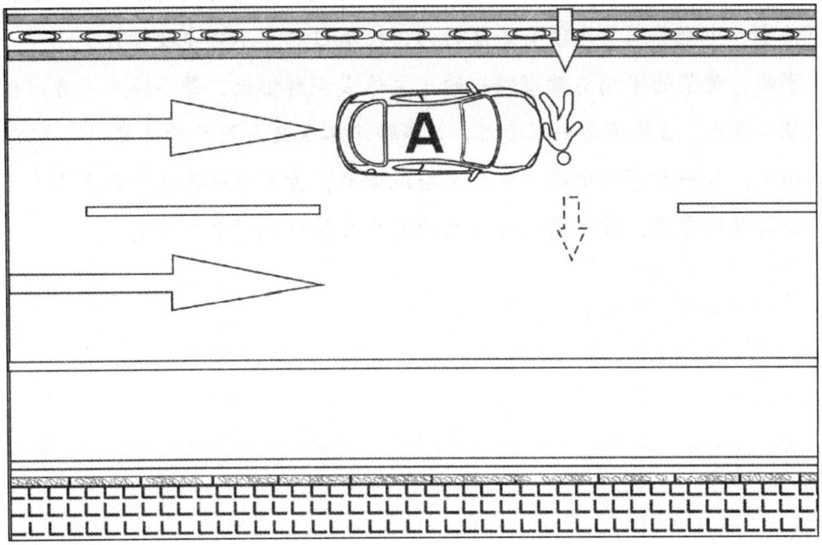

如图所示，行人跨越道路隔离设施，与 A 车发生碰撞，则行人承担同等以上责任，A 车承担相应民事责任。

◆ 交警解答

现在的交通安全法不仅摒除了“撞了白撞”的思想，反而加强了机动车驾驶人的无条件责任。这一点体现在第七十六条“交通事故的赔偿原则”中。

对于事故后果的民事责任分担，双方都是机动车的，按过错责任承担；一方是机动车、一方是行人或非机动车的，由机动车一方承担责任；有证据证明行人或非机动车方违章、机动车方采取了必要措施的，才可以减轻责任，而不是免除责任。只有能够证明是被撞人故意造成（如自杀）的，才可以免除责任。

因此，即使行人违规跨越道路隔离设施发生事故，撞人车辆也要承担相应责任。

◆ 案例链接

2006 年 3 月 25 日，黄某在上海市曹安路外环线西 100 米处，为图方便走捷径，越过曹安路中心水泥隔离护栏。在他翻过隔离带跳落在曹安路东西向快车道时，被一辆急驶而来的轿车撞倒，又被一辆中型普通货车碾压头部，当场死亡。

交警认定，黄某跨越道路隔离设施的行为属违法行为，负事故全部责任。肇事轿车和中型普通货车没有违法行为，没有过错，不负事故责任。

事后，黄某的家属与肇事轿车的车主达成调解协议，肇事轿车一方赔偿黄某家属5万元。后见黄某一家凄惨，肇事轿车车主又自愿补偿黄某一家1万元。

但是，另一肇事的中型货车车主拒绝调解，黄某家属将该车车主告上了法庭。法院酌情考虑，最终判被告方赔偿原告方精神抚慰金1万元。

9. 行人进入高速公路

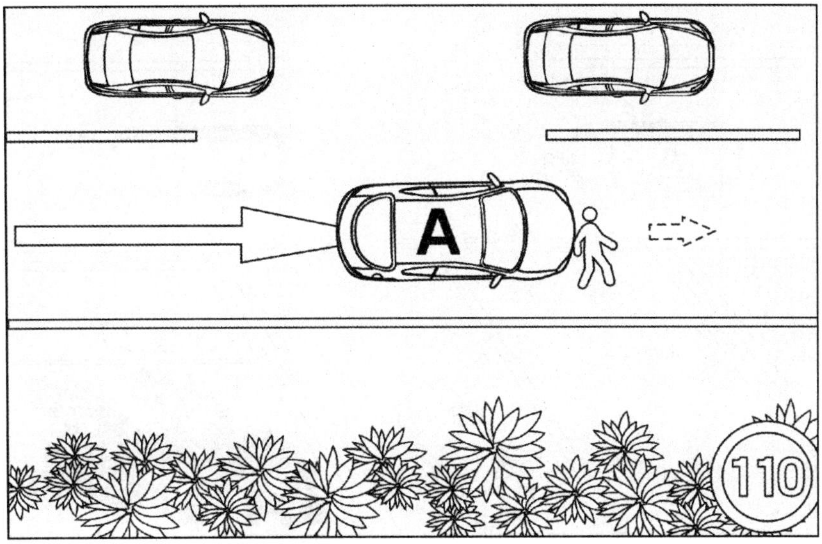

如图所示，行人进入高速公路行走，与 A 车发生碰撞，则行人承担同等以上责任，A 车承担相应民事责任。

◆ 交警解答

《交通安全法》第六十七条规定：“行人、非机动车、拖拉机、轮式专用机械车、铰接式客车、全挂拖斗车以及其他设计最高时速低于70公里的机动车，不得进入高速公路。”

禁止行人进入高速公路，主要是为了保证高速公路的顺畅和行人的安全。

10. 行人在高架公路或立交桥上行走

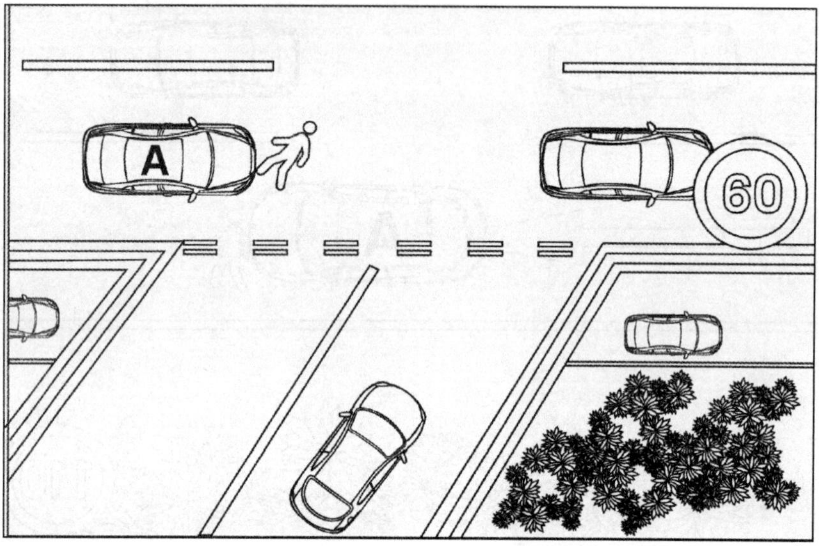

如图所示，行人进入高架公路行走，与A车发生碰撞，则行人承担同等以上责任，A车承担相应民事责任。

◆ 交警解答

高架道路是指与地面保持一定空间，并设置高架道路交通指路标志，专供机动车通行的道路。高架公路和高速公路不同，高速公路可以建成高架，普通公路某些路段和城市快速干道也可以建成高架。不过，从通行规定来说，高架公路、立交桥和高速公路又是一样的，只允许机动车行驶，不允许非机动车行驶及行人通行。

因此，行人在高架公路和立交桥上与机动车发生交通事故，行人原则上应负事故的全部责任。

11. 行人强行拦车

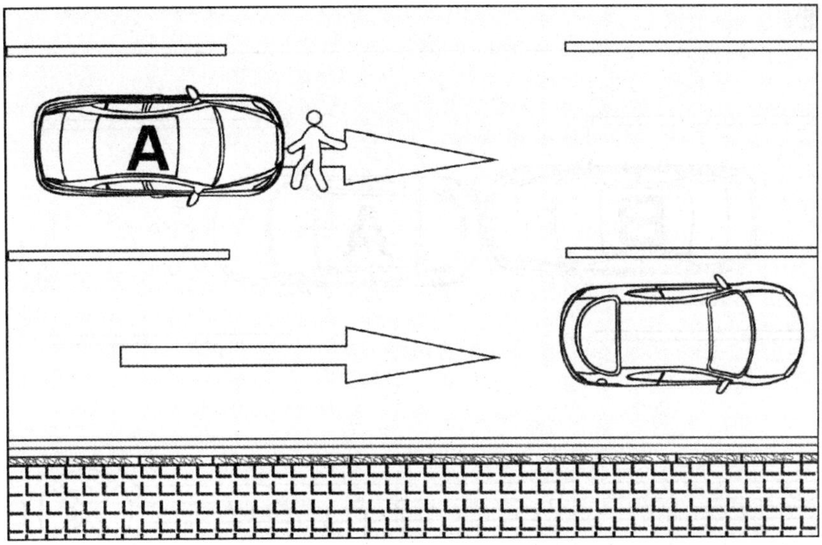

如图所示，行人在机动车道上强行拦车，与 A 车发生碰撞，则行人负事故的主要责任。

◆ 交警解答

《实施条例》第七十七条规定：“不得在机动车道上拦乘机动车。”行人强行拦车是非常危险的行为。在道路上突然对正常行驶的汽车予以阻拦，可能导致驾驶人反应不及、判断失误而出现车辆操作失控，从而严重危害人身和车辆安全。

◆ 案例链接

2007 年 9 月 1 日凌晨，韩某在某市市区道路上拦车讨钱，致使两辆汽车发生追尾，造成第二辆车驾驶人受伤。同年 10 月 28 日，韩某再次在市区道路上在距来车约 20 米远的距离时，突然举杖拦车，驾驶人因紧急避让导致车辆失控，撞上路边行人，致行人死亡、车辆严重损坏。

经司法精神病学鉴定，韩某意识清楚，思维清晰，无精神病史，具有完全刑事责任能力和民事责任能力。交警认定，韩某应负事故的主要责任。

12.行人在禁止停车的路段或逆行方向的道路一侧拦乘车辆

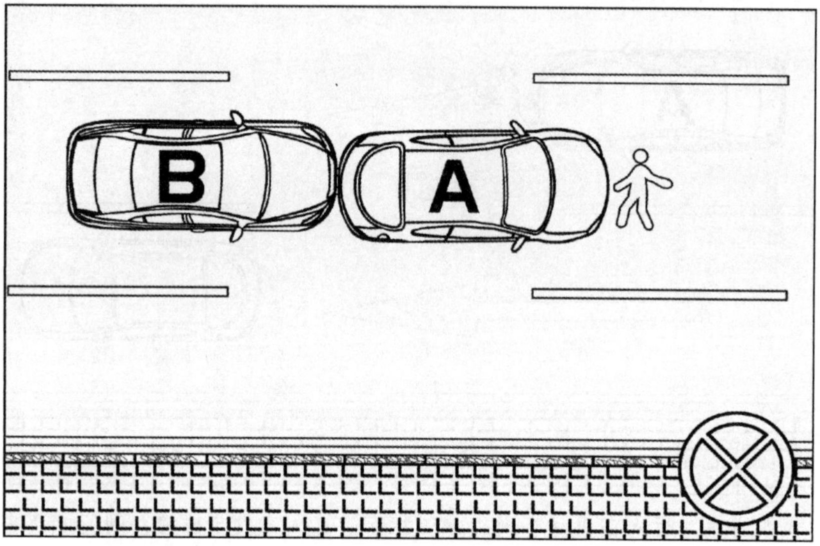

如图所示，行人在机动车道上强行拦车，与 A 车发生碰撞，则行人负事故的主要责任。

◆ 交警解答

行人不是驾驶人，他们往往不知道哪些路段可以停车，哪些路段不可以。特别在上下班高峰的时候拦乘出租车，更是“遍地开花”，有的在禁止停车的路段拦乘车辆，有的甚至在逆行方向的道路一侧拦乘车辆。这些都是危险行为。

在禁止停车的路段拦乘车辆，容易造成后车追尾；在逆行方向的道路一侧拦乘车辆，乘车人在冲过道路时容易发生危险。因此，《交通安全法》是不允许出租车在禁止停车的路段和逆行方向的道路一侧停车载客的。

13. 行人扒车

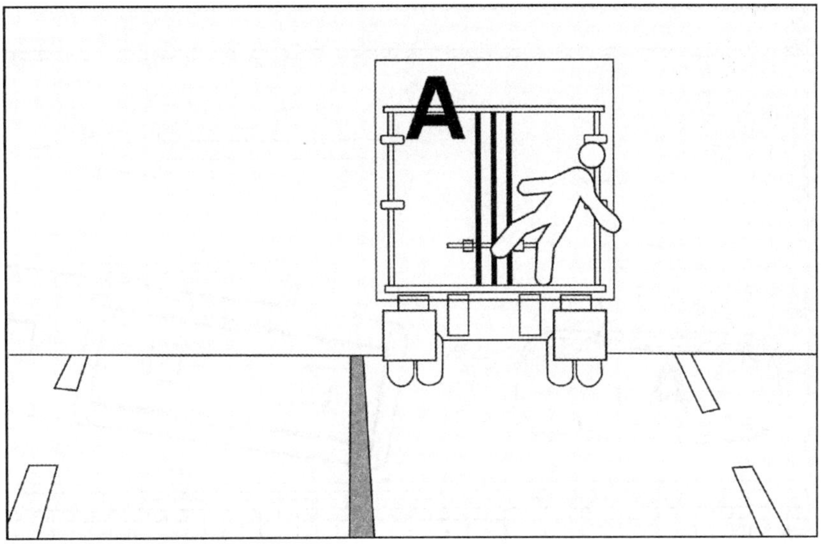

如图所示，行人在 A 车行驶过程中强行扒车，发生事故，则行人承担主要以上责任；若 A 车驾驶人已经发觉但未阻止或未采取相应的安全措施，则承担次要责任。

◆ 交警解答

《交通安全法》明确规定，行人不得扒车。扒车是拿生命当儿戏的行为，万一车辆遇紧急情况而急刹车，或者行人没抓牢而摔下来，或者后车来不及刹车而发生追尾，后果不堪设想。因此，作为行人，千万不要为了少走点路，或者节省几块钱，而干出扒车的事情。

◆ 案例链接

2011 年 2 月 16 日，在无锡“十八湾”论坛上，惊现一段视频：一名黑衣黑裤的男子，手脚并用地贴伏着正在行驶的公交车上。随着公交车持续减速，黑衣男子先放下左脚，试探着踏了下地，接着放下右脚，手扒着公交车的后盖小跑了几米，才松手走开。

无锡交警部门认为，在这种情况下一旦发生事故，如果公交车和后车或其他车辆没有明显的与事故有关的违法行为，则行人负主要责任。

14. 行人追车

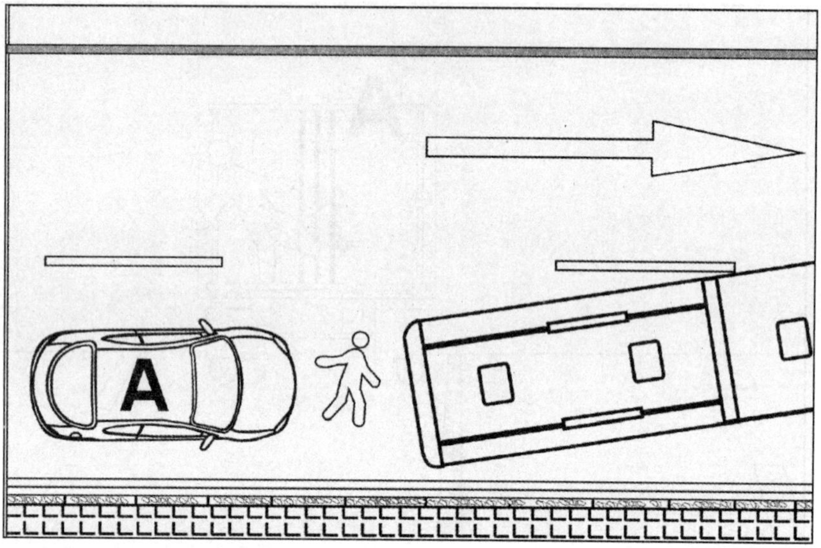

如图所示，公交车驶出站点后，行人追车，被A车撞上，则行人承担相应责任。

◆ 交警解答

《实施条例》第七十四条规定，行人不得有追车、抛物击车等妨碍道路交通安全的行为。

行人追车往往发生在机动车道内，而且这时行人的所有注意力都在所追的车辆身上，往往不注意周围其他车辆的行驶状况，这样就会扰乱其他车辆的安全行驶，稍有不慎甚至会危及行人自己的生命。

◆ 案例链接

2012年11月12日中午，在湘潭市韶山东路基建营公交站附近，一位老人为了追赶公交车，过马路时被摩托车撞倒，送往医院后死亡。

据目击者介绍，当时这位老人是从基建营方向出来，快走到公交车站时，为了追赶公交车突然从人行道冲了出来。当时老人在非机动车道上行走，看到公交车后一边招手，一边喊，没注意到身后的摩托车。而摩托车司机也没有注意到老人，一时没刹住车，事故就发生了。

15.行人抛物击车

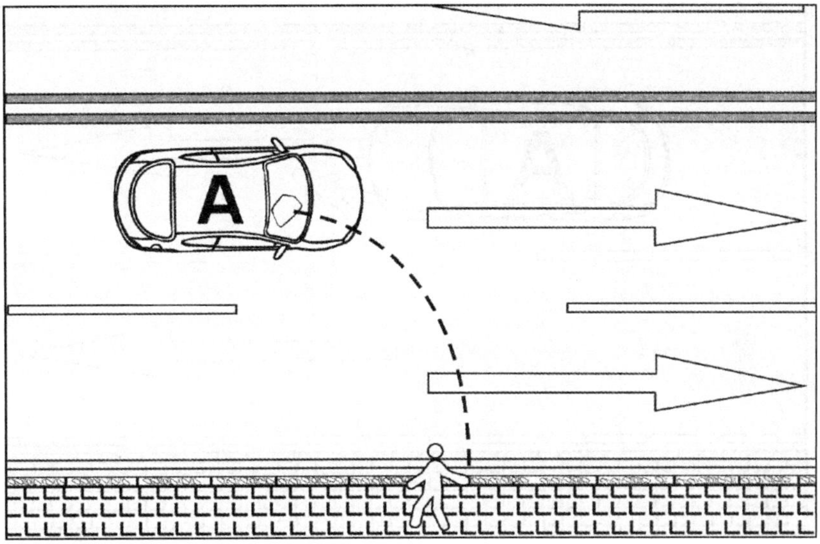

如图所示，A 车正常行驶途中，行人抛物击车，则行人承担全部责任。

◆ 交警解答

抛物击车大多发生在孩子身上，发生在成人身上，要么是没有赶上车的，要么是该车拒载的，要么是该车在行驶中让行人受到惊吓或弄脏行人衣物的。但是，行人不管有什么情绪，都不应该朝车辆发泄，而应该就事论事。

如果抛物击车，导致该车受到损坏，行人必须承担相应的赔偿责任；如果导致司乘人员受伤，乃至车辆失控发生更大的交通事故，后果更为严重。

16. 行人横过机动车道，在车辆临近时突然加速横穿

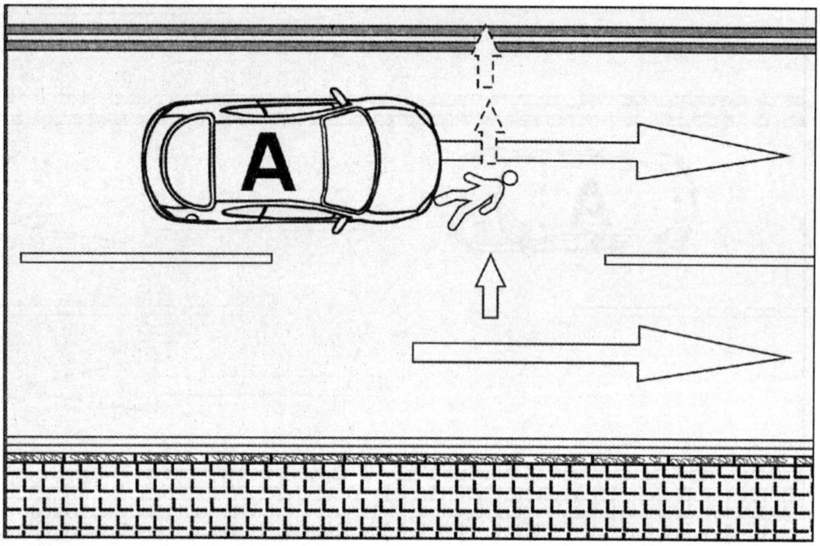

如图所示，行人横过机动车道，在A车临近时突然加速横穿，则行人承担主要责任。

♦ 交警解答

《交通安全法》规定，机动车行经没有交通信号的道路时，遇行人横过道路，应当避让。《实施条例》第七十五条又规定：“没有人行横道的，应当观察来往车辆的情况，确认安全后直行通过，不得在车辆临近时突然加速横穿或者中途倒退、折返。”

正常情况下，当驾驶人发现行人已经停止穿行时，会认为行人在避让车辆。若行人在车辆临近时又加速横穿，驾驶人就会根本来不及反应，即使有所反应车辆也无法有效制动，事故的发生就不可避免了。

17. 行人横过机动车道，在车辆临近时突然中途倒退、折返

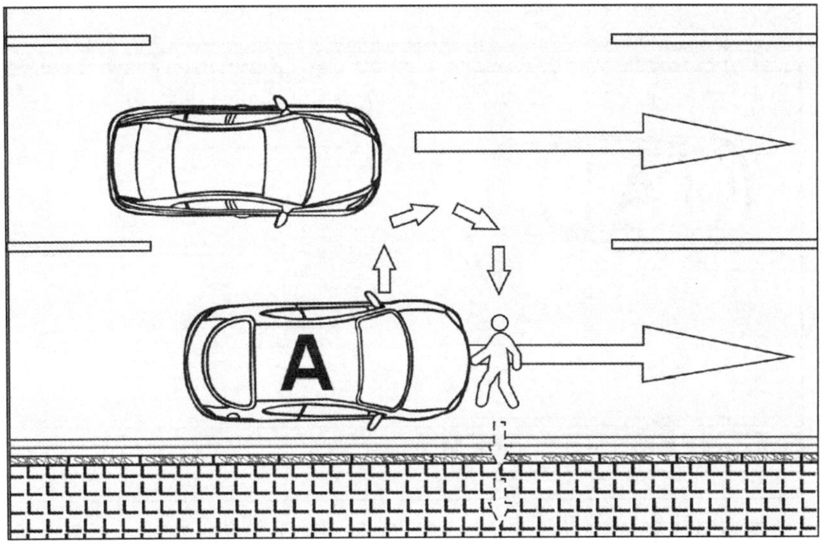

如图所示，行人横过机动车道，在A车临近时突然中途倒退、折返，则行人承担主要责任。

◆ 交警解答

行人在横过机动车道时，在车辆临近时中途倒退、折返，其危险性和突然加速横穿是一样的，会导致机动车驾驶人无法准确判明行人的意图，从而发生无法避免的事故。

◆ 案例链接

2010年1月17日1时许，林某驾驶大型卧铺车从福建石狮开出，途径104国道某路段时，看见行人陈某正在横穿公路，且已经越过了林某所在机动车道。

然而，就在卧铺车临近陈某大约2米时，陈某为避让另一车道的车辆，又突然倒退回来。林某反应不及，卧铺车将陈某撞倒，送医院抢救无效死亡。

交警认定，陈某不仅横过机动车道，而且在车辆临近时突然倒退，是造成事故的主要原因，应负主要责任，林某承担事故的次要责任。

18. 行人在机动车道内打闹追逐

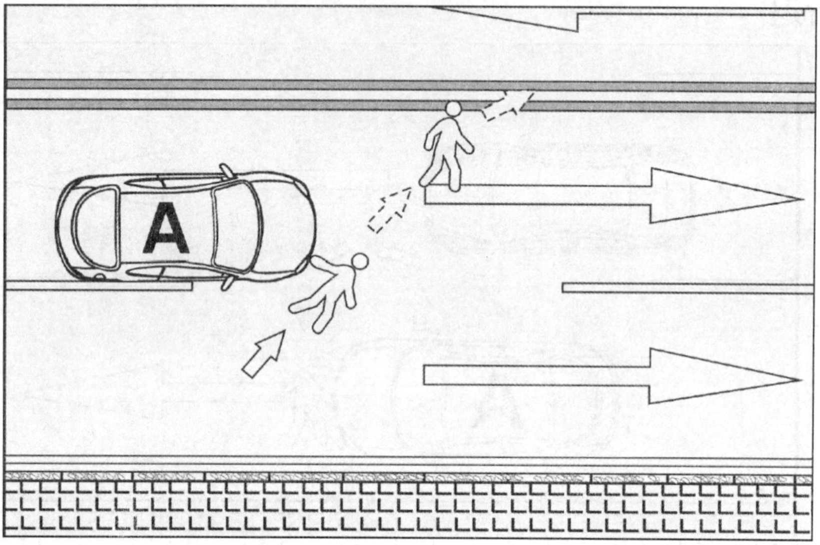

如图所示，行人在机动车道内打闹追逐，与A车发生事故，则行人承担主要责任。

♦ 交警解答

行人在马路上打闹追逐，由于精力和注意力都在打闹上，无视正在来来往往的车辆的存在，不仅严重扰乱交通秩序，更严重的是，会使驾驶人难以作出准确判断，从而发生无法预料的危险。

因此，《交通安全法》规严禁行人在车行道内追逐打闹。

19.行人在机动车道内坐卧、停留

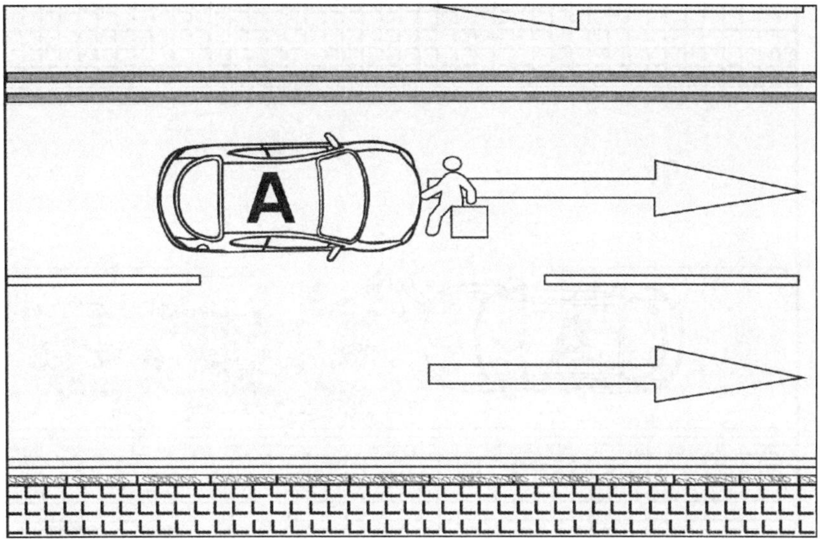

如图所示，行人在机动车道内坐卧，与A车发生事故，则行人承担相应责任。

♦ 交警解答

车辆在高速行驶中，驾驶人一般对道路上动态的目标比较关注，而对于较小的静止目标则容易忽视，比如处于坐卧状态的行人。特别是夜间，行人若是坐卧在车行道上，更是危险之极。

因此，《实施条例》第七十四条规定，行人在车行道内不得坐卧、停留。

♦ 案例链接

2010年6月30日23时许，哈尔滨中山路和平邮宾馆门前发生一起交通事故，一名在道路上违法停留的男子被当场撞死。

当时林某驾驶面包车沿中山路由北向南行驶，当行驶到和平邮宾馆附近时，将坐在道路中心双实线西侧第一、第二条车道分道线上的张某撞出10多米远，张某当场死亡。经酒精检测，驾驶人林某为醉酒驾车，张某为醉酒状态。

交警部门认定，驾驶人林某负事故主要责任，行人张某负事故次要责任。需要指出的是，在这起交通事故中，如果驾驶人不存在醉酒驾车行为，行人有可能承担更多的事故责任。

20.行人在机动车道内从事非交通活动

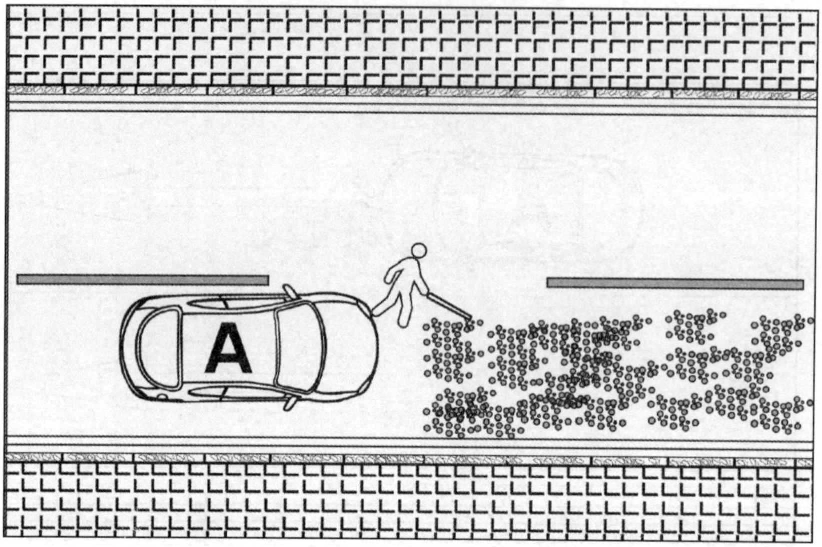

如图所示，行人在机动车道内晒粮食，与A车发生事故，则行人承担相应责任。

◆ 交警解答

在农村公路上，每年夏秋两季，不少农民把公路当成了打谷场，在公路上打场晒粮，屡禁不止，严重影响了车辆通行安全和晒粮农民自身安全。因为公路晒粮导致的交通事故，几乎每年都会发生，或是驾车人员车毁人伤，或是晒粮农民自食苦果。

《交通安全法》第三十一条明确规定：未经许可，任何单位和个人不得占用道路从事非交通活动。

◆ 案例链接

2011年10月12日18时许，安徽省天长市仁和镇王桥村驾驶人陆某，驾驶一辆轿车从新街镇出发，准备返回天长。

他驱车由西向东行驶，行至石梁镇境内S312线32km+150m处时，前方一辆车开着大灯迎面驶来。当时，陆某注意力不够集中，加上对方车灯过亮导致视线不清，轿车会车时失控撞死了行人任某。

据调查，事发当晚，任某骑电瓶车来事故发生地点，准备将白天摊晒在公路上的粮食收起来。他来到路边后，将电瓶车架放在路北，自己步行过马路。没曾想，他刚走到路中间，便被从西边过来的轿车撞个正着。

警方认为，此处晒粮属于严重违规行为，对车辆正常通行形成很大障碍。同时，任某在车辆临近时横穿马路也是比较危险的交通行为。因此，任某的行为是诱发此次事故的原因之一。此外，陆某在驾驶车辆行驶过程中，不按规定操作，与车内同行人员闲谈，注意力不够集中，遇情况采取措施不力，也是导致事故发生的重要因素。

警方最终认定，行人任某和驾驶人陆某负事故的同等责任。

21.行人在机动车道上使用滑板、旱冰鞋等滑行工具

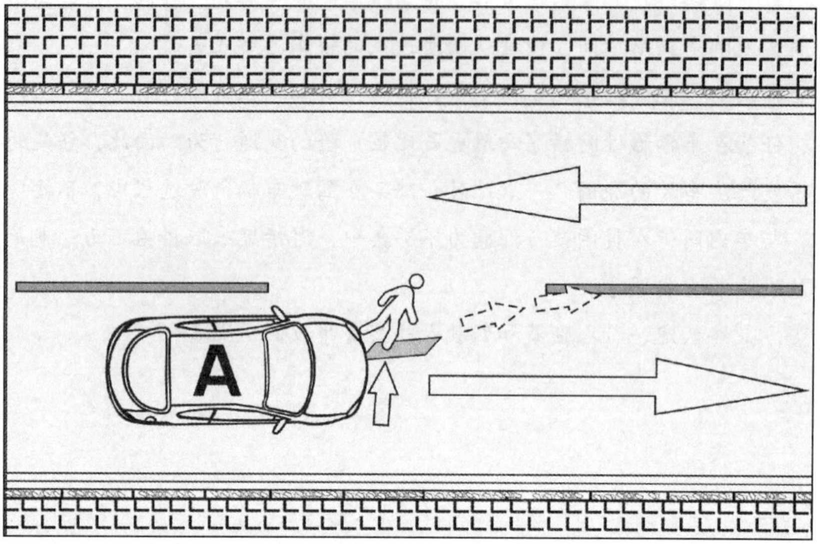

如图所示，行人在机动车道内使用滑板滑行，与A车发生事故，则行人承担主要责任。

♦ 交警解答

《交通安全法》第七十四条规定，行人在道路上不得使用滑板、旱冰鞋等滑行工具。这里的道路包括机动车道和非机动车道，而不仅仅局限于机动车道。另外，凡是机动车能正常行驶的广场、小区道路、厂区道路等地方，都不能使用滑板和旱冰鞋。

在这里提醒广大青少年：合理、低速地玩滑板，能够锻炼大脑反应能力，提高身体协调能力，但在运动的同时一定要注意安全，应在安全的地点玩耍，以免发生事故。

♦ 案例链接

2008年10月11日凌晨，上海市巨鹿路、瑞金一路路口发生了一起罕见的交通事故。经警方调查证实，这是上海首例因行人使用单排轮滑鞋，在机动车道内高速滑行而与机动车相撞造成的死亡事故。

事发时，驾驶人金某正开着面包车沿巨鹿路向东行驶。当车辆通过瑞金一路路口时，他突然发现路口左侧有人高速向南通过，他急忙向右打方向避让，但是面包车的左前侧还是和对方发生了碰撞。21岁的小峰被撞倒后送往医院抢救，最终因伤势过重死亡。

通过路口监控发现，小峰当时不仅是在瑞金一路的机动车道上逆向滑行，在通过路口时他还特别做了3次蹬踏动作加快了滑行，试图从金某的面包车前“穿过”，但最终还是倒在了车前。

据专业人士介绍，即使对于专业运动员而言，在轮滑速度达到每小时24公里的情况下，要在短短的距离内完成制动也不可能，在突发情况下事故根本无法避免。

22. 机动车借用非机动车道或人行道行驶时碰撞行人

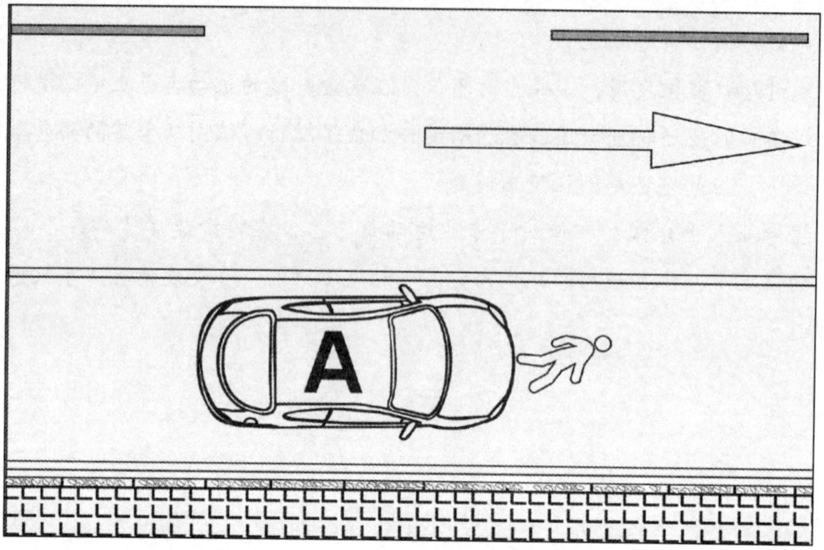

如图所示，A 车在借用非机动车道行驶时撞倒行人，则 A 车承担全部责任。

♦ 交警解答

《交通安全法》规定，机动车借道行驶时，应当让非机动车或行人优先通行。借道车辆不允许逆行，应保持低速，注意避让行人，保证安全。机动车驶入非机动车道或人行道，未避让非机动车或行人，发生事故原则上均由机动车负全部责任。除非有证据证明行人或非机动车存在过错，才可减轻机动车的责任。

需要强调的是，借道车辆只能短时间借用非机动车道或人行道，否则就是违法占道行驶了。

23. 从机动车道向非机动车道或人行道转弯时碰撞行人

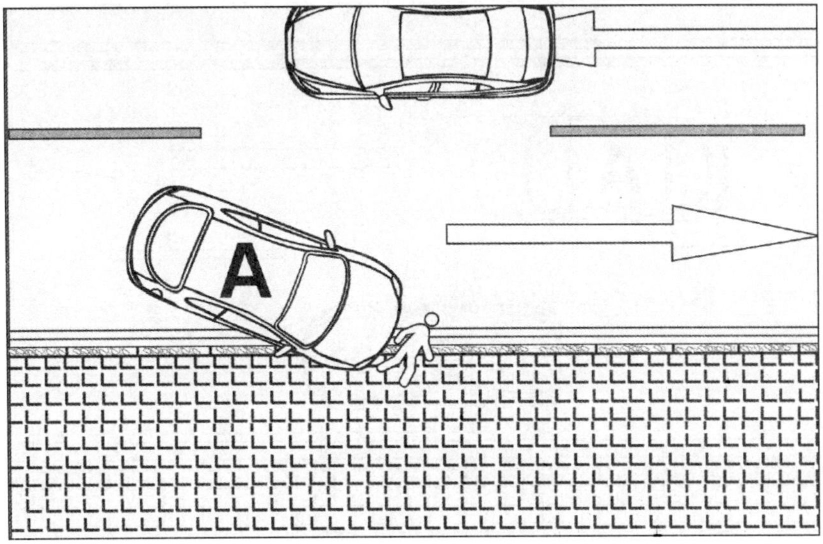

如图所示，A车在从机动车道右转弯时，撞倒人行道上直行的行人，则A车承担全部责任。

◆ 交警解答

《交通安全法》明确规定，转弯的车辆让直行的车辆、行人先行。作为右转弯的机动车，在行经非机动车道和人行道时，也相当于借道通行，所以必须让非机动车和行人先行，并保证他们的安全。否则，一旦在这些路段发生事故，机动车就要承担全部责任，除非证明非机动车和行人对事故的发生有过错。

◆ 案例链接

2010年12月14日一早，在329国道北仑霞浦段的永定路口，过路群众发现一名男子躺在血泊中，已停止呼吸。

警方经过查看事发路口的监控录像，发现一辆空载的集装箱车当时沿着329国道自西向东行驶，在事发路口右转弯时，与正在同向正常直行的行人发生了碰撞。

当警方找到集装箱车驾驶人张某，告知他撞死了一名行人时，他一脸惊讶，对自己开车肇事竟毫无察觉。直到交警让张某观看了路口监控录像，他这才知道自己闯了大祸。

24. 乘车人在机动车道上从机动车左侧上下车

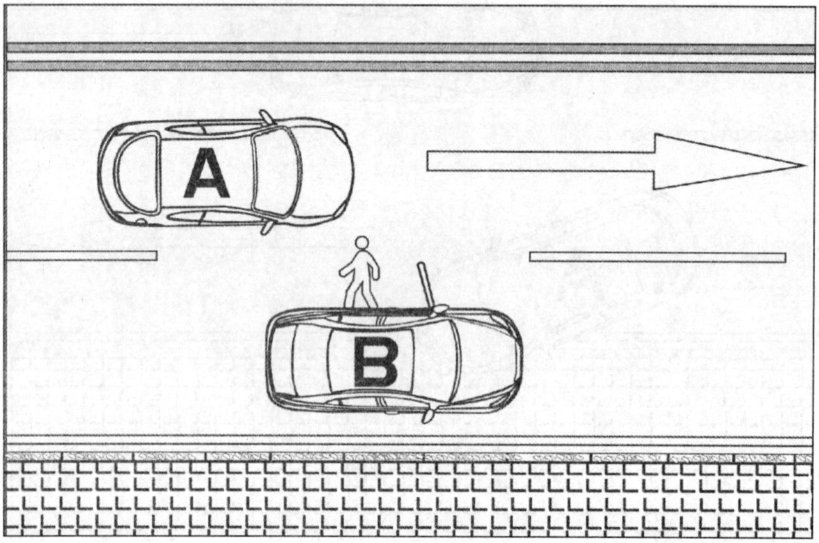

如图所示，乘车人从机动车左侧下车，被后面的 A 车撞到，则乘车人承担相应责任。

♦ 交警解答

《实施条例》第七十七条规定，乘坐机动车时，在机动车道上不得从机动车左侧上下车。

因为车辆靠右行驶，车辆的左侧便成为车辆之间来去交会的临界点，若是乘客从左侧上下车，容易被后面的车子刮碰，轻则毁坏车门，重则伤人。

25. 乘车人在机动车行驶中跳车

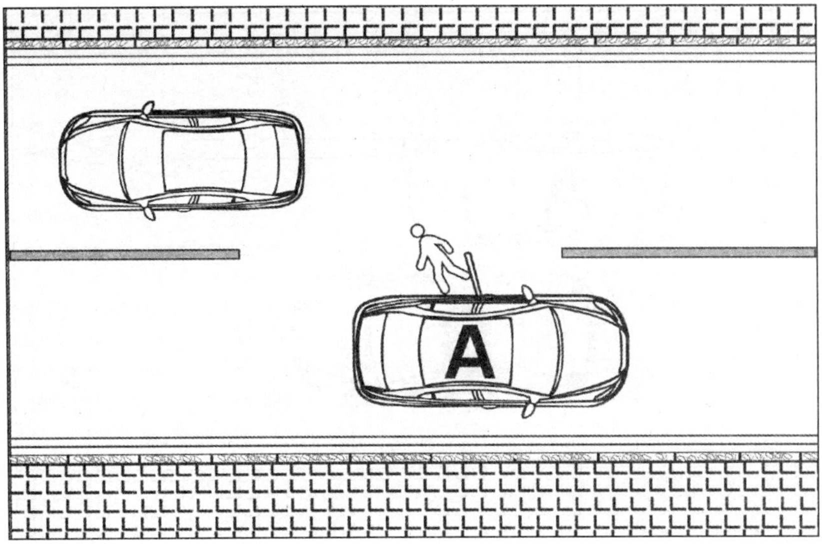

如图所示，乘车人在车辆行驶途中，从机动车上跳下来，则乘车人承担主要责任。

◆ 交警解答

《实施条例》第七十七条规定，机动车行驶途中，乘车人不得跳车。

从行驶的机动车上向下跳是非常危险的。因为车和人一起向前运动，当你从车上跳下时，脚处于静止状态，身体上部由于惯性还会继续向前运动，人就会摔倒。如果车辆速度较快，车辆较高，乘车人摔倒后头部着地，后果就更加严重。

26. 乘车人将身体伸出车外

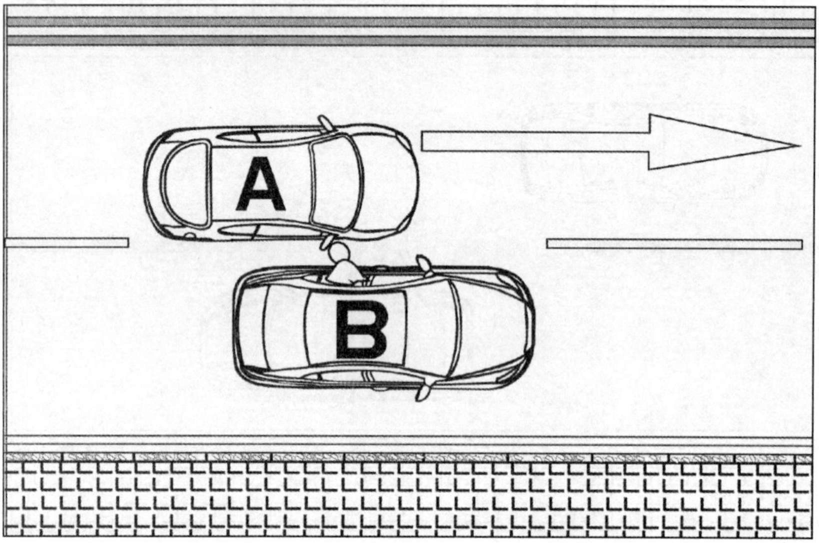

如图所示，B 车乘车人在车辆行驶途中，将身体伸出车外，被后方相邻车道的 A 车撞到，则乘车人承担主要责任。

◆ 交警解答

我们知道，车外造成的伤害，跟速度、相对速度有关。比如，两辆相向行驶的时速各 40 公里的车辆，会车速度就是 80 公里 / 小时。这样的速度，即使是一根风筝线都可以切断成人肌肉、肌腱甚至喉管。

另外，乘车人把身体或者四肢伸出车外时，当两车近距离会车，一旦发生高速剐蹭，其结果可想而知；如果发生追尾，乘车人很可能会摔出车外。

因此，《交通安全法》明确规定，机动车行驶途中，乘车人不得将身体任何部分伸出车外。

◆ 案例链接

2013 年 4 月 21 日凌晨，郑州一轿车在夜色中疾驶，后排孩子突然发现紧挨的大人人头不见了。警方事后在 3 公里外找到人头。

据悉，男子途中伸出头去吐酒，遇到货车错车。车内的人以为他伏在那里吐，直到身子被震落到座位上，才发现头不见了。司机也是酒后驾驶，竟毫无察觉。

27. 乘车人干扰驾驶人员

如图所示，乘车人在车辆行驶途中，干扰驾驶人员，导致车辆发生事故，则乘车人承担主要责任。

◆ 交警解答

《实施条例》规定，机动车行驶途中，不得干扰驾驶。

在车辆行驶途中，驾驶人承担着把车上所载人和物安全送到目的地的责任，可谓责任重大，必须自始至终全神贯注，注意力高度集中。如果乘车人干扰驾驶人，就可能导致其无法有效地履行职责，甚至危及整个车辆的安全。

◆ 案例链接

2012 年 5 月 20 日晚上 8 时许，杭州一辆 K3 路公交车在行驶过程中，突然方向一偏，穿过非机动车道，撞向路边的消防朝晖中队营房，造成 14 人受伤，其中包括公交车司机、乘客。据称，事故原因是一名乘客干扰驾驶员，导致公交车失控。

据该公交车司机杨某介绍，当时一名女乘客跟在一位老奶奶后面上的车，老奶奶刷的是老年卡，女乘客没刷卡就直接跟着老奶奶往后排走。她就叫女乘客再刷一次，但女乘客不承认，说已经刷过卡了，并且一路上念念有词，还要杨某向她道歉。

后来，女乘客竟然走到驾驶室边，拉着杨某的胳膊拽来拽去。杨某控制不住方向盘，车子就撞到路边的墙上去了。

司机杨某口中的女乘客姓张，事故中也受了伤，头部撞了一下，流了很多血，但并没有大碍。

张某辩称，当时公交车车速非常慢，司机完全可以踩刹车，就算自己拽着她的胳膊，也不可能撞到墙上去。

相关人士指出，不管什么原因，如果是乘客干扰司机，必须严惩，这是危害公共安全的行为。

第十二章 机动车与非机动车事故责任认定

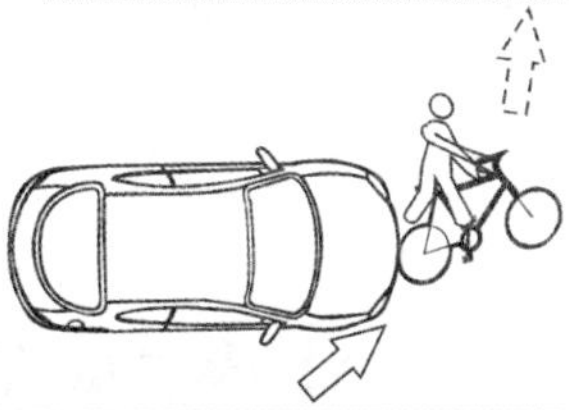

1. 非机动车转弯时未减速慢行、伸手示意，突然转弯

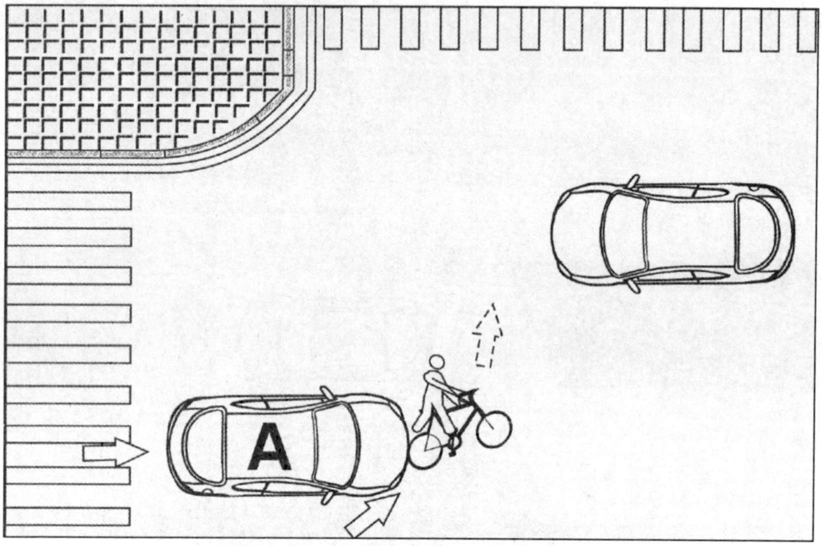

如图所示，某甲驾驶非机动车在转弯时未减速慢行、伸手示意，而是突然猛拐，与直行的 A 车发生事故，则非机动车承担主要责任。

◆ 交警解答

《实施条例》第七十二条规定，非机动车转弯前应当减速慢行、伸手示意，不得突然猛拐。

其实无论是机动车还是非机动车，在转弯时都应减速慢行，并发出转弯信号。这里所谓的发转弯信号，就是有转弯信号灯的就打信号灯，没有信号灯的（如自行车）驾驶人就应伸手示意。

◆ 案例链接

某部机关事务管理局驾驶员黄某驾驶轿车，由东往西行至某市场北口，适有某局离休干部王某骑自行车在汽车前方由东往南左转弯。黄某发现情况即制动，在制动过程中，轿车前部将王某撞起，王某头部碰在轿车挡风玻璃上，自行车被撞出 10 余米。王某受伤后，经医院救治无效身亡。

经交警部门现场勘察认定，黄某驾驶轿车超速行驶，王某骑车左转弯时未示意，未避让直行车辆，双方负同等责任。

2.驾驶自行车、电动自行车、三轮车横过机动车道时不下车推行

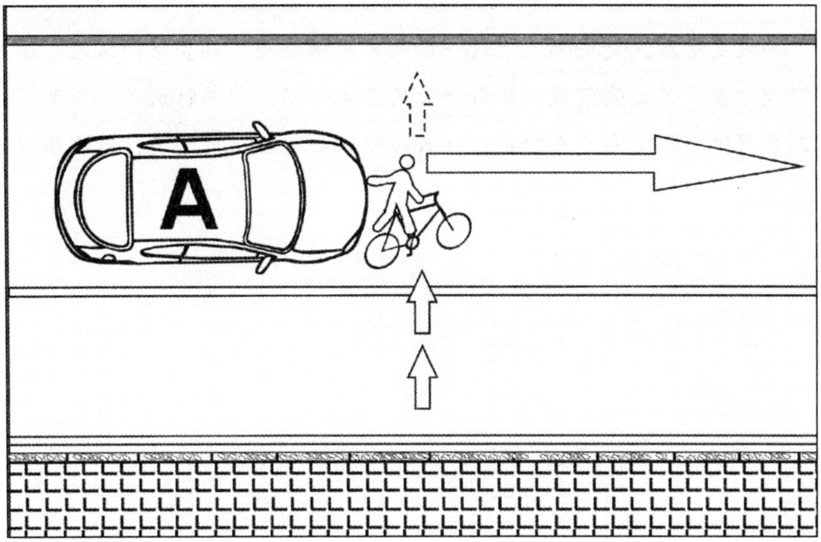

如图所示，某甲骑自行车横过机动车道时，未下车推行，与直行的A车发生事故，则自行车承担同等责任或次要责任。

◆ 交警解答

《实施条例》第七十条规定："驾驶自行车、电动自行车、三轮车在路段上横过机动车道，应当下车推行，有人行横道或者行人过街设施的，应当从人行横道或者行人过街设施通过；没有人行横道、没有行人过街设施或者不便使用行人过街设施的，在确认安全后直行通过。"

需要指出的是，因为行人过街设施对于电动自行车和三轮车来说，推行确实存在困难，所以这里特别强调，"不便使用行人过街设施的，在确认安全后直行通过"，这就是照顾到非机动车驾驶人的实际情况。

◆ 案例链接

玉田县彩亭桥镇15岁的少女刘某天真活泼、聪慧貌美，人见人爱，父母更是视为掌上明珠。

2010年7月24日早6时许，她骑自行车兴冲冲地外出，路过102线彩亭桥镇东王庄路段，由南向北斜过国道沿机动车道由西向东行驶时，被一辆大挂货车撞到自行车的尾部。刘某倒地后，大挂车左前轮碾轧刘某头部及其自行车，一名天真烂漫的少女，顿时脑浆涂地当场死亡。

事故发生后，交警部门经过一系列的现场勘查、调查访问认定，肇事车辆严重超载，不文明驾驶，应负事故的主要责任；但同时认定，刘某驾驶非机动车横过公路时未下车推行，且未在确认安全后直行通过，应负事故的次要责任。

3．驾驶非机动车撞上停放在非机动车道内的机动车

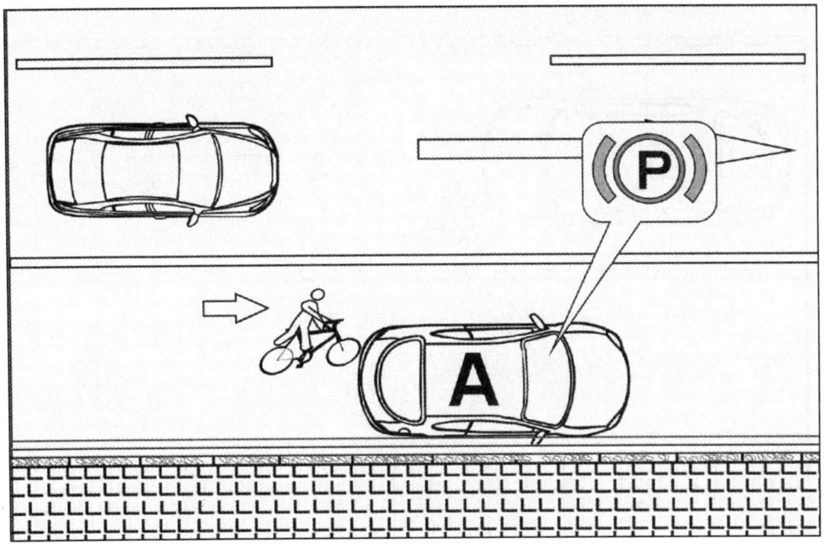

如图所示，某甲骑自行车撞上在非机动车道违规停放的 A 车，则 A 车承担同等以上责任。

◆ 交警解答

顾名思义，非机动车道是供非机动车行驶的，机动车只有在特殊情况下才能借道行驶，更不得停放。

首先，非机动车道路宽有限，机动车停放在非机动车道上，会对非机动车行进构成严重威胁。

其次，机动车进出非机动车道，经常导致非机动车道阻塞，迫使非机动车大量进入机动车道行驶，使得机动车道交通秩序受到严重影响，非机动车的安全问题也变得越来越突出。

再次，容许机动车在非机动车道停车，间接地为机动车在非机动车道上行驶开了绿灯，使得一些机动车利用非机动车道加塞成为可能，一旦卡壳或造成交通事故，极易诱发大规模的交通拥堵。

因此，若是机动车违规停放在非机动车道，即使被非机动车刮碰追尾，该机动车都要承担主要责任。

4. 驾驶非机动车在道路上互相追逐、曲折竞驶

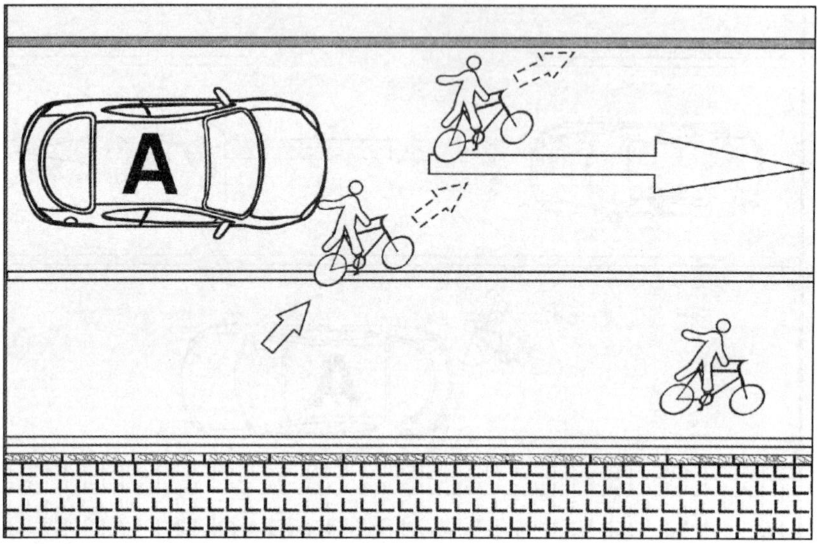

如图所示，某甲、某乙骑自行车在机动车道互相追逐，与A车发生事故，则自行车驾驶人承担主要责任。

◆ 交警解答

《实施条例》第七十二条规定，驾驶非机动车在道路上，不得扶身并行、互相追逐或者曲折竞驶。骑车扶他人身体并行不仅影响后车行驶，也降低了安全系数。互相追逐或曲折竞驶，不仅妨碍他人通行，也十分不安全，随时都可发生自摔、互撞、撞人、被撞等事故。

◆ 案例链接

某高校6名学生相约一起骑车外出郊游，沿途嬉笑打闹、互相追逐。

途中，马某加速骑车超越前方的同学，由于骑驶不当，在超车过程中自行车后轮挂住了被超自行车的左侧脚架，自行车当即失去平衡，发生摇晃，偏向路中。

此时，恰巧一辆拖拉机迎面驶来，自行车前轮与拖拉机前端碰撞，马某被撞倒，被拖拉机左前轮碾压，当场死亡。

5. 驾驶非机动车牵引、攀扶车辆或被其他车辆牵引

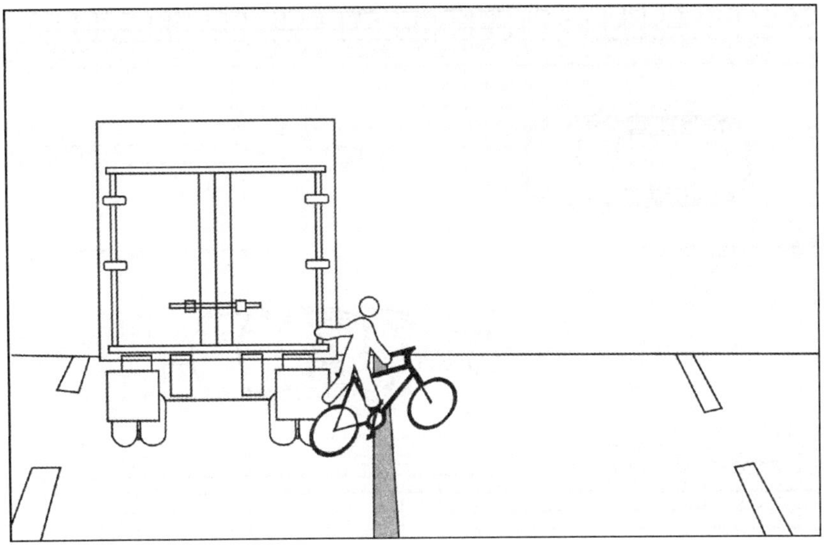

如图所示，某甲骑自行车攀扶前面的货车，发生事故，则某甲承担主要责任。

♦ 交警解答

《实施条例》第七十二条规定，驾驶非机动车在道路上，不得牵引、攀扶车辆或者被其他车辆牵引。

牵引、攀扶其他车辆或被其他车辆牵引，是非常危险的行为。由于两车同行互为牵扯，只要其中一辆车的速度、方向稍有变化，如紧急制动、突然加速、急转弯、下坡、路面颠簸等，而牵引、攀扶者又不能预见这些情况，都可能发生失控、慌乱、肇事的情况。

因此，骑车途中切莫攀扶其他车辆，切莫为了省力而“偷懒”。

6. 驾驶非机动车在道路上双手离把或手中持物

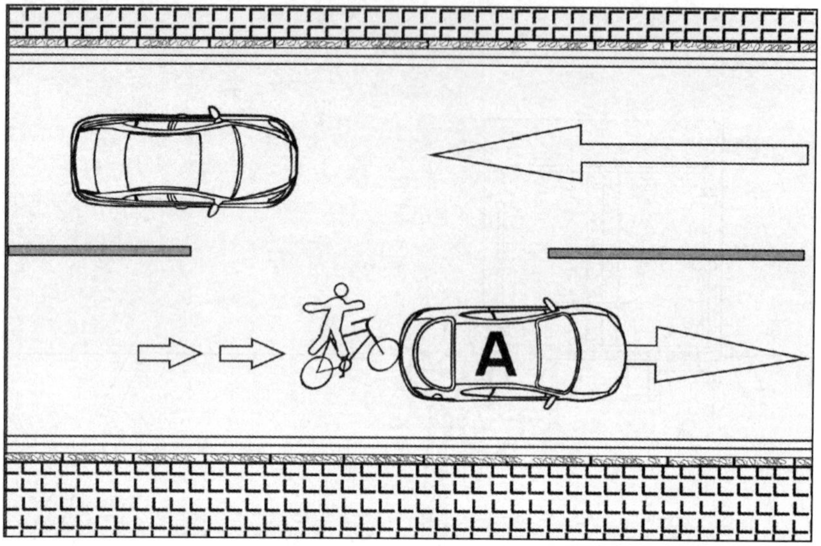

如图所示，某甲骑自行车在道路上双手离把，与A车发生事故，则某甲承担主要责任。

♦ 交警解答

有不少青少年认为，骑车时双手离把是“酷”是“帅”，然而一旦发生事故，就是“哭”是“衰”了。

很显然，骑车时双手离把或者手中持物，会影响控制方向和刹车，一旦遇到突然情况，就可能因反应不及而出现不应有的后果。

尤其是摩托车，速度比自行车快得多，制动距离也长得多，对应变能力也有更高的要求，在撒把状态下一旦出现意外情况，就极可能产生严重后果。

因此，《实施条例》第七十二条明确规定，在道路上驾驶非机动车时，不得双手离把或者手中持物。

7. 非机动车行经路口，越过停止线停车

如图所示，某甲骑自行车行经路口时，越过停止线停车，与右转弯的 A 车发生事故，则某甲承担相应责任。

◆ 交警解答

《实施条例》第六十八条规定，非机动车通过有交通信号灯控制的交叉路口，遇有停止信号时，应当依次停在路口停止线以外；没有停止线的，停在路口以外。非机动车越过停止线甚至人行横道停车，不仅妨碍行人通行，而且妨碍右转弯机动车辆的通行，甚至因此发生事故。

◆ 案例链接

2011 年 10 月 25 日下午 14 时许，上海合肥路与马当路路口发生一起惨剧：一辆水泥搅拌车在转弯时撞倒一名骑车女子，该女子被碾压后当场死亡。

据目击者介绍，事发当时，水泥搅拌车沿着合肥路由西向东行驶，随后小转弯驶上马当路。此时，一名骑车女子在马当路等红灯，自行车停在路口内，结果不慎被卷入搅拌车后轮底下，从头部碾压过去。

8.因非机动车道被占用，非机动车在受阻路段借用相邻机动车道行驶，机动车未让行

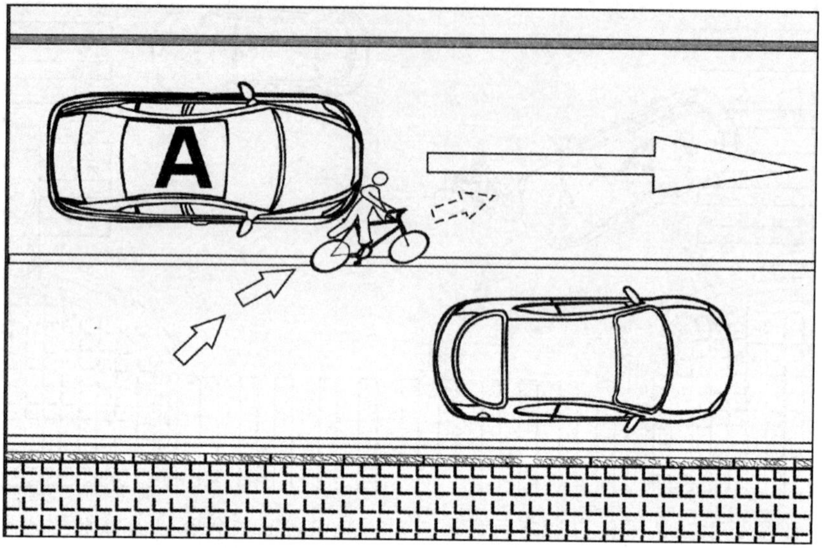

如图所示，某甲因非机动车道被占用，骑车借用机动车道，与A车发生事故，则A车承担相应责任。

♦ 交警解答

《实施条例》第七十条规定：“因非机动车道被占用无法在本车道内行驶的非机动车，可以在受阻的路段借用相邻的机动车道行驶，并在驶过被占用路段后迅速驶回非机动车道。机动车遇此情况应当减速让行。”

这里就涉及三个问题：

其一，非机动车必须是在非机动车道被占用无法通行的情况下，才能借用相邻的机动车道；

其二，驶过被占用路段后应迅速驶回非机动车道，而不能一直在机动车道内行驶；

其三，在这种情况下，机动车有让行的义务。

若是确认非机动车是在本车道被占用无法行驶的情况下借用机动车道的，一旦发生事故，则肇事一方的机动车需要承担相应责任。

◆ 案例链接

2012年1月25日19时许，刘某驾驶一辆重型半挂牵引车带重型厢式半挂车，从浙江镇海驶往江西九江。由东向西行驶至镇海某路口处，由于晚饭没吃饥饿难忍，于是决定随便找一家餐馆饱餐一顿，遂将车停在路口边。

十几分钟以后，正在吃饭的刘某突然听见外面“轰”的一声巨响，就和餐馆里的人出去瞧个究竟。原来一辆厢式货车撞上了从刘某停车处左侧直行上来的一个骑自行车人，导致其当场死亡。

刘某看得心惊肉跳，还在庆幸出事故的不是自己，正打算吃完饭赶路，却被赶来处理事故的交警叫住了。

经交警认定，厢式货车司机吴某准驾车型不符，未让行非机动车，对事故负主要责任；而刘某在交叉路口违章停车，是导致事故发生的次要原因，应负次要责任。

9. 非机动车借道行驶后不迅速驶回非机动车道

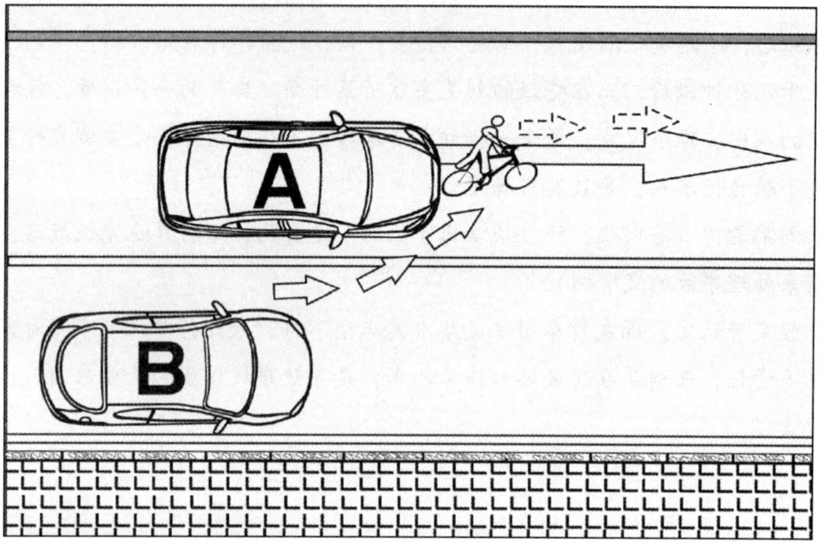

如图所示，某甲骑自行车借用机动车道，在驶过被占用路段后继续在机动车道行驶，与A车发生事故，则某甲承担相应责任。

◆ 交警解答

前面说过，非机动车必须是在非机动车道被占用无法通行的情况下，才能借用相邻的机动车道，而且在驶过被占用路段后应迅速驶回非机动车道，而不能一直在机动车道内行驶，否则就属于占道行驶。

占道行驶既不安全，一旦发生事故，还要承担相应责任。

10.在没有非机动车道的道路上，非机动车不靠道路右侧行驶

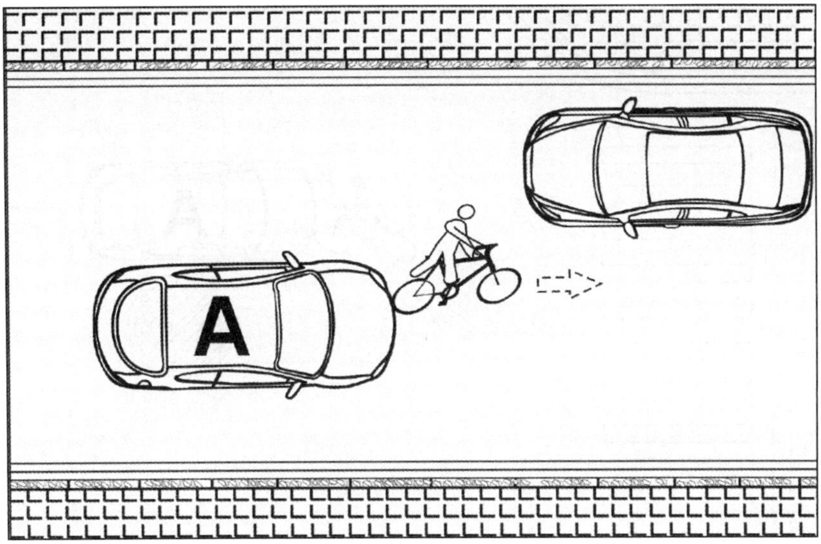

如图所示，在没有划分非机动车道的道路上，某甲骑自行车在道路中间行驶，与A车发生事故，则某甲承担相应责任。

◆ 交警解答

《交通安全法》第三十六条明确规定："没有划分机动车道、非机动车道和人行道的，机动车在道路中间通行，非机动车和行人在道路两侧通行。"更进一步说，行人应靠近路边通行，非机动车在机动车和行人之间行驶。

这些道路由于没有交通标线，对于中间和两侧的认定并没有明确的界限，但是一般来说，非机动车越靠近道路两侧（当然要给行人留出适当的通道），安全越有保障，在发生事故时应承担的责任越小。

11. 非机动车通过路口，向左转弯时不靠路口中心点右侧转弯

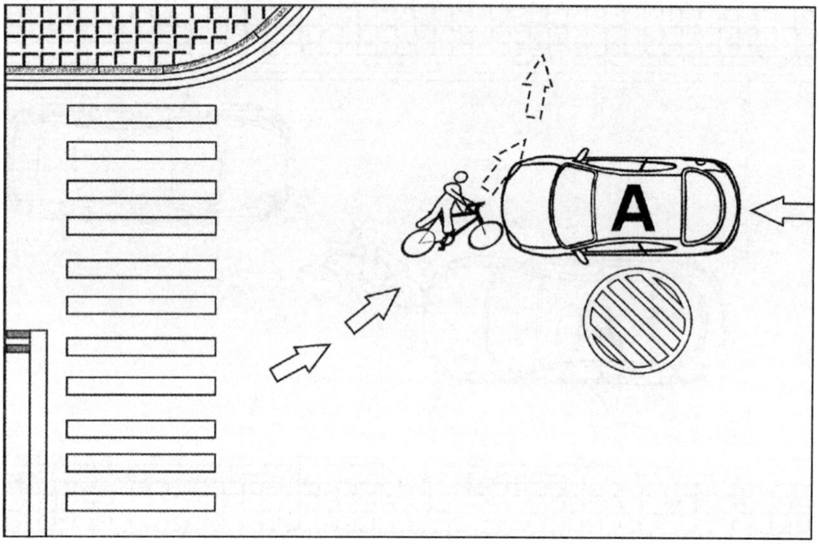

如图所示，某甲骑自行车通过路口，向左转弯时靠路口中心点左侧转弯，与A车发生事故，则某甲承担相应责任。

♦ 交警解答

《实施条例》第六十八条规定，非机动车通过有交通信号灯控制的交叉路口，向左转弯时，靠路口中心点的右侧转弯。

然而，有些非机动车驾驶人为了“走近道”，或者看机动车靠中心点左侧左转弯，就有样学样，误以为自己也应从左侧左转弯，这样就导致左转弯的非机动车与机动车混行通过路口，不能实现分道行驶，从而容易发生交通事故。

据介绍，济南市的主干线自行车放行方式为二次过街，即绿灯亮时左转自行车先直行通过路口，再等待相交路口方向绿灯放行时完成左转，这种放行方式有利于保证路口内自行车的安全，大大降低自行车左转引起的交通事故。

12. 驾驶机动车右转弯驶入非机动车道，撞上同向行驶非机动车

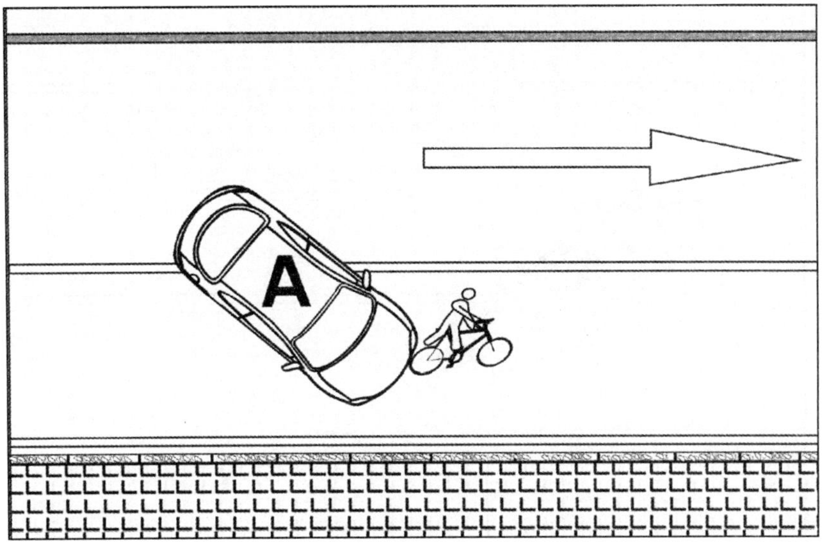

如图所示，A 车右转弯驶入非机动车道，与同向行驶的自行车发生事故，则 A 车承担全部责任。

◆ 交警解答

转弯车辆让直行车辆先行，是道路交通的基本原则。机动车向非机动车道转弯，属于借道行驶，应当确保安全，并且不妨碍车道内非机动车的正常通行。

显然，图中的A车犯了三个错误：一是转弯车未让直行车；二是未提前观察，确保安全；三是妨碍了车道内非机动车的正常通行。因此 A 车负全部责任。

◆ 案例链接

2011 年 12 月 18 日 7 时许，李某驾车沿宝杨路由西向东行驶至永清路路口时，发现前方交通十分拥堵。为避开拥堵，李某强行变道，驶入非机动车道。

正在这时，骑自行车的苏某、驾驶助动车的徐某也同向行驶至此，李某的车头撞到苏某、徐某车辆的尾部后，又撞到机动车道内等候放行的两辆轿车。

在这起事故中，被害人苏某死亡，5 车不同程度受损。经交警部门认定，李某负事故的全部责任。

13. 驾驶机动车右转弯驶入非机动车道，撞上对向行驶非机动车

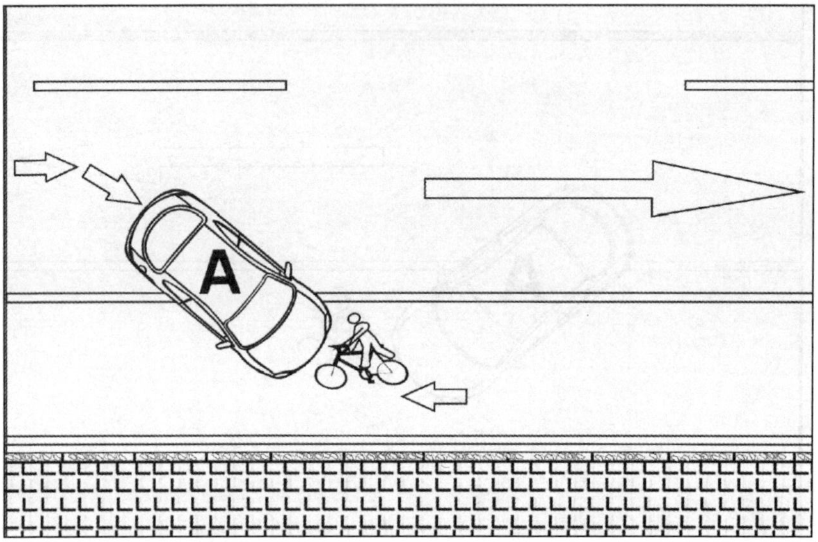

如图所示，A 车右转弯驶入非机动车道，与逆向行驶的自行车发生事故，则 A 车承担同等以上责任，自行车承担次要以上责任。

◆ 交警解答

前面说过，机动车右转弯驶入非机动车道时，必须确保三点。自行车在非机动车道内逆行，虽然也属于交通违规，但是与事故的发生并没有直接关系，所以，不能因为自行车逆行而减轻 A 车应当承担的事故责任。

◆ 案例链接

2011 年 2 月 2 日中午时分，谢某驾驶电动自行车搭载好友余某在惠州大道江北段非机动车道内逆向行驶时，与驶入非机动车道的一辆的士相撞。事故造成余某脑部严重受伤，虽经抢救挽回性命，但成了植物人。

交警部门认定，在这起事故中，谢某驾驶非机动车在本车道内逆行，与这起事故的发生并没有直接关系，的士司机进入非机动车道，也没有安全驾驶，应承担全部责任。

14.驾驶机动车左转弯驶入非机动车道，撞上同向行驶非机动车

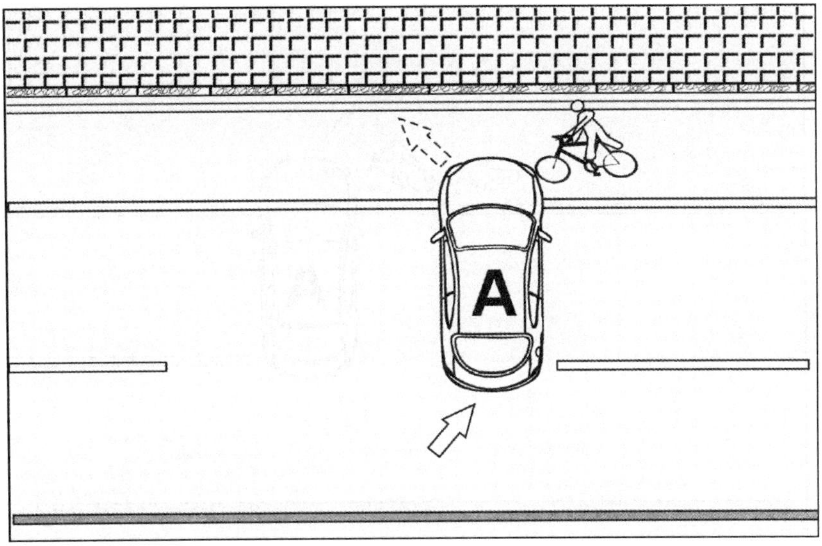

如图所示，A 车左转弯驶入对向的非机动车道，与同向行驶的自行车发生事故，则 A 车承担全部责任。

◆ 交警解答

图中 A 车的责任非常明显：其一，转弯车辆未让直行车辆；其二，借用非机动车道时，妨碍了本车道内非机动车的正常行驶；其三，如果 A 车是在禁止左转弯的路段强行左转弯，则更是错上加错。因此，在这种情况下发生事故，A 车毫无疑问应承担全部责任。

◆ 案例链接

王某驾驶小轿车由南向北行驶时，接到一个电话，便不顾道路中间的双黄实线，强行掉头返回。当小轿车进入对向非机动车道时，恰好高某驾驶电瓶车由北向南直行，结果电瓶车撞上了小轿车右侧尾部，高某昏迷 14 天后死亡。

经过调查，高某无证且酒后驾车，但是事故发生时并没有其他违规行为，而小轿车在禁止左转弯的路段违规掉头，并占用非机动车道。交警部门认定，小轿车驾驶人王某承担本次事故的全部责任。

15. 驾驶机动车左转弯驶入非机动车道，撞上对向行驶非机动车

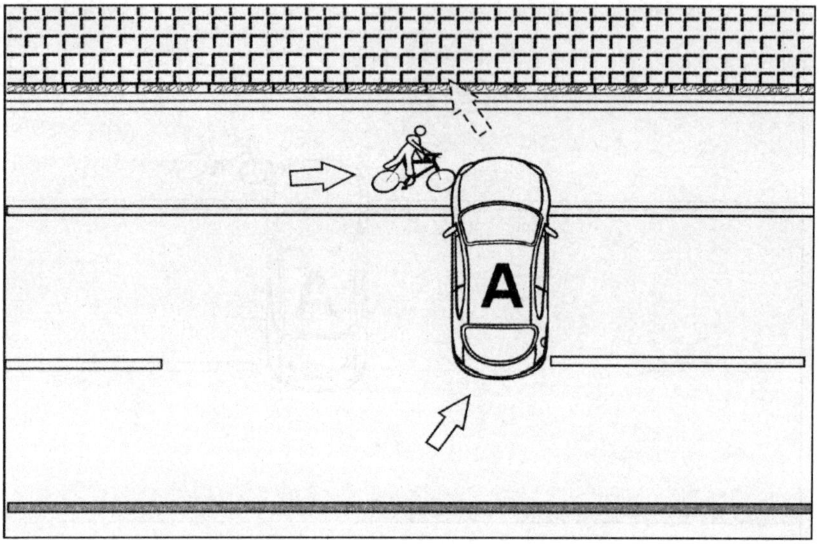

如图所示，A车左转弯驶入对向的非机动车道，与对向行驶的自行车发生事故，则A车承担全部责任。

◆ 交警解答

前面说过，机动车不得占用非机动车道，若在特殊情况下需要借用非机动车道时，必须确保本车道内车辆的安全。这里所说的本车道内车辆，包括正常行驶的和逆行的，不能因为非机动车在自己的车道内逆向行驶，机动车就有占用非机动车道碰撞它的权利。

机动车在非机动车道内与非机动车发生事故，机动车正常情况下都要负全部责任。

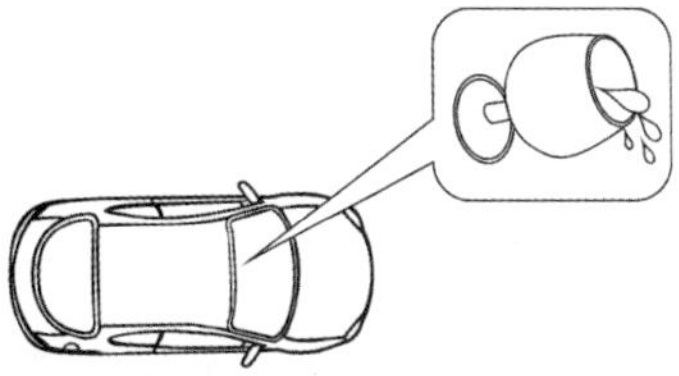

第十三章 其他事故责任认定

1. 溜车

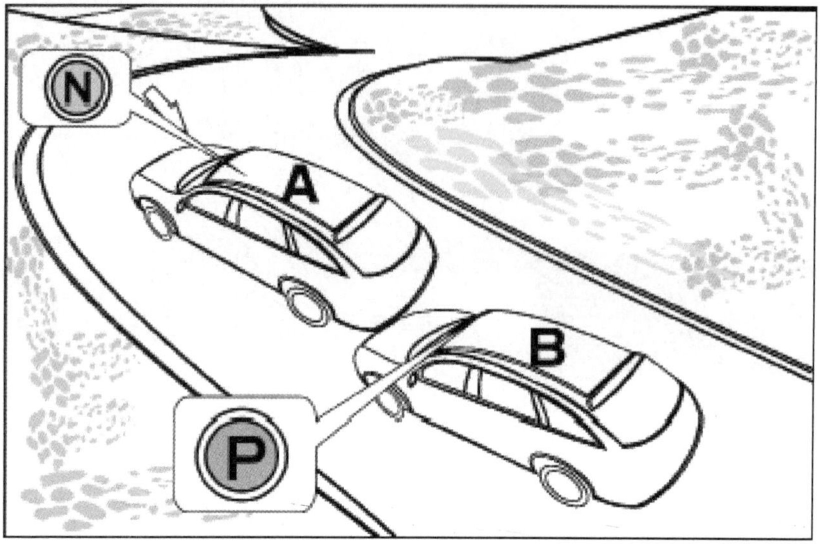

如图所示，B 车正常停放，前面的 A 车发生溜车，与 B 车相撞，则 A 车承担全部责任。

♦ 交警解答

《实施条例》规定，不要在陡坡上停车，主要为了避免发生溜车事故。

一旦发生溜车事故，由于车辆处于完全失控状态，就像一匹脱缰的野马；与此同时，由于该车从静止状态突然转为滑行状态，其他车辆和行人都疏于防范。这样一来，一方是脱缰的野马，另一方是毫无警觉的车辆和行人，其后果可想而知！

因此，尽量不要在坡道上停车，若必须停车，应按照前面介绍的相关注意事项操作。

♦ 案例链接

2012 年 2 月 27 日，威海市民姚某因涉嫌以危险方法危害公共安全罪被刑事拘留，这一切只因他动了一块砖头！因为他将一块砖头移走，致使一辆停在坡道上的轿车溜车，滑行近百米，连撞两车、3 人，造成一死两伤。

悲剧发生在威海的一条南北向的坡道海城巷。21日8时许，一辆无人驾驶的起亚轿车突然从坡上自北向南溜下，且呈“S”形路线。轿车先是擦碰了一辆皮卡车的左前侧，随即又剐蹭了一辆面包车的左后侧。

轿车继续下滑，车速也越来越快，随即冲向一居民楼旁的垃圾桶，将正在倒垃圾的姜女士撞倒，随后撞上旁边的一位谷女士，又撞倒一个铁架子，击中物业工人贺某的面部，最终撞到了居民楼的楼角停下。谷女士已当场身亡，姜女士和贺某不同程度受伤。

交警调取了事发前的监控录像，发现这起事故竟然是人为导致。据监控显示，一辆丰田轿车停放在海城巷北端的坡顶东侧，几个小时后肇事的起亚轿车停放在了丰田车后一米处。起亚车主李某离车约半分钟后，起亚车开始缓慢溜车，顶在了丰田车的尾部。

丰田车主来到现场，见起亚像粘在丰田上一样，便找人将起亚推开，并取了一块砖头塞在起亚的右前轮下将车顶住，随后驾车离开现场。

两个小时后，丰田再次驶抵现场，车主将塞在起亚车轮子下的砖头取走，准备塞在自己车下。结果起亚车向坡下溜去，致使惨剧发生。

据民警介绍，本案中，起亚车主李某没有拉手刹导致的后果，仅仅是对姚某的车造成了损害，这是李某应承担的责任。若没有姚某使用砖头将起亚车顶住，李某还要承担更严重的后果，是姚某帮助李某终止了犯罪行为。然而，本案造成的恶劣后果，却是姚某将砖头移走导致的。在姚某将砖头移走的时候，事故的责任人就由李某变成了姚某。

2. 违反规定在专用车道内行驶

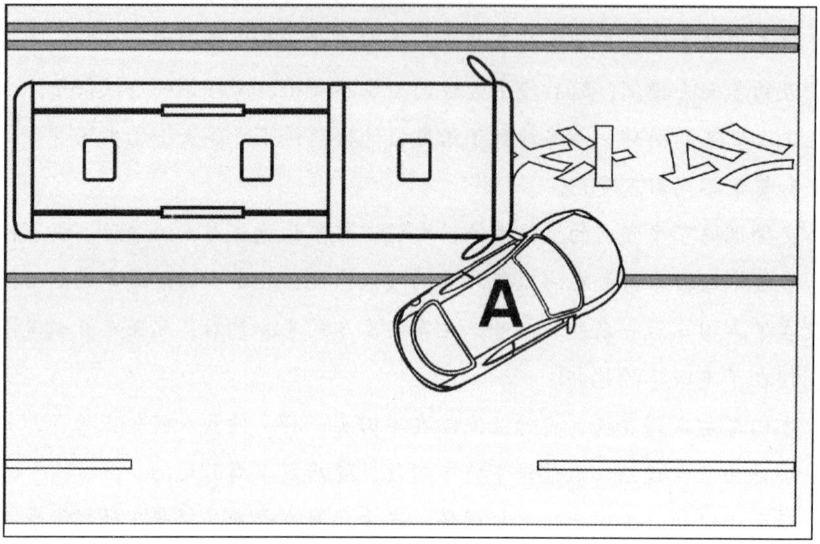

如图所示，A 车违反规定驶入公交专用车道时，未避让公交车，与公交车发生事故，A 车承担全部责任。

♦ 交警解答

《交通安全法》第三十七条规定：“道路划设专用车道的，在专用车道内，只准许规定的车辆通行，其他车辆不得进入专用车道内行驶。”

目前设有专用车道的道路主要包括两种：一是专供公共交通车辆行驶的公交专用道；另一种是公安交通管理部门因护卫勤务、紧急救险等紧急情况而开辟的临时性交通管制车道。其中涉及公交专用道事故较为常见。公交车道是专供本市公交专用车按规定时间、路线行驶的专用车道，其他机动车禁止在公交车道行驶，目的是确保公共交通的优先、有序、安全。

其他机动车确需借用公交车道行驶时，可在以下两种情形下使用：其一，需要穿行公交车道转弯时，在不影响公交车行驶的情况下，可以在 30 米距离内借道行驶；其二，其他机动车在遇交通管制时，按交警指挥或标志指示，也可借用公交车道，但应避让公交车辆。

不按照上述规定行驶的，均属于违法行为。

3. 未按照交警指挥通行

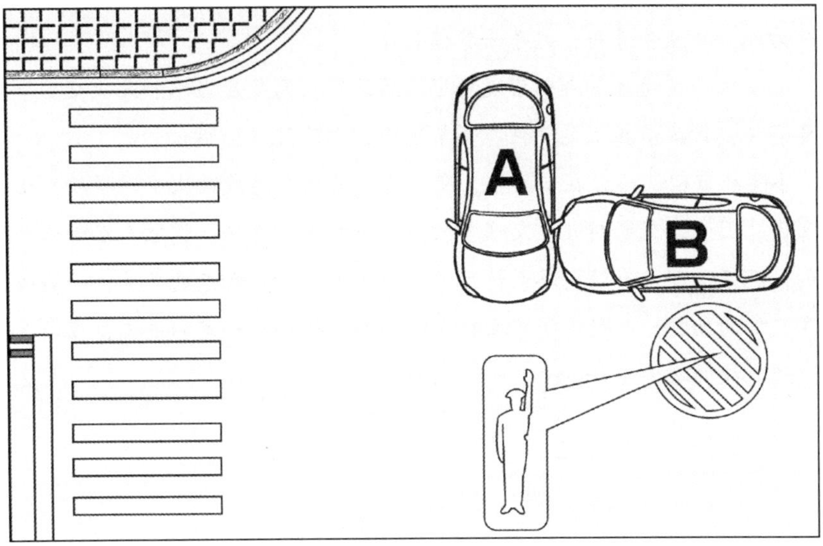

如图所示，A车未按照交警指挥通行，与B车发生事故，则A车承担全部责任。

◆ 交警解答

《交通安全法》第三十八条规定：“车辆、行人应当按照交通信号通行；遇有交通警察现场指挥时，应当按照交通警察的指挥通行；在没有交通信号的道路上，应当在确保安全、畅通的原则下通行。”

交警指挥的权力大于交通信号。交警指挥是根据当时的交通环境来发出指挥信号的，不需要征求交通者的同意；交通者只有服从的义务，没有拒绝的权利。

因此，在道路上或交叉路口遇到交警指挥交通时，即使交警发出的信号与交通信号灯、交通标志、交通标线示意的不一致，也要服从交警的指挥。

◆ 案例链接

2007年5月3日，高某驾车外出办事。由于正值中午交通高峰期，道路比较拥挤。当高某行至一交叉路口时，遇到红灯，遂按交通信号灯的指示停车等待。刚刚上岗的交警赵某驾驶摩托车到该路口值勤。

由于通过该路口的车辆和行人较多，当路口的东西方向绿灯亮起时，仍有一部分自行车和行人滞留在路口没有通过。赵某一边示意自行车和行人加快速度，一边向在路口等待的东西走向的车辆作出了通行的手势。

高某按赵某的指示启动车辆，将正在快速通过路口的骑车人钟某撞倒，导致其右腿小腿胫骨骨折，左手手背擦伤。

公安机关交通主管部门经现场勘察后认定，高某应当承担此次交通事故的主要责任，钟某承担次要责任。高某不服，向法院提出诉讼。

法院经审理认为，在本案中，交警指挥有误是造成此次交通事故发生的重要原因，因此，交警对此次交通事故应当承担主要责任。驾驶人在听从交警指挥的情况下，理应有注意路面情况及其他车辆、行人动态的义务，而高某只注意了交警的指挥，而忽略了路面行人的动态，故存有一定的过失，应当承担此次交通事故的次要责任。

4. 未按导向标志指示方向行驶

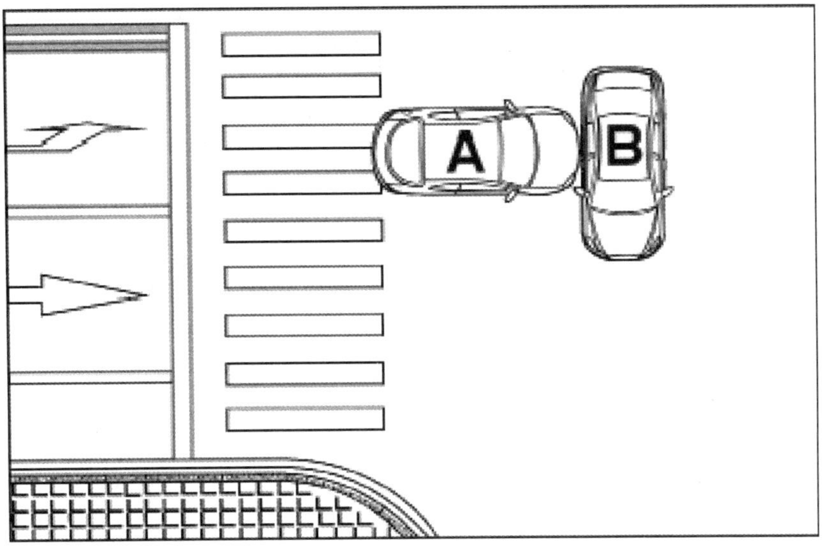

如图所示，B 车正在直行车道进入路口，这时 A 车从左侧的左转弯车道进入路口直行，两车发生碰撞，则 A 车承担全部责任。

◆ 交警解答

关于以上责任认定，可能存在如下争议：

其一，A 车先一步进入路口直行，并在此过程中打了左转向灯，B 车是随后进入路口的，应该注意 A 车所打的转向灯，B 车应该让 A 车先行，而且是 B 车的车头碰到 A 车的车身左侧，因此 B 车应该负全责。

其二，A 车先进入路口，然后右打方向校正方位后直行，B 车紧跟着进入路口，碰到 A 车的车尾，应该是 B 车追尾 A 车，B 车应该负全责。

其三，A 车和 B 车同时进入路口，两车车身发生刮擦，因此，两车各负事故的一半责任。

然而，《实施条例》第五十一条明确规定，机动车通过划有导向车道的路口，应当按所需行进方向驶入导向车道。A 车未按道路导向标志指示提前驶入导向车道，因此应负事故全部责任，B 车没有责任。

5. 驶入禁行线路

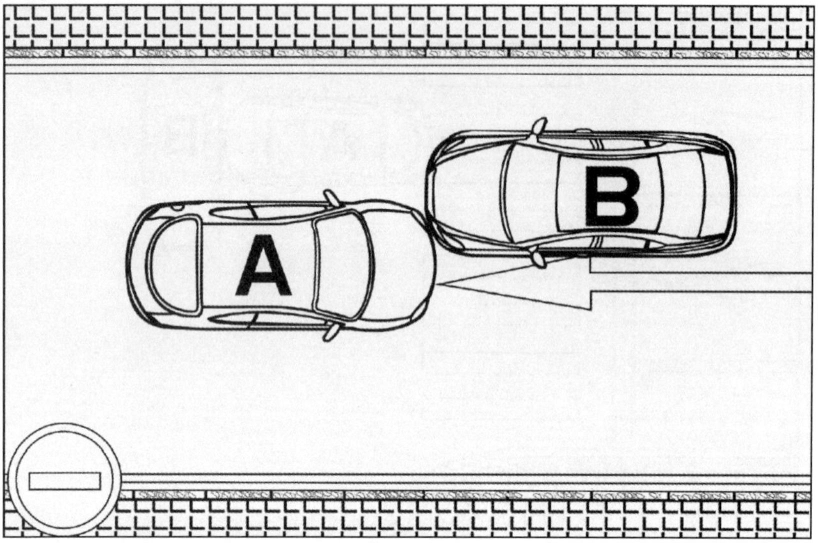

如图所示，A 车驶入有禁行标志的单行道，与正常行驶的 B 车发生碰撞，则 A 车承担全部责任。

♦ 交警解答

禁行线路是禁止车辆和行人通行的车道、线路、道路的简称。禁行线路有多种含义，交通法规根据不同的含义制定了不同的禁行标志牌：(1)禁止所有车辆行驶的道路；(2)禁止一个方向行驶（即单行线）的道路；(3)禁止某种车辆行驶的道路；(4)禁止行人通过的道路。

凡是驶入禁行线路发生交通事故的，违章车辆都应负事故的全部责任。

6.机动车在没有划分机动车道、非机动车道和人行道的道路上不在中间行驶

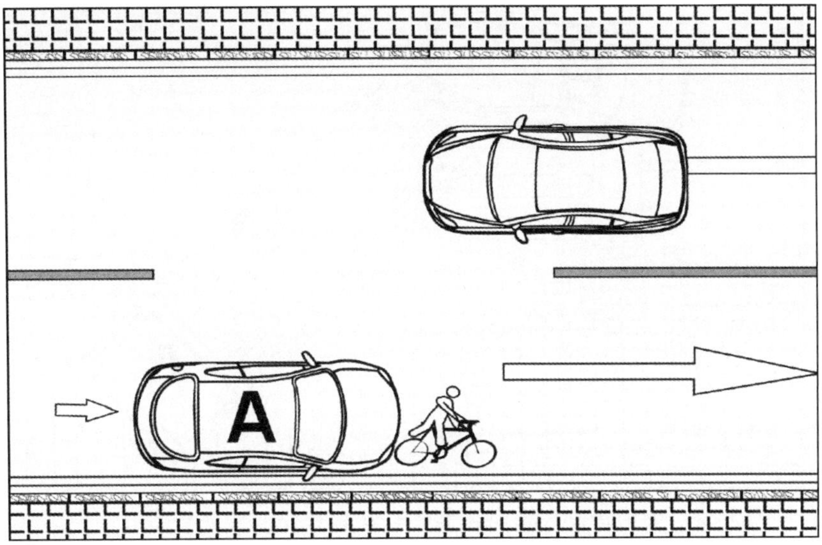

如图所示，在没有划分机动车道、非机动车道和人行道的道路上，A车靠右行驶，与自行车发生碰撞，则A车承担全部责任。

◆ 交警解答

《交通安全法》明确规定：在没有划分机动车道、非机动车道和人行道的道路上，机动车在道路中间通行，非机动车和行人在道路两侧通行。

非机动车和行人要尊重机动车的路权，同样，机动车更要尊重非机动车和行人的路权，因为相比机动车，非机动车和行人是弱势一方。一旦机动车侵犯了非机动车和行人的路权而引发事故，则机动车要承担全部责任。

7. 违反装载规定造成交通事故

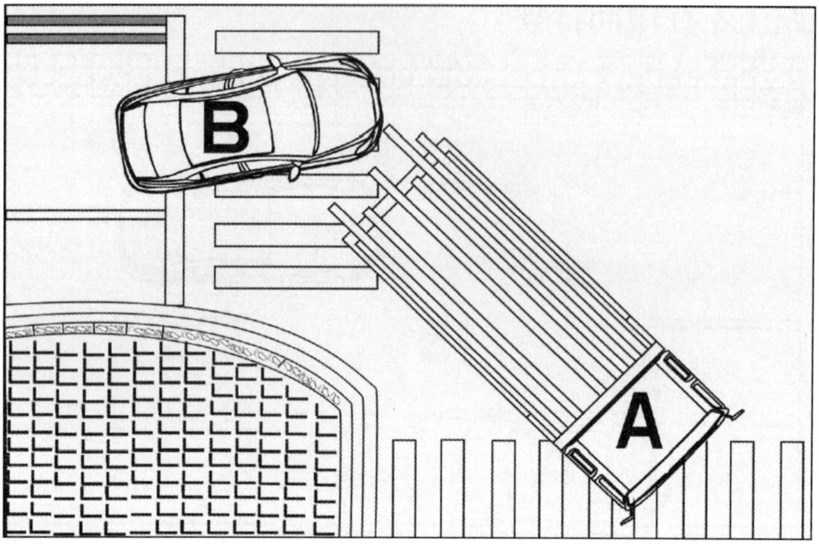

如图所示，A 车装载货物明显超长，在转弯时所载货物与 B 车发生碰撞，则 A 车承担全部责任。

◆ 交警解答

《实施条例》第五十四条、五十五条，对机动车载物、载人有具体详细的规定，主要包括：

⑴机动车载物不得超过机动车行驶证上核定的载质量，装载长度、宽度不得超出车厢。其中重型、中型载货汽车，半挂车载物，高度从地面起不得超过 4 米，载运集装箱的车辆不得超过 4.2 米；其他载货的机动车载物，高度从地面起不得超过 2.5 米。

⑵摩托车载物，高度从地面起不得超过 1.5 米，长度不得超出车身 0.2 米。两轮摩托车载物宽度左右各不得超出车把 0.15 米；三轮摩托车载物宽度不得超过车身。

⑶载货汽车车厢不得载客。在城市道路上，货运机动车在留有安全位置的情况下，车厢内可以附载临时作业人员 1 人至 5 人；载物高度超过车厢栏板时，货物上不得载人。

凡是违反这些规定造成事故的，违章车辆就要负全部责任。

◆ 案例链接

2011 年 7 月 30 日下午 3 时许，姜堰城区花园路上发生一起交通事故，一辆电动车被违规装载槽钢的正三轮摩托车刮倒，一名 61 岁的妇女死亡，坐在车后的 6 岁小女孩右臂骨折。

事发地点位于一个十字路口。据正三轮摩托车主顾某交代，当天下午，他开车装载槽钢送货，目的地快到了，他准备拐弯驶上非机动车道。由于车后装了槽钢，他特意观看了反光镜，没看到后面有人。就在他拐弯的时候，意外发生了，他听到“砰”的一声响，发现一位老太太和一个小女孩倒在地上。

交警部门现场勘查发现，顾某装载的槽钢长度超出车身约 1.5 米，远远超过 0.2 米的规定，是引发此次事故的主要原因，应承担全部责任。

8. 装载的货物遗洒、飘散导致交通事故

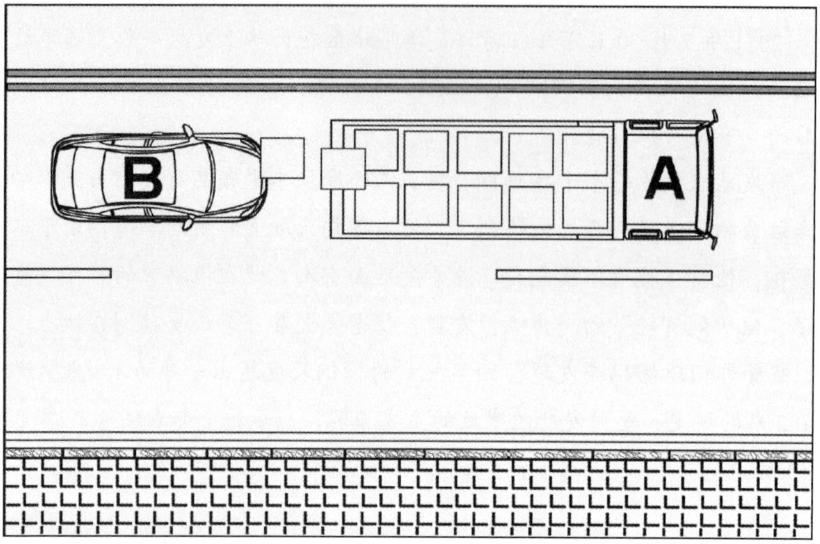

如图所示，A 车在行驶过程中，所装载的货物遗洒下来，与 B 车发生事故，若 B 车无过错的，则 A 车承担全部责任；若 B 车未保持足够的安全距离，则 B 车也要承担次要责任。

◆ 交警解答

《交通安全法》第四十八条规定，机动车载物过程中不得遗洒、飘散载运物。

《公路安全保护条例》第四十三条规定，车辆装载物易掉落、遗洒或者飘散的，应当采取厢式密闭等有效防护措施方可在公路上行驶。公路上行驶车辆的装载物掉落、遗洒或者飘散的，车辆驾驶人、押运人员应当及时采取措施处理；无法处理的，应当在掉落、遗洒或者飘散物来车方向适当距离外设置警示标志，并迅速报告公路管理机构或者公安机关交通管理部门。

机动车在行驶途中掉落、遗洒装载物是非常危险的事情。还记得“最美司机”吴斌吗？他在驾驶长途客车途中，被前车损坏的制动毂残片击穿前挡风玻璃后身受重伤，仍然忍痛停稳客车，保证了车上 24 名乘客的安全，自己却因伤势过重去世。

制动毂残片虽非装载物，但从这起事故造成的严重后果，我们可见一斑。

9. 车门、车厢未关好时行车

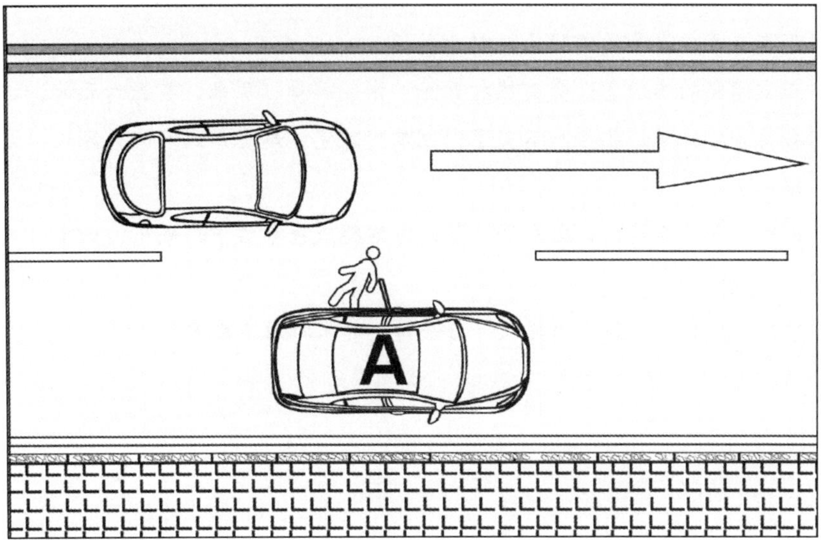

如图所示，A车在车门未关好时行车，导致车门边的乘客摔出车外，则A车承担全部责任。

◆ 交警解答

《实施条例》第六十二条规定，车门、车厢未关好时不得行车。车辆在高速行驶中，一旦车门、车厢打开，很容易导致车门附近或车厢内的乘客、物品被甩出车外，造成严重后果。

因此，驾驶人员在出车前一定要检查车门、车厢是否紧闭，以确保行车安全。车内有小孩或行为控制能力较差的成人（如醉酒者），最好将车门锁锁上，以防乘客不小心将车门打开，引发事故。

◆ 案例链接

2012年12月10日上午8时许，G72线泉南高速公路灵川段桂林北收费站处发生一起道路交通事故，一辆重型半挂牵引车在行驶途中，副驾位置的车门突然打开，上面的乘客摔出车外，身受重伤。

据肇事司机张某介绍，伤者是他的妻子李某。当时，他正驾车沿泉南高速公路由柳州开往灵川，妻子在副驾驶座上睡觉。车辆行驶至距离桂林收费站200米处，妻子醒来准备穿鞋子，背靠右侧车门借力，没想到车门突然打开，妻子整个身子摔了出去。当时车辆正在行驶，张某马上刹车也于事无补。他赶紧跑下车查看，妻子的右腿已经鲜血淋漓。

正常闭合的车门怎么会突然打开呢？张某解释，原来，在五六天前，这个车门被撬损坏，车锁已经扣不实了，他本想跑完这趟货回到河南再修理，谁知在半路出了事。

最终，妻子李某因摔出车外，落地时右腿遭挂车右中轮碾压，医生对其实施了高位截肢。

事故发生后，张某追悔莫及，每每讲述起来都泣不成声。

10. 下陡坡时熄火或空挡滑行

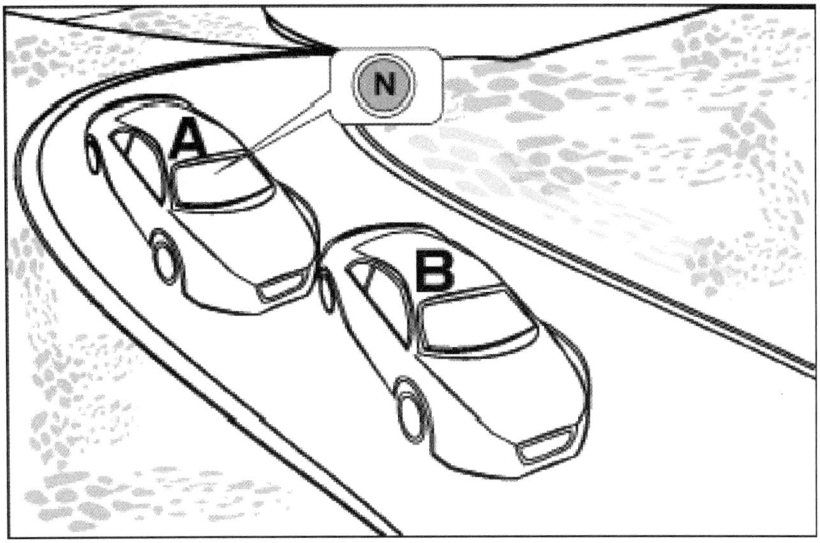

如图所示，A车在下坡时空挡滑行，与B车发生碰撞，则A车承担全部责任。

◆ 交警解答

《实施条例》第六十二条规定，驾驶机动车下陡坡时，不得熄火或者空挡滑行。

然而，不少司机下坡时为了省点油，都喜欢选择空挡滑行。殊不知，下坡熄火或空挡滑行是非常危险的行为，由于没有发动机的制动作用，速度会越来越快，只有靠不断踩刹车来减速，从而导致如下结果：一是导致刹车的效果降低；二是由于不断地、连续地刹车，会使刹车发烫过热，最后打滑，造成刹车失灵而发生事故。

事实上，自动挡在下坡时空挡滑行相当于停车怠速，喷油嘴继续喷油，省不了多少，反而容易积炭，从长远来看，发动机维修费用远高于省下的那点油钱。高速带挡滑行时，发动机处于被动高速转动，喷油嘴不再喷油，反而省油。

◆ 案例链接

2012年10月17日21时，朱某驾驶自卸货车空车返回深圳福田工地，在彩田路由北向南方向行驶至彩田莲花立交桥下坡路段时，朱某挂空挡滑行过程中发动机熄火，导致制动和转向失效，致使该车突然冲上彩田红荔路口西北角的安全岛，再沿西面人行横道向南行驶，与正在人行横道上行走的桂某等6人发生碰撞，造成桂某、张某、童某当场死亡，另有1人重伤、2人轻伤。

经交警部门责任认定，肇事司机朱某驾驶未定期保养、机件不符合技术标准、逾期未进行安全技术检验的重型自卸货车，违反禁令指示标志通行，下坡时使用空挡滑行，未按操作规范安全驾驶，是导致此次事故发生的重要原因，因而朱某应对事故负全部责任。

11. 意外爆胎造成交通事故

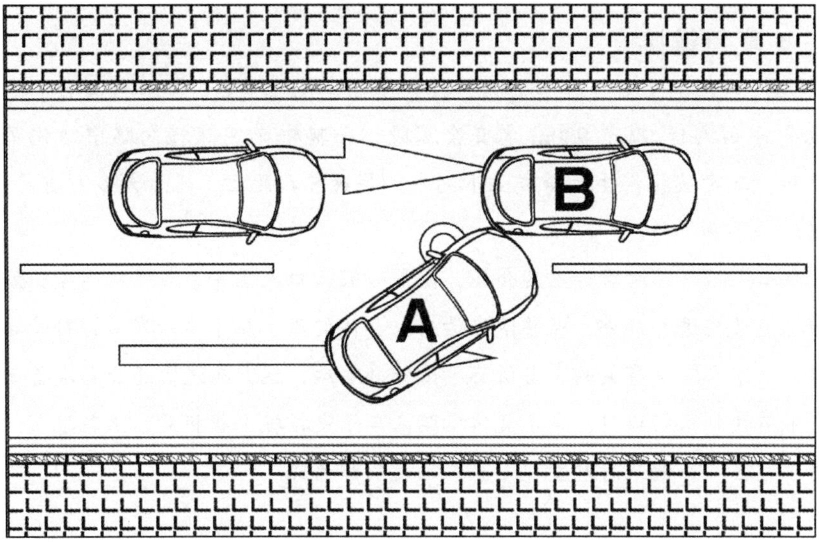

如图所示，A车在行驶过程中突然爆胎，导致车辆失控撞上相邻车道的B车，则A车承担全部责任。

◆ 交警解答

爆胎与疲劳驾驶、超速并列为道路交通的三大杀手，但由于爆胎的不可预见和难以控制，因此又被称为“头号杀手”和“隐形杀手”。

近年来，由于我国汽车保有量与高速公路的增加，由爆胎而引发的交通事故一直居高不下。据权威统计，目前我国高速公路发生的交通事故46%都是由轮胎发生故障引起，而爆胎一项更是占到轮胎事故总量的70%以上。

那么，对于爆胎引发的交通事故，责任究竟该由谁来承担呢？由于我国现行的法律法规并没有把爆胎控制列入整车的安全标准，因此当事故发生后，判定事故责任就往往集中在司机的驾驶行为上，如果驾驶员在爆胎的瞬间有踩刹车的行为，就会被判定“操作不当”，从而承担事故责任。但问题是，爆胎事故本身并不是以司机的个人意志来决定的，由司机因为本能反应而承担事故责任，显然有失公平。

有关专家建议，最切实可行的办法，就是有一种新的安全技术，当汽车出现爆胎的时候，依然能让汽车处于受控状态。这样的新技术一旦成熟，即可用法律法规的方式强制使用，就像当年安全带的出现和强制使用一样。

♦ 案例链接

2012年2月6日下午4时许，在泉南高速南惠支线斗尾港连接线，南安往惠安方向A道9km+900m惠安涂寨段，一辆轿车突然撞向路中绿化带的防护栏，车身被护栏生生劈成上下两半，导致5人死亡，死者大多身首异处，包括两个小孩。

据车上惟一的幸存者王某介绍，他们一家六口人上午9点多从老家出发，到市区关帝庙进香拜佛，求菩萨保佑老人身体健康、儿子事业发达、孙子学业有成，一家人有说有笑的。当所有事情都办妥后，就开车进高速公路准备回老家。不料快到家门口时，车子突然爆胎。车子失控撞上护栏后，王某眼前一黑就昏了过去，等醒来时却发现一家人已是阴阳两隔。

12. 在公共场所，机动车之间及机动车与非机动车或行人之间发生事故

如图所示，A 车在住宅小区内行驶，与行人发生碰撞，则 A 车负全部责任。

◆ 交警解答

法律意义上的交通事故一定是发生在法定道路上的交通事故。凡乡村自行修建的道路（机耕道）和自然通车形成的道路以及住宅楼群道路、机关团体单位的内部道路、厂矿企事业专用道路以及尚未交付使用的新建道路等，均不属于法定道路。在这些路上发生的车辆事故，不属于道路交通管理范围，公安交警部门不具有法定管理的职权。

然而，若是这类非道路交通事故无人受理，或受理后在处理上存在很多实际困难，导致事故不能得到及时适当的处理，也会给社会带来不稳定的隐患。

鉴于此，《交通安全法》第七十七条规定："车辆在道路以外通行时发生的事故，公安机关交通管理部门接到报案的，参照本法有关规定办理。"将非道路交通事故也交由公安交警部门比照道路交通事故进行处理。

《实施条例》第六十七条也有相关规定："在单位院内、居民居住区内，机动车应当低速行驶，避让行人；有限速标志的，按照限速标志行驶。"

13. 在机动车道撞到宠物

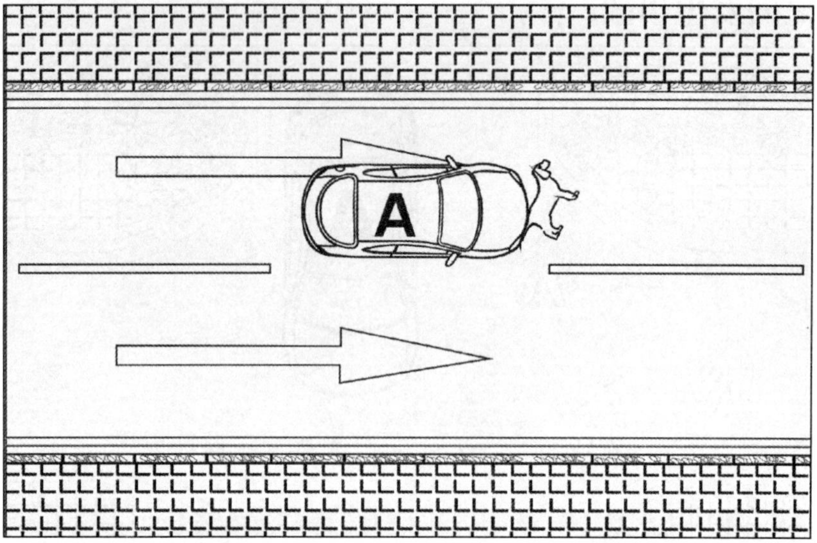

如图所示，A 车在机动车道正常行驶时撞到宠物，则 A 车不承担责任。

♦ 交警解答

车与车、车与人发生碰撞，不言而喻是交通事故，而今养宠物渐成时尚，车辆与宠物相撞引发的纠纷也越来越多，那么这算不算交通事故？责任又如何划分？

根据《交通安全法》的规定，交通事故是指车辆在道路上因过错或者意外造成的人身伤亡或者财产损失的事件，需要具备交通事故参与者，包括机动车、非机动车、行人，有交通违法行为存在以及有损害的后果、在道路上发生等要素。因此，原则上来说，车辆在道路上撞伤、撞死宠物不属于交通事故。

但是，现在的宠物少则几百上千元，多则上万元，而且很多所有人对宠物都有很深的感情，因此这方面不仅涉及财产问题，也涉及情感问题，需要得到妥善处理。

鉴于此，目前有些地方已经出台了相关规定。例如，《云南省道路交通安全条例（草案）》提出：牵拉的宠物、牲畜在道路上因车辆致伤或者死亡的，由公安机关交通管理部门按照交通事故案件处理；无人看护、牵拉的宠物和牲畜，在道路上被车辆致伤或者死亡的，由公安机关治安部门处理。

这里提醒宠物的主人：如果携带宠物外出，一定要用绳子牵引，不要随意放在马路上跑。另一方面，驾驶人在路面行驶时应当注意力集中，在看见行人、非机动车甚至宠物时应提前减速慢行避让。

◆ 案例链接

2007 年 8 月 27 日傍晚，对于南昌的曾某来说是一个痛苦的日子。当日，他带着爱犬“宝马”在沿江路上溜达。横过马路时，已经到了马路对面的曾某看到路上没有车，就叫“宝马”快点过来。可就在“宝马”横穿马路时，一辆小轿车将“宝马”撞倒后扬长而去。看着自己饲养了几年的爱犬就在一瞬间丧生车轮下，曾某痛苦万分。

经过艰难查找，曾某终于找到肇事司机王某。王某很快承认轧死了曾某的爱犬，并对此表示歉意，但对曾某提出的赔偿要求，王某不予答应。他认为过错由曾某的爱犬引起，且撞死宠物不属于交通事故。就此双方争论不休，后一起来到交警大队报案。

警方认为，宠物也属于个人财产，应属财产损失范围。依据这一界定，宠物被撞，应属交通事故。交管部门接到此类交通事故报警应当受理，并做必要的现场记录，核实事故损失，判定当事双方责任。

14. 在非机动车道或人行道，机动车撞到宠物

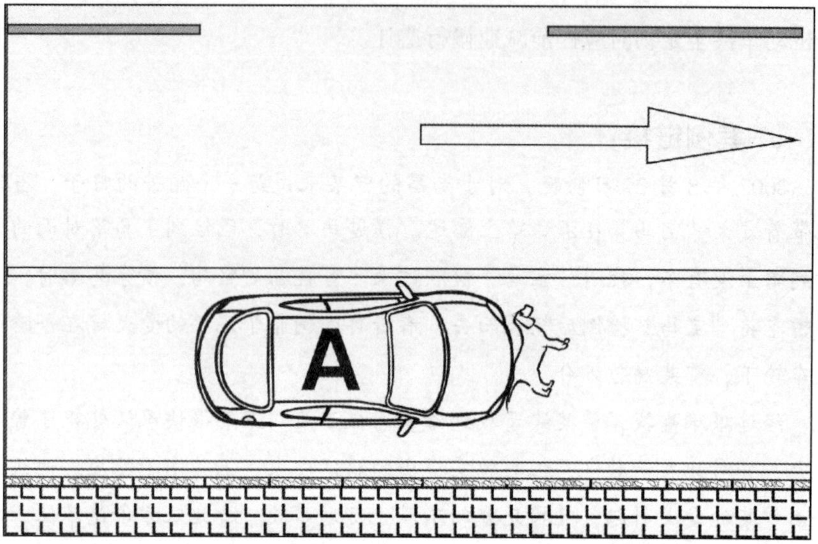

如图所示，A车在非机动车道行驶时撞到宠物，则A车承担主要责任。

♦ 交警解答

前面我们已经对机动车撞宠物问题作了大致分析。在此类事故发生时，我们着重看两点：一是机动车有无交通违章行为；二是宠物有没有人看护、牵拉。

如果机动车违章在非机动车道或人行道行驶，撞到有人牵拉的宠物，则机动车承担全部责任；若宠物无人看护、牵拉，则由交警部门处理机动车的违章责任，并由治安部门处理其他相关事宜。

♦ 案例链接

2012年3月13日11时许，夏某带着自己的爱犬在当地公路的非机动车道上行走时，被刘女士驾驶的汽车撞上。事发后，双方当即将小狗带到附近的动物医院治疗，并由刘女士垫付了医疗费。但由于后续治疗费用协商不成，夏某就将刘某告上了法庭。

法院审理后认为，刘某在非机动车道上驾驶机动车且未尽到安全注意义务，应负事故的主要责任；夏某携犬到户外活动，没有按照养犬管理办法的相关规定牵领其犬，未尽到安全注意义务，应负事故的次要责任。

15. 在公共场所机动车撞到宠物

如图所示，A 车在住宅区内行驶时撞到宠物，则事故属于治安问题，交警部门不作责任认定。

◆ 交警解答

前面说过，非发生在法定道路上的车辆事故，都不属于道路交通管理范围，交警部门不具有法定管理职权，而属于治安部门管理范畴。

在实际操作中，治安部门要看出事的宠物是否有合法“户口”，即有没有办证；另外还要看车主和宠物主人的责任划分，比如在宠物活动过程中是否被牵好，驾驶人在开车过程中是否低速行驶，尽到避让义务等。

16. 执行紧急任务的车辆在紧急情况下违章造成事故

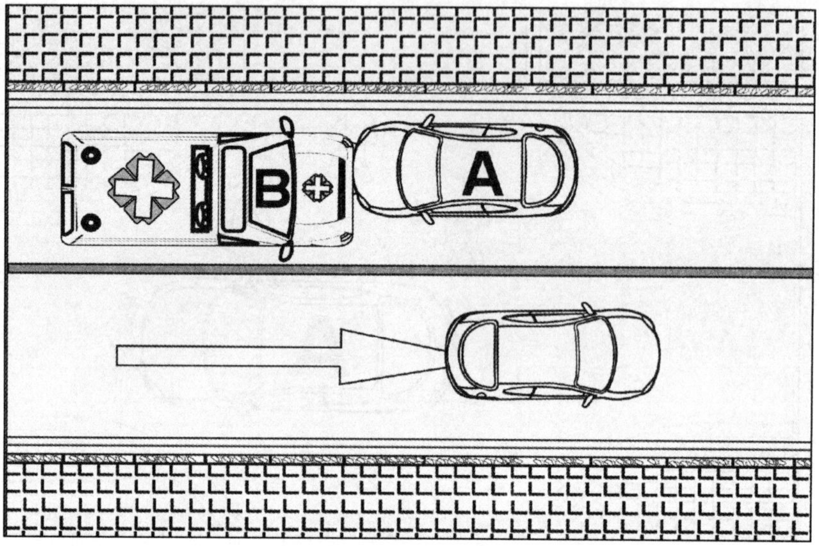

如图所示，B 车（救护车）在执行紧急任务，A 车没有避让，两车相撞，则 B 车不承担责任。

◆ 交警解答

《交通安全法》第五十三条规定，警车、消防车、救护车、工程救险车执行紧急任务时，在确保安全的前提下，不受行驶路线、行驶方向、行驶速度和信号灯的限制，其他车辆和行人应当让行。但上述车辆在非执行紧急任务时，不享有前款规定的道路优先通行权。

也就是说，这些执行紧急任务的车辆在职务期间不存在违章问题，即使闯红灯、逆行、超速等都不受处罚。但是，这里还有一个前提，就是“确保安全”，否则发生人身伤亡事故，也要负相应责任。

有关人士建议：在遇到应急车辆时，如果道路是两车道，则左车道的车往左靠，右车道的车往右靠，以空出一条应急通道；如果是三车道以上，不能平分方向左右分开的话，一般情况下中间车辆往右靠。

如果因避让执行紧急任务的应急车辆而出现违章情况，交管部门均会依据现场情况查明事实，主动取消处罚。

◆ 案例链接

2008年7月30日下午4时许，河北某医院救护车司机林某驾驶一辆救护车，在通过路口时违反交通信号，与赵某驾驶的一辆出租车相撞，致女乘客杨某面部及身体受伤。事发后，杨某被朋友送往医院治疗。

几天后，交警部门对此事故作出责任认定，林某驾驶的救护车未按交通信号通行，违反了《道路交通安全法》的有关规定，林某对此事故负全部责任，赵某、杨某无责任。

责任认定书下达后，杨某几次找林某所在单位要求赔偿未果。为此，杨某将河北某医院告上法庭。

庭审中，被告方律师认为，救护车属于特种车辆，抢救病人时可以不受信号灯限制，而交管部门单纯地以“未按照交通信号灯通行”为依据进行责任认定，其结果不成立。原告方律师则表示，即使救护车属特种车辆，也要在保证安全的前提下方可行使特殊权利。

法院经审理认为，被告方的救护车虽然系在执行转送急症患者的任务，可以不受信号灯的限制，但其仍应在确保安全的前提下安全通过交叉路口，否则应承担相应责任。

17. 在突发自然灾害时机动车发生事故

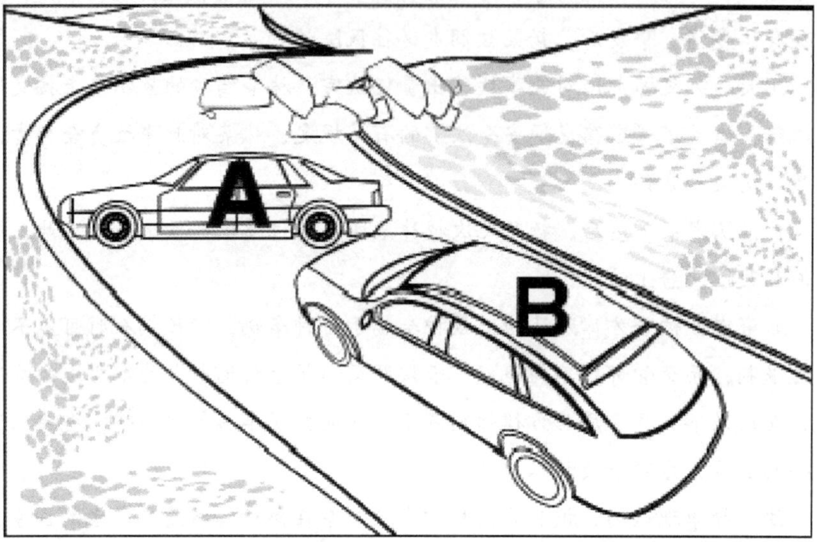

如图所示，A 车在行驶途中突遇前方山体滑坡，危急时刻紧急掉头，与 B 车发生碰撞，则 A 车不承担责任。

♦ 交警解答

自然灾害形成的过程有长有短，有缓有急。有些自然灾害，当致灾因素的变化超过一定强度时，就会在几天、几小时甚至几分、几秒钟内表现为灾害行为，像地震、洪水、飓风、风暴潮、冰雹等，这类灾害称为突发性自然灾害。

当机动车行驶途中遭遇洪水、山体滑坡、泥石流、恶劣天气等突发性自然灾害时，驾驶人应坚持以人为本的原则，迅速将车辆开至安全地带；当情况紧急危及生命安全时，驾驶人和随车人员可当即弃车，撤离至安全地带。

突发性自然灾害属于不可抗力，因不可抗力造成的交通事故，肇事车辆不承担责任。

18.机动车超载发生事故

如图所示，A 车在通过坡底路口时，由于超载导致车辆失控，撞上直行的 B 车，则 A 车承担全部责任。

◆ 交警解答

《交通安全法》第四十八条规定，机动车载物应当符合核定的载质量，严禁超载；载物的长、宽、高不得违反装载要求。第四十九条规定，机动车载人不得超过核定的人数，客运机动车不得违反规定载货。

机动车超载的最大危害，就是诱发道路交通安全事故。据统计，70% 的道路安全事故是由于车辆超限超载引发的，50% 的群死群伤性重特大道路交通事故与超限超载有直接关系。

首先，由于超载运输车辆长期处于超负荷运转状态，使车辆的制动和操作等安全性能迅速下降，表现为轮胎变形爆胎、刹车失灵、转向器轻飘抖动、钢板弹簧折断、半轴断裂等。

另外，实验证明，时速在 30 公里时，质量大于 3 吨的载重汽车，每增加 1 吨的载质量，制动距离则要延长 0.5 ～ 1.0 米。由于非安全距离的延长，往往会给驾驶人造成始料不及的心理压力，从而导致车祸的发生。

19. 机动车碰撞到道路障碍物发生事故

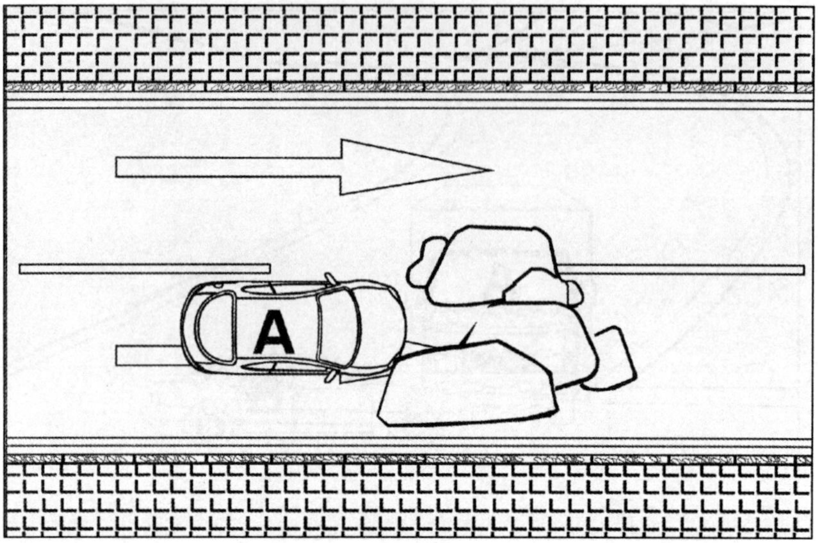

如图所示，A 车在正常行驶时，碰撞到施工单位堆放在道路上的石头，发生事故，则施工单位承担相应责任。A 车未注意观察，也有责任。

◆ 交警解答

《交通安全法》第三十一条规定：“未经许可，任何单位和个人不得占用道路从事非交通活动。”

第三十二条规定：“因工程建设需要占用、挖掘道路，或者跨越、穿越道路架设、增设管线设施，应当事先征得道路主管部门的同意；影响交通安全的，还应当征得公安机关交通管理部门的同意。施工作业单位应当在经批准的路段和时间内施工作业，并在距离施工作业地点来车方向安全距离处设置明显的安全警示标志，采取防护措施；施工作业完毕，应当迅速清除道路上的障碍物，消除安全隐患。”

在以上事故中，施工单位没有尽到自己的责任，既未设置明显的安全警示标志，也未采取防护措施，因此应承担事故的相应责任。

◆ 案例链接

2004年3月15日19时，刘某驾驶小客车从延吉市出发，经过仁坪收费站交纳了10元通行费，沿珲乌公路向西行驶一段路程，返回途中行至119公里250米处会车时，因行车道上堆有煤炭，刘某将车驶向反车道，结果与对面驶来的郑某驾驶的小客车相撞，造成两车损坏及刘某、郑某受伤。

同年3月20日，交警部门出具《道路交通事故责任认定书》，认定刘某对事故负全部责任。

为此，刘某向法院起诉，称因为自己的行车道上堆有煤炭，不得不占反车道才导致车祸发生，本次事故是因被告延边公路建设股份有限公司未尽管理义务，没有让道路畅通造成的，要求被告赔偿相应损失。

被告公路有限公司则辩称，原告两次通过障碍物，应该知道该路段存在障碍物，此次交通事故发生系原告违章行为造成，公路上的煤炭不应该成为事故发生的直接原因。

法院经审理认为，原告刘某经过被告公路有限公司所属收费站交纳了车辆通行费，双方形成了有偿使用收费公路的民事合同关系，此合同成立有效。被告应履行保障公路安全畅通义务，但被告未尽职责，没有及时清理公路上的障碍物，导致原告车辆无法畅通行驶，发生两车相撞的交通事故，被告的行为既是不作为的侵权行为，也是不履行保障公路安全畅通义务的违约行为，因而被告应承担赔偿责任。原告刘某驾驶车辆未尽注意安全的义务，应承担过错责任，因此原被告双方应各负50%的责任。

20. 因道路缺陷导致事故

如图所示，A车在正常行驶过程中，突遇前方道路坍塌，因反应不及发生事故，则道路主管部门承担相应责任。

♦ 交警解答

《交通安全法》第三十条明确规定：“道路出现坍塌、坑漕、水毁、隆起等损毁，或者交通信号灯、交通标志、交通标线等交通设施损毁、灭失的，道路、交通设施的养护部门或者管理部门应当设置警示标志并及时修复。”

凡是因道路缺陷而又没有采取相应有效安全措施的，道路管理部门都要承担相应责任。

21. 见义勇为造成事故

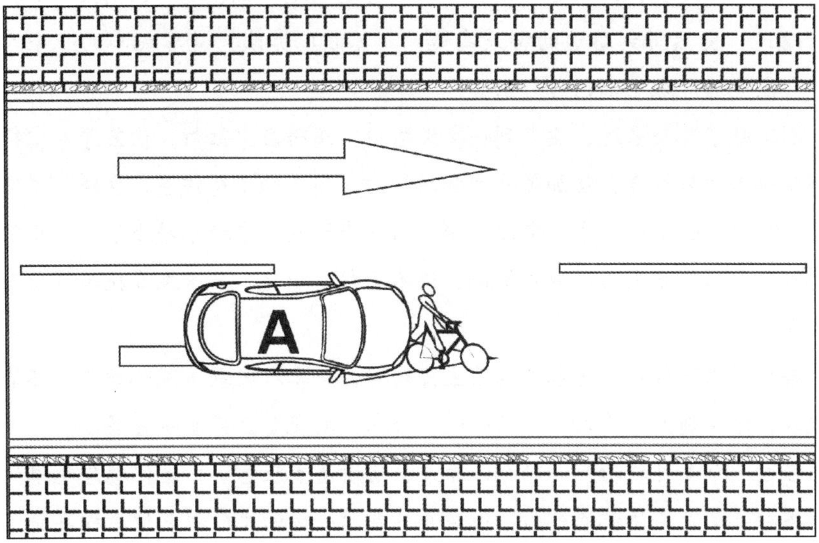

如图所示，A车为协助追捕正在骑自行车逃窜的犯罪嫌疑人，与自行车相撞，并造成嫌疑人人身伤害，则A车无责或承担次要责任。

◆ 交警解答

见义勇为是中华民族的传统美德，应该大力弘扬。但是，见义勇为必须依法进行，如果违反了法律，就要承担法律的责任。

机动车在协助追捕犯罪嫌疑人的同时，必须考虑到嫌疑人犯罪的性质、程度以及当时的交通状况，采取适当的追捕措施，不能因为追捕嫌疑人而对无辜第三者造成伤害，也不宜对嫌疑人采取不当的追捕行为，如直接开车撞击小偷。

◆ 案例链接

小偷遭追赶仓皇逃跑，慌不择路而被车辆撞伤致残，事后小偷将见义勇为追赶的市民告上法庭，索赔15万元，从而引发一桩离奇的交通事故人身损害赔偿纠纷。

2008年春节后，徐某与黄某、邱某等人从老家来到江苏无锡打工。落脚后，由于一时没找到合适的工作，他们所带的现钱很快花光，生活顿时陷入了窘境。

为此，几人经过谋划，决定偷电动自行车的电瓶换钱，以度过眼前的困境。

2008年4月14日夜21时许，当他们在一网吧门前盗窃电动自行车时，被过往的群众发现，三人迅即驾驶摩托车仓皇逃跑。就在这时，高某驾驶轿车正好路过，突然听到路边的群众高喊：“抓贼！抓贼！骑摩托车的三个人是贼！”高某随即踩下油门追赶上去。

刚追赶了百余米远，便来到一交叉路口，正巧碰上红灯，徐某等人觉得这是摆脱轿车的好机会，便加足马力强闯红灯。高某顾不得许多，也踩足了油门追赶。眼看快追上摩托车，突然“嘭”的一声巨响，摩托车撞上了一辆正常行驶的轿车，摩托车上三人应声倒地，均不同程度受伤，而坐在摩托车最后面的徐某受伤最重。

事后，周围群众还是本着人道主义精神，将三人送到医院。黄某、邱某伤势较轻，徐某则做了脾切除及肠破裂修补术，共花费医疗费3万多元。

经过5个多月的治疗、静养，徐某的伤情基本痊愈。但是他越想越难受，觉得盗窃虽然是违法犯罪行为，但这并不表示小偷的生命权和健康权不受法律的保护。为此，他将高某告上法庭。

高某称，自己虽在发现徐某等人犯罪后驾车追赶，但并未撞击徐某乘坐的摩托车，徐某的受伤系逃跑过程中摩托车驾驶员因慌乱、驾驶不当产生交通事故所致，应由摩托车驾驶员承担赔偿责任，与己无关。

法院经审理后认为，徐某虽称因高某驾车撞击其乘坐的摩托车才导致发生交通事故并致其受伤，但其提供的交通事故认定书并未认定高某驾车撞击摩托车，相关部门出具的车辆检验鉴定书及事故处理资料，均未载明高某驾驶的轿车与摩托车有撞击的痕迹。事实证明，高某积极履行公民义务行为，且追赶中并无不当行为，故对原告徐某的主张不予支持。

22. 酒后或服用违禁药品后驾车

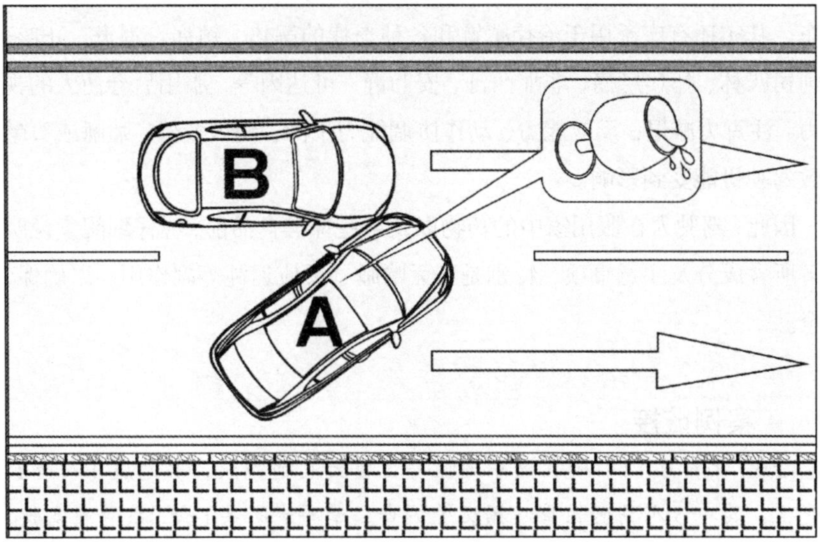

如图所示，A 车驾驶员酒后驾车，与 B 车相撞，则 A 车承担全部责任。

◆ 交警解答

《交通安全法》第二十二条规定："机动车驾驶人应当遵守道路交通安全法律、法规的规定，按照操作规范安全驾驶、文明驾驶。饮酒、服用国家管制的精神药品或者麻醉药品，或者患有妨碍安全驾驶机动车的疾病，或者过度疲劳影响安全驾驶的，不得驾驶机动车。"

酒后驾车，会使触觉能力降低，往往无法正常控制油门及方向盘；判断能力和操作能力降低，无法正确判断距离、速度；视觉障碍，不能发现和正确领会交通信号、标志和标线，对处于视野边缘的危险隐患难以发现；心理变态，即过高地估计自己，往往干出一些力不从心的事；易困倦等。

因此，酒驾是一种非常危险的驾驶行为。一旦因此而发生事故，酒驾人员应负全部责任。

酒驾的危险性已被广大驾驶人所重视，但是有一种堪比酒驾的"马路杀手"——"药驾"，却并未引起人们的普遍重视。

所谓药驾，是指驾驶人服用了某些可能影响安全驾驶的药品后依然驾车出行的现象，由于这些药物服用之后可能产生不同程度的不良反应，很容易酿成祸患。

《交通安全法》规定服用国家管制的精神药品或者麻醉药品后不得驾驶机动车，其实还有广泛用于治疗感冒和各种炎症的解热、镇痛、消炎、止咳药，如阿司匹林、扑热息痛、非那西汀、安乃静、可达因等，服用后会使人的视力、听力、注意力减退；反应能力、动作协调能力下降；使人疲倦、瞌睡或头晕等，导致驾驶机能受到影响。

因此，驾驶人在服用家中的药物以及某些保健食品前，应仔细阅读说明书，了解所含成分及注意事项，特别是有无嗜睡、反应迟钝等副作用，以确保驾车安全。

◆ 案例链接

2012 年 6 月 17 日晚，汉中城区发生重大交通事故，共造成 4 人死亡、7 人受伤，其中 3 人伤势较重。据交警调查，肇事者孙某（女）系醉酒驾驶，目前已被刑拘。

据目击者介绍，当晚 9 时 15 分左右，肇事小轿车由东向西高速行驶，当行至事发路段时，车辆猛地向右越过路北侧的绿化隔离带，撞倒绿化带上的一棵小树后，在非机动车道继续高速行驶，将非机动车道上的数名行人、骑车人撞倒在地，最后撞在非机动车道边的一棵树上才停了下来。

经初步调查，事发当时，孙某醉酒驾驶小轿车，到劳动西路接其丈夫返回租住地，由东向西行驶至事发路段时，由于车速过快、操作不当，导致这起特大道路交通事故的发生。

23. 撞上因交通事故失去活动能力而滞留车行道的受伤人员

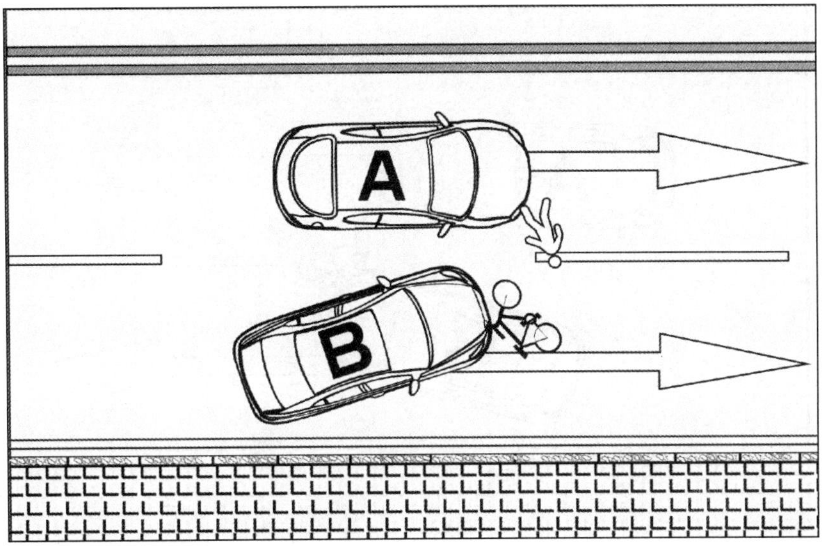

如图所示，A 车撞上因交通事故失去活动能力而滞留车行道的受伤人员，则 A 车承担主要以上责任。

◆ 交警解答

对于二次交通事故的责任认定问题，一些地方政府都出台了相关规定。例如，《长沙市道路交通事故责任确定标准》和《宁波市道路交通事故责任确定标准》都明确规定：

(1)因交通事故失去活动能力而滞留车行道的受伤人员因二次事故再次受到伤害的事故，第二次事故车辆驾驶人应承担二次事故的主要以上责任，第一次交通事故中有特定救助义务的其他当事人有条件救助而未及时救助的承担次要责任；

(2)第一次交通事故中无特定救助义务的其他当事人或第一次交通事故中虽有特定救助义务的其他当事人但无条件救助或者来不及救助而发生的二次事故，第二次事故车辆驾驶人应承担第二次事故的全部责任。

24. 受害者因第一次受车辆碰刮等原因突然从甲车道倒向乙车道，再次受乙车道上行驶的车辆碰压

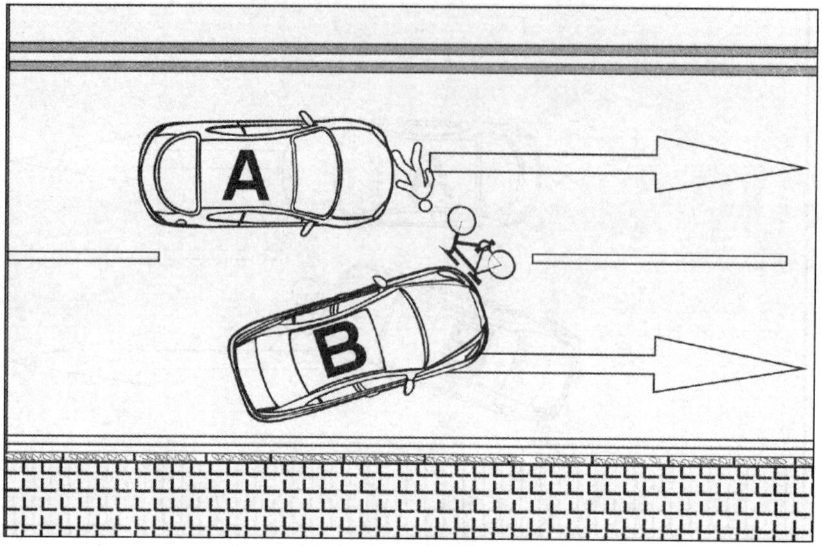

如图所示，B 车将本车道的自行车驾驶人撞倒在相邻车道，导致自行车驾驶人受到相邻车道的 A 车碰压，则 B 车承担全部责任或主要责任，A 车不承担责任或承担次要责任。

♦ 交警解答

在道路交通事故中，可能存在这样一种情况：受害者因第一次受车辆碰刮等原因突然从甲车道倒向乙车道，再次受乙车道上行驶的车辆碰压，造成第二次伤害。这样的事故应按一起事故处理，乙车道车辆有过错的承担次要责任，无过错的不承担责任。

♦ 案例链接

在宁波鄞州宝瞻公路铁路立交桥下，同方向划有两条机动车道，白色标线外有一个突出地面的水泥平台。

2008 年 1 月 2 日上午 11 时许，李某驾驶摩托车载着妻子张某从宁海驶往北仑，经过此路段时，发现了那个平台并赶紧刹车，但为时已晚，摩托车一下

子撞了上去并发生翻车，妻子张某被甩到白线内的机动车道上。

这时，江苏人潘某刚好驾驶一辆重型集装箱半挂车从后面上来，从张某身上碾压过去，张某经抢救无效死亡。

交警调查认定，李某驾驶摩托车不在机动车道内行驶，未确保安全造成事故，是导致这起事故的主要过错，承担事故的主要责任；而潘某驾车过程中也未确保安全，是另一方面的过错，应承担次要责任。

附录一

中华人民共和国道路交通安全法

（2011年4月22日第十一届全国人民代表大会常务委员会第二十次会议通过）

第一章 总 则

第一条 为了维护道路交通秩序，预防和减少交通事故，保护人身安全，保护公民、法人和其他组织的财产安全及其他合法权益，提高通行效率，制定本法。

第二条 中华人民共和国境内的车辆驾驶人、行人、乘车人以及与道路交通活动有关的单位和个人，都应当遵守本法。

第三条 道路交通安全工作，应当遵循依法管理、方便群众的原则，保障道路交通有序、安全、畅通。

第四条 各级人民政府应当保障道路交通安全管理工作与经济建设和社会发展相适应。

县级以上地方各级人民政府应当适应道路交通发展的需要，依据道路交通安全法律、法规和国家有关政策，制定道路交通安全管理规划，并组织实施。

第五条 国务院公安部门负责全国道路交通安全管理工作。县级以上地方各级人民政府公安机关交通管理部门负责本行政区域内的道路交通安全管理工作。

县级以上各级人民政府交通、建设管理部门依据各自职责，负责有关的道路交通工作。

第六条 各级人民政府应当经常进行道路交通安全教育，提高公民的道路交通安全意识。

公安机关交通管理部门及其交通警察执行职务时，应当加强道路交通安全法律、法规的宣传，并模范遵守道路交通安全法律、法规。

机关、部队、企业事业单位、社会团体以及其他组织，应当对本单位的人员进行道路交通安全教育。

教育行政部门、学校应当将道路交通安全教育纳入法制教育的内容。

新闻、出版、广播、电视等有关单位，有进行道路交通安全教育的义务。

第七条　对道路交通安全管理工作，应当加强科学研究，推广、使用先进的管理方法、技术、设备。

第二章　车辆和驾驶人

第一节　机动车、非机动车

第八条　国家对机动车实行登记制度。机动车经公安机关交通管理部门登记后，方可上道路行驶。尚未登记的机动车，需要临时上道路行驶的，应当取得临时通行牌证。

第九条　申请机动车登记，应当提交以下证明、凭证：

（一）机动车所有人的身份证明；

（二）机动车来历证明；

（三）机动车整车出厂合格证明或者进口机动车进口凭证；

（四）车辆购置税的完税证明或者免税凭证；

（五）法律、行政法规规定应当在机动车登记时提交的其他证明、凭证。

公安机关交通管理部门应当自受理申请之日起五个工作日内完成机动车登记审查工作，对符合前款规定条件的，应当发放机动车登记证书、号牌和行驶证；对不符合前款规定条件的，应当向申请人说明不予登记的理由。

公安机关交通管理部门以外的任何单位或者个人不得发放机动车号牌或者要求机动车悬挂其他号牌，本法另有规定的除外。

机动车登记证书、号牌、行驶证的式样由国务院公安部门规定并监制。

第十条　准予登记的机动车应当符合机动车国家安全技术标准。申请机动车登记时，应当接受对该机动车的安全技术检验。但是，经国家机动车产品主管部门依据机动车国家安全技术标准认定的企业生产的机动车型，该车型的新车在出厂时经检验符合机动车国家安全技术标准，获得检验合格证的，免予安全技术检验。

第十一条　驾驶机动车上道路行驶，应当悬挂机动车号牌，放置检验合格标志、保险标志，并随车携带机动车行驶证。

机动车号牌应当按照规定悬挂并保持清晰、完整，不得故意遮挡、污损。

任何单位和个人不得收缴、扣留机动车号牌。

第十二条 有下列情形之一的，应当办理相应的登记：

（一）机动车所有权发生转移的；

（二）机动车登记内容变更的；

（三）机动车用作抵押的；

（四）机动车报废的。

第十三条 对登记后上道路行驶的机动车，应当依照法律、行政法规的规定，根据车辆用途、载客载货数量、使用年限等不同情况，定期进行安全技术检验。对提供机动车行驶证和机动车第三者责任强制保险单的，机动车安全技术检验机构应当予以检验，任何单位不得附加其他条件。对符合机动车国家安全技术标准的，公安机关交通管理部门应当发给检验合格标志。

对机动车的安全技术检验实行社会化。具体办法由国务院规定。

机动车安全技术检验实行社会化的地方，任何单位不得要求机动车到指定的场所进行检验。

公安机关交通管理部门、机动车安全技术检验机构不得要求机动车到指定的场所进行维修、保养。

机动车安全技术检验机构对机动车检验收取费用，应当严格执行国务院价格主管部门核定的收费标准。

第十四条 国家实行机动车强制报废制度，根据机动车的安全技术状况和不同用途，规定不同的报废标准。

应当报废的机动车必须及时办理注销登记。

达到报废标准的机动车不得上道路行驶。报废的大型客、货车及其他营运车辆应当在公安机关交通管理部门的监督下解体。

第十五条 警车、消防车、救护车、工程救险车应当按照规定喷涂标志图案，安装警报器、标志灯具。其他机动车不得喷涂、安装、使用上述车辆专用的或者与其相类似的标志图案、警报器或者标志灯具。

警车、消防车、救护车、工程救险车应当严格按照规定的用途和条件使用。

公路监督检查的专用车辆，应当依照公路法的规定，设置统一的标志和示警灯。

第十六条　任何单位或者个人不得有下列行为：

（一）拼装机动车或者擅自改变机动车已登记的结构、构造或者特征；

（二）改变机动车型号、发动机号、车架号或者车辆识别代号；

（三）伪造、变造或者使用伪造、变造的机动车登记证书、号牌、行驶证、检验合格标志、保险标志；

（四）使用其他机动车的登记证书、号牌、行驶证、检验合格标志、保险标志。

第十七条　国家实行机动车第三者责任强制保险制度，设立道路交通事故社会救助基金。具体办法由国务院规定。

第十八条　依法应当登记的非机动车，经公安机关交通管理部门登记后，方可上道路行驶。

依法应当登记的非机动车的种类，由省、自治区、直辖市人民政府根据当地实际情况规定。

非机动车的外形尺寸、质量、制动器、车铃和夜间反光装置，应当符合非机动车安全技术标准。

第二节　机动车驾驶人

第十九条　驾驶机动车，应当依法取得机动车驾驶证。

申请机动车驾驶证，应当符合国务院公安部门规定的驾驶许可条件；经考试合格后，由公安机关交通管理部门发给相应类别的机动车驾驶证。

持有境外机动车驾驶证的人，符合国务院公安部门规定的驾驶许可条件，经公安机关交通管理部门考核合格的，可以发给中国的机动车驾驶证。

驾驶人应当按照驾驶证载明的准驾车型驾驶机动车；驾驶机动车时，应当随身携带机动车驾驶证。

公安机关交通管理部门以外的任何单位或者个人，不得收缴、扣留机动车驾驶证。

第二十条　机动车的驾驶培训实行社会化，由交通主管部门对驾驶培训学校、驾驶培训班实行资格管理，其中专门的拖拉机驾驶培训学校、驾驶培训班由农业(农业机械)主管部门实行资格管理。

驾驶培训学校、驾驶培训班应当严格按照国家有关规定，对学员进行道路交通安全法律、法规、驾驶技能的培训，确保培训质量。

任何国家机关以及驾驶培训和考试主管部门不得举办或者参与举办驾驶培训学校、驾驶培训班。

第二十一条 驾驶人驾驶机动车上道路行驶前，应当对机动车的安全技术性能进行认真检查；不得驾驶安全设施不全或者机件不符合技术标准等具有安全隐患的机动车。

第二十二条 机动车驾驶人应当遵守道路交通安全法律、法规的规定，按照操作规范安全驾驶、文明驾驶。

饮酒、服用国家管制的精神药品或者麻醉药品，或者患有妨碍安全驾驶机动车的疾病，或者过度疲劳影响安全驾驶的，不得驾驶机动车。

任何人不得强迫、指使、纵容驾驶人违反道路交通安全法律、法规和机动车安全驾驶要求驾驶机动车。

第二十三条 公安机关交通管理部门依照法律、行政法规的规定，定期对机动车驾驶证实施审验。

第二十四条 公安机关交通管理部门对机动车驾驶人违反道路交通安全法律、法规的行为，除依法给予行政处罚外，实行累积记分制度。公安机关交通管理部门对累积记分达到规定分值的机动车驾驶人，扣留机动车驾驶证，对其进行道路交通安全法律、法规教育，重新考试；考试合格的，发还其机动车驾驶证。

对遵守道路交通安全法律、法规，在一年内无累积记分的机动车驾驶人，可以延长机动车驾驶证的审验期。具体办法由国务院公安部门规定。

第三章 道路通行条件

第二十五条 全国实行统一的道路交通信号。

交通信号包括交通信号灯、交通标志、交通标线和交通警察的指挥。

交通信号灯、交通标志、交通标线的设置应当符合道路交通安全、畅通的要求和国家标准，并保持清晰、醒目、准确、完好。

根据通行需要，应当及时增设、调换、更新道路交通信号。增设、调换、更新限制性的道路交通信号，应当提前向社会公告，广泛进行宣传。

第二十六条　交通信号灯由红灯、绿灯、黄灯组成。红灯表示禁止通行，绿灯表示准许通行，黄灯表示警示。

第二十七条　铁路与道路平面交叉的道口，应当设置警示灯、警示标志或者安全防护设施。无人看守的铁路道口，应当在距道口一定距离处设置警示标志。

第二十八条　任何单位和个人不得擅自设置、移动、占用、损毁交通信号灯、交通标志、交通标线。

道路两侧及隔离带上种植的树木或者其他植物，设置的广告牌、管线等，应当与交通设施保持必要的距离，不得遮挡路灯、交通信号灯、交通标志，不得妨碍安全视距，不得影响通行。

第二十九条　道路、停车场和道路配套设施的规划、设计、建设，应当符合道路交通安全、畅通的要求，并根据交通需求及时调整。

公安机关交通管理部门发现已经投入使用的道路存在交通事故频发路段，或者停车场、道路配套设施存在交通安全严重隐患的，应当及时向当地人民政府报告，并提出防范交通事故、消除隐患的建议，当地人民政府应当及时作出处理决定。

第三十条　道路出现坍塌、坑漕、水毁、隆起等损毁或者交通信号灯、交通标志、交通标线等交通设施损毁、灭失的，道路、交通设施的养护部门或者管理部门应当设置警示标志并及时修复。

公安机关交通管理部门发现前款情形，危及交通安全，尚未设置警示标志的，应当及时采取安全措施，疏导交通，并通知道路、交通设施的养护部门或者管理部门。

第三十一条　未经许可，任何单位和个人不得占用道路从事非交通活动。

第三十二条　因工程建设需要占用、挖掘道路，或者跨越、穿越道路架设、增设管线设施，应当事先征得道路主管部门的同意；影响交通安全的，还应当征得公安机关交通管理部门的同意。

施工作业单位应当在经批准的路段和时间内施工作业，并在距离施工作业地点来车方向安全距离处设置明显的安全警示标志，采取防护措施；施工作业完毕，应当迅速清除道路上的障碍物，消除安全隐患，经道路主管部门和公安机关交通管理部门验收合格，符合通行要求后，方可恢复通行。

对未中断交通的施工作业道路，公安机关交通管理部门应当加强交通安全监督检查，维护道路交通秩序。

第三十三条 新建、改建、扩建的公共建筑、商业街区、居住区、大(中)型建筑等，应当配建、增建停车场；停车泊位不足的，应当及时改建或者扩建；投入使用的停车场不得擅自停止使用或者改作他用。

在城市道路范围内，在不影响行人、车辆通行的情况下，政府有关部门可以施划停车泊位。

第三十四条 学校、幼儿园、医院、养老院门前的道路没有行人过街设施的，应当施划人行横道线，设置提示标志。

城市主要道路的人行道，应当按照规划设置盲道。盲道的设置应当符合国家标准。

第四章 道路通行规定

第一节 一般规定

第三十五条 机动车、非机动车实行右侧通行。

第三十六条 根据道路条件和通行需要，道路划分为机动车道、非机动车道和人行道的，机动车、非机动车、行人实行分道通行。没有划分机动车道、非机动车道和人行道的，机动车在道路中间通行，非机动车和行人在道路两侧通行。

第三十七条 道路划设专用车道的，在专用车道内，只准许规定的车辆通行，其他车辆不得进入专用车道内行驶。

第三十八条 车辆、行人应当按照交通信号通行；遇有交通警察现场指挥时，应当按照交通警察的指挥通行；在没有交通信号的道路上，应当在确保安全、畅通的原则下通行。

第三十九条 公安机关交通管理部门根据道路和交通流量的具体情况，可以对机动车、非机动车、行人采取疏导、限制通行、禁止通行等措施。遇有大型群众性活动、大范围施工等情况，需要采取限制交通的措施，或者作出与公众的道路交通活动直接有关的决定，应当提前向社会公告。

第四十条 遇有自然灾害、恶劣气象条件或者重大交通事故等严重影响交通安全的情形，采取其他措施难以保证交通安全时，公安机关交通管理部门可以实行交通管制。

第四十一条 有关道路通行的其他具体规定，由国务院规定。

第二节 机动车通行规定

第四十二条 机动车上道路行驶，不得超过限速标志标明的最高时速。在没有限速标志的路段，应当保持安全车速。

夜间行驶或者在容易发生危险的路段行驶，以及遇有沙尘、冰雹、雨、雪、雾、结冰等气象条件时，应当降低行驶速度。

第四十三条 同车道行驶的机动车，后车应当与前车保持足以采取紧急制动措施的安全距离。有下列情形之一的，不得超车：

（一）前车正在左转弯、掉头、超车的；

（二）与对面来车有会车可能的；

（三）前车为执行紧急任务的警车、消防车、救护车、工程救险车的；

（四）行经铁路道口、交叉路口、窄桥、弯道、陡坡、隧道、人行横道、市区交通流量大的路段等没有超车条件的。

第四十四条 机动车通过交叉路口，应当按照交通信号灯、交通标志、交通标线或者交通警察的指挥通过；通过没有交通信号灯、交通标志、交通标线或者交通警察指挥的交叉路口时，应当减速慢行，并让行人和优先通行的车辆先行。

第四十五条 机动车遇有前方车辆停车排队等候或者缓慢行驶时，不得借道超车或者占用对面车道，不得穿插等候的车辆。

在车道减少的路段、路口，或者在没有交通信号灯、交通标志、交通标线或者交通警察指挥的交叉路口遇到停车排队等候或者缓慢行驶时，机动车应当依次交替通行。

第四十六条 机动车通过铁路道口时，应当按照交通信号或者管理人员的指挥通行；没有交通信号或者管理人员的，应当减速或者停车，在确认安全后通过。

第四十七条 机动车行经人行横道时，应当减速行驶；遇行人正在通过人行横道，应当停车让行。

机动车行经没有交通信号的道路时，遇行人横过道路，应当避让。

第四十八条 机动车载物应当符合核定的载质量，严禁超载；载物的长、宽、高不得违反装载要求，不得遗洒、飘散载运物。

机动车运载超限的不可解体的物品，影响交通安全的，应当按照公安机关交通管理部门指定的时间、路线、速度行驶，悬挂明显标志。在公路上运载超限的不可解体的物品，并应当依照公路法的规定执行。

机动车载运爆炸物品、易燃易爆化学物品以及剧毒、放射性等危险物品，应当经公安机关批准后，按指定的时间、路线、速度行驶，悬挂警示标志并采取必要的安全措施。

第四十九条 机动车载人不得超过核定的人数，客运机动车不得违反规定载货。

第五十条 禁止货运机动车载客。

货运机动车需要附载作业人员的，应当设置保护作业人员的安全措施。

第五十一条 机动车行驶时，驾驶人、乘坐人员应当按规定使用安全带，摩托车驾驶人及乘坐人员应当按规定戴安全头盔。

第五十二条 机动车在道路上发生故障，需要停车排除故障时，驾驶人应当立即开启危险报警闪光灯，将机动车移至不妨碍交通的地方停放；难以移动的，应当持续开启危险报警闪光灯，并在来车方向设置警告标志等措施扩大示警距离，必要时迅速报警。

第五十三条 警车、消防车、救护车、工程救险车执行紧急任务时，可以使用警报器、标志灯具；在确保安全的前提下，不受行驶路线、行驶方向、行驶速度和信号灯的限制，其他车辆和行人应当让行。

警车、消防车、救护车、工程救险车非执行紧急任务时，不得使用警报器、标志灯具，不享有前款规定的道路优先通行权。

第五十四条 道路养护车辆、工程作业车进行作业时，在不影响过往车辆通行的前提下，其行驶路线和方向不受交通标志、标线限制，过往车辆和人员应当注意避让。

洒水车、清扫车等机动车应当按照安全作业标准作业；在不影响其他车辆通行的情况下，可以不受车辆分道行驶的限制，但是不得逆向行驶。

第五十五条　高速公路、大中城市中心城区内的道路，禁止拖拉机通行。其他禁止拖拉机通行的道路，由省、自治区、直辖市人民政府根据当地实际情况规定。

在允许拖拉机通行的道路上，拖拉机可以从事货运，但是不得用于载人。

第五十六条　机动车应当在规定地点停放。禁止在人行道上停放机动车；但是，依照本法第三十三条规定施划的停车泊位除外。

在道路上临时停车的，不得妨碍其他车辆和行人通行。

第三节　非机动车通行规定

第五十七条　驾驶非机动车在道路上行驶应当遵守有关交通安全的规定。非机动车应当在非机动车道内行驶；在没有非机动车道的道路上，应当靠车行道的右侧行驶。

第五十八条　残疾人机动轮椅车、电动自行车在非机动车道内行驶时，最高时速不得超过十五公里。

第五十九条　非机动车应当在规定地点停放。未设停放地点的，非机动车停放不得妨碍其他车辆和行人通行。

第六十条　驾驭畜力车，应当使用驯服的牲畜；驾驭畜力车横过道路时，驾驭人应当下车牵引牲畜；驾驭人离开车辆时，应当拴系牲畜。

第四节　行人和乘车人通行规定

第六十一条　行人应当在人行道内行走，没有人行道的靠路边行走。

第六十二条　行人通过路口或者横过道路，应当走人行横道或者过街设施；通过有交通信号灯的人行横道，应当按照交通信号灯指示通行；通过没有交通信号灯、人行横道的路口，或者在没有过街设施的路段横过道路，应当在确认安全后通过。

第六十三条　行人不得跨越、倚坐道路隔离设施，不得扒车、强行拦车或者实施妨碍道路交通安全的其他行为。

第六十四条 学龄前儿童以及不能辨认或者不能控制自己行为的精神疾病患者、智力障碍者在道路上通行，应当由其监护人、监护人委托的人或者对其负有管理、保护职责的人带领。

盲人在道路上通行，应当使用盲杖或者采取其他导盲手段，车辆应当避让盲人。

第六十五条 行人通过铁路道口时，应当按照交通信号或者管理人员的指挥通行；没有交通信号和管理人员的，应当在确认无火车驶临后，迅速通过。

第六十六条 乘车人不得携带易燃易爆等危险物品，不得向车外抛洒物品，不得有影响驾驶人安全驾驶的行为。

第五节　高速公路的特别规定

第六十七条 行人、非机动车、拖拉机、轮式专用机械车、铰接式客车、全挂拖斗车以及其他设计最高时速低于七十公里的机动车，不得进入高速公路。高速公路限速标志标明的最高时速不得超过一百二十公里。

第六十八条 机动车在高速公路上发生故障时，应当依照本法第五十二条的有关规定办理；但是，警告标志应当设置在故障车来车方向一百五十米以外，车上人员应当迅速转移到右侧路肩上或者应急车道内，并且迅速报警。

机动车在高速公路上发生故障或者交通事故，无法正常行驶的，应当由救援车、清障车拖曳、牵引。

第六十九条 任何单位、个人不得在高速公路上拦截检查行驶的车辆，公安机关的人民警察依法执行紧急公务除外。

第五章　交通事故处理

第七十条 在道路上发生交通事故，车辆驾驶人应当立即停车，保护现场；造成人身伤亡的，车辆驾驶人应当立即抢救受伤人员，并迅速报告执勤的交通警察或者公安机关交通管理部门。因抢救受伤人员变动现场的，应当标明位置。乘车人、过往车辆驾驶人、过往行人应当予以协助。

在道路上发生交通事故，未造成人身伤亡，当事人对事实及成因无争议的，可以即行撤离现场，恢复交通，自行协商处理损害赔偿事宜；不即行撤离现场的，应当迅速报告执勤的交通警察或者公安机关交通管理部门。

在道路上发生交通事故，仅造成轻微财产损失，并且基本事实清楚的，当事人应当先撤离现场再进行协商处理。

第七十一条 车辆发生交通事故后逃逸的，事故现场目击人员和其他知情人员应当向公安机关交通管理部门或者交通警察举报。举报属实的，公安机关交通管理部门应当给予奖励。

第七十二条 公安机关交通管理部门接到交通事故报警后，应当立即派交通警察赶赴现场，先组织抢救受伤人员，并采取措施，尽快恢复交通。

交通警察应当对交通事故现场进行勘验、检查，收集证据；因收集证据的需要，可以扣留事故车辆，但是应当妥善保管，以备核查。

对当事人的生理、精神状况等专业性较强的检验，公安机关交通管理部门应当委托专门机构进行鉴定。鉴定结论应当由鉴定人签名。

第七十三条 公安机关交通管理部门应当根据交通事故现场勘验、检查、调查情况和有关的检验、鉴定结论，及时制作交通事故认定书，作为处理交通事故的证据。交通事故认定书应当载明交通事故的基本事实、成因和当事人的责任，并送达当事人。

第七十四条 对交通事故损害赔偿的争议，当事人可以请求公安机关交通管理部门调解，也可以直接向人民法院提起民事诉讼。

经公安机关交通管理部门调解，当事人未达成协议或者调解书生效后不履行的，当事人可以向人民法院提起民事诉讼。

第七十五条 医疗机构对交通事故中的受伤人员应当及时抢救，不得因抢救费用未及时支付而拖延救治。肇事车辆参加机动车第三者责任强制保险的，由保险公司在责任限额范围内支付抢救费用；抢救费用超过责任限额的，未参加机动车第三者责任强制保险或者肇事后逃逸的，由道路交通事故社会救助基金先行垫付部分或者全部抢救费用，道路交通事故社会救助基金管理机构有权向交通事故责任人追偿。

第七十六条 机动车发生交通事故造成人身伤亡、财产损失的，由保险公司在机动车第三者责任强制保险责任限额范围内予以赔偿；不足的部分，按照下列规定承担赔偿责任：

（一）机动车之间发生交通事故的，由有过错的一方承担赔偿责任；双方都有过错的，按照各自过错的比例分担责任。

（二）机动车与非机动车驾驶人、行人之间发生交通事故，非机动车驾驶人、行人没有过错的，由机动车一方承担赔偿责任；有证据证明非机动车驾驶人、行人有过错的，根据过错程度适当减轻机动车一方的赔偿责任；机动车一方没有过错的，承担不超过百分之十的赔偿责任。

交通事故的损失是由非机动车驾驶人、行人故意碰撞机动车造成的，机动车一方不承担赔偿责任。

第七十七条 车辆在道路以外通行时发生的事故，公安机关交通管理部门接到报案的，参照本法有关规定办理。

第六章　执法监督

第七十八条 公安机关交通管理部门应当加强对交通警察的管理，提高交通警察的素质和管理道路交通的水平。

公安机关交通管理部门应当对交通警察进行法制和交通安全管理业务培训、考核。交通警察经考核不合格的，不得上岗执行职务。

第七十九条 公安机关交通管理部门及其交通警察实施道路交通安全管理，应当依据法定的职权和程序，简化办事手续，做到公正、严格、文明、高效。

第八十条 交通警察执行职务时，应当按照规定着装，佩带人民警察标志，持有人民警察证件，保持警容严整，举止端庄，指挥规范。

第八十一条 依照本法发放牌证等收取工本费，应当严格执行国务院价格主管部门核定的收费标准，并全部上缴国库。

第八十二条 公安机关交通管理部门依法实施罚款的行政处罚，应当依照有关法律、行政法规的规定，实施罚款决定与罚款收缴分离；收缴的罚款以及依法没收的违法所得，应当全部上缴国库。

第八十三条 交通警察调查处理道路交通安全违法行为和交通事故，有下列情形之一的，应当回避：

（一）是本案的当事人或者当事人的近亲属；

（二）本人或者其近亲属与本案有利害关系；

（三）与本案当事人有其他关系，可能影响案件的公正处理。

第八十四条　公安机关交通管理部门及其交通警察的行政执法活动，应当接受行政监察机关依法实施的监督。

公安机关督察部门应当对公安机关交通管理部门及其交通警察执行法律、法规和遵守纪律的情况依法进行监督。

上级公安机关交通管理部门应当对下级公安机关交通管理部门的执法活动进行监督。

第八十五条　公安机关交通管理部门及其交通警察执行职务，应当自觉接受社会和公民的监督。

任何单位和个人都有权对公安机关交通管理部门及其交通警察不严格执法以及违法违纪行为进行检举、控告。收到检举、控告的机关，应当依据职责及时查处。

第八十六条　任何单位不得给公安机关交通管理部门下达或者变相下达罚款指标；公安机关交通管理部门不得以罚款数额作为考核交通警察的标准。

公安机关交通管理部门及其交通警察对超越法律、法规规定的指令，有权拒绝执行，并同时向上级机关报告。

第七章　法律责任

第八十七条　公安机关交通管理部门及其交通警察对道路交通安全违法行为，应当及时纠正。

公安机关交通管理部门及其交通警察应当依据事实和本法的有关规定对道路交通安全违法行为予以处罚。对于情节轻微，未影响道路通行的，指出违法行为，给予口头警告后放行。

第八十八条　对道路交通安全违法行为的处罚种类包括：警告、罚款、暂扣或者吊销机动车驾驶证、拘留。

第八十九条　行人、乘车人、非机动车驾驶人违反道路交通安全法律、法规关于道路通行规定的，处警告或者五元以上五十元以下罚款；非机动车驾驶人拒绝接受罚款处罚的，可以扣留其非机动车。

第九十条 机动车驾驶人违反道路交通安全法律、法规关于道路通行规定的，处警告或者二十元以上二百元以下罚款。本法另有规定的，依照规定处罚。

第九十一条 饮酒后驾驶机动车的，处暂扣六个月机动车驾驶证，并处一千元以上二千元以下罚款。因饮酒后驾驶机动车被处罚，再次饮酒后驾驶机动车的,处十日以下拘留,并处一千元以上二千元以下罚款,吊销机动车驾驶证。

醉酒驾驶机动车的，由公安机关交通管理部门约束至酒醒，吊销机动车驾驶证，依法追究刑事责任；五年内不得重新取得机动车驾驶证。

饮酒后驾驶营运机动车的，处十五日拘留，并处五千元罚款，吊销机动车驾驶证，五年内不得重新取得机动车驾驶证。

醉酒驾驶营运机动车的，由公安机关交通管理部门约束至酒醒，吊销机动车驾驶证，依法追究刑事责任；十年内不得重新取得机动车驾驶证，重新取得机动车驾驶证后，不得驾驶营运机动车。

饮酒后或者醉酒驾驶机动车发生重大交通事故，构成犯罪的，依法追究刑事责任，并由公安机关交通管理部门吊销机动车驾驶证，终生不得重新取得机动车驾驶证。

第九十二条 公路客运车辆载客超过额定乘员的，处二百元以上五百元以下罚款；超过额定乘员百分之二十或者违反规定载货的，处五百元以上二千元以下罚款。

货运机动车超过核定载质量的，处二百元以上五百元以下罚款；超过核定载质量百分之三十或者违反规定载客的，处五百元以上二千元以下罚款。

有前两款行为的，由公安机关交通管理部门扣留机动车至违法状态消除。

运输单位的车辆有本条第一款、第二款规定的情形，经处罚不改的，对直接负责的主管人员处二千元以上五千元以下罚款。

第九十三条 对违反道路交通安全法律、法规关于机动车停放、临时停车规定的，可以指出违法行为，并予以口头警告，令其立即驶离。

机动车驾驶人不在现场或者虽在现场但拒绝立即驶离，妨碍其他车辆、行人通行的，处二十元以上二百元以下罚款，并可以将该机动车拖移至不妨碍交通的地点或者公安机关交通管理部门指定的地点停放。公安机关交通管理部门拖车不得向当事人收取费用，并应当及时告知当事人停放地点。

因采取不正确的方法拖车造成机动车损坏的，应当依法承担补偿责任。

第九十四条 机动车安全技术检验机构实施机动车安全技术检验超过国务院价格主管部门核定的收费标准收取费用的，退还多收取的费用，并由价格主管部门依照《中华人民共和国价格法》的有关规定给予处罚。

机动车安全技术检验机构不按照机动车国家安全技术标准进行检验，出具虚假检验结果的，由公安机关交通管理部门处所收检验费用五倍以上十倍以下罚款，并依法撤销其检验资格；构成犯罪的，依法追究刑事责任。

第九十五条 上道路行驶的机动车未悬挂机动车号牌，未放置检验合格标志、保险标志，或者未随车携带行驶证、驾驶证的，公安机关交通管理部门应当扣留机动车，通知当事人提供相应的牌证、标志或者补办相应手续，并可以依照本法第九十条的规定予以处罚。当事人提供相应的牌证、标志或者补办相应手续的，应当及时退还机动车。

故意遮挡、污损或者不按规定安装机动车号牌的，依照本法第九十条的规定予以处罚。

第九十六条 伪造、变造或者使用伪造、变造的机动车登记证书、号牌、行驶证、驾驶证的，由公安机关交通管理部门予以收缴，扣留该机动车，处十五日以下拘留，并处二千元以上五千元以下罚款；构成犯罪的，依法追究刑事责任。

伪造、变造或者使用伪造、变造的检验合格标志、保险标志的，由公安机关交通管理部门予以收缴，扣留该机动车，处十日以下拘留，并处一千元以上三千元以下罚款；构成犯罪的，依法追究刑事责任。

使用其他车辆的机动车登记证书、号牌、行驶证、检验合格标志、保险标志的，由公安机关交通管理部门予以收缴，扣留该机动车，处二千元以上五千元以下罚款。

当事人提供相应的合法证明或者补办相应手续的，应当及时退还机动车。

第九十七条 非法安装警报器、标志灯具的，由公安机关交通管理部门强制拆除，予以收缴，并处二百元以上二千元以下罚款。

第九十八条 机动车所有人、管理人未按照国家规定投保机动车第三者责任强制保险的，由公安机关交通管理部门扣留车辆至依照规定投保后，并处依照规定投保最低责任限额应缴纳的保险费的二倍罚款。

依照前款缴纳的罚款全部纳入道路交通事故社会救助基金。具体办法由国务院规定。

第九十九条 有下列行为之一的，由公安机关交通管理部门处二百元以上二千元以下罚款：

（一）未取得机动车驾驶证、机动车驾驶证被吊销或者机动车驾驶证被暂扣期间驾驶机动车的；

（二）将机动车交由未取得机动车驾驶证或者机动车驾驶证被吊销、暂扣的人驾驶的；

（三）造成交通事故后逃逸，尚不构成犯罪的；

（四）机动车行驶超过规定时速百分之五十的；

（五）强迫机动车驾驶人违反道路交通安全法律、法规和机动车安全驾驶要求驾驶机动车，造成交通事故，尚不构成犯罪的；

（六）违反交通管制的规定强行通行，不听劝阻的；

（七）故意损毁、移动、涂改交通设施，造成危害后果，尚不构成犯罪的；

（八）非法拦截、扣留机动车辆，不听劝阻，造成交通严重阻塞或者较大财产损失的。

行为人有前款第二项、第四项情形之一的，可以并处吊销机动车驾驶证；有第一项、第三项、第五项至第八项情形之一的，可以并处十五日以下拘留。

第一百条 驾驶拼装的机动车或者已达到报废标准的机动车上道路行驶的，公安机关交通管理部门应当予以收缴，强制报废。

对驾驶前款所列机动车上道路行驶的驾驶人，处二百元以上二千元以下罚款，并吊销机动车驾驶证。

出售已达到报废标准的机动车的，没收违法所得，处销售金额等额的罚款，对该机动车依照本条第一款的规定处理。

第一百零一条 违反道路交通安全法律、法规的规定，发生重大交通事故，构成犯罪的，依法追究刑事责任，并由公安机关交通管理部门吊销机动车驾驶证。

造成交通事故后逃逸的，由公安机关交通管理部门吊销机动车驾驶证，且终生不得重新取得机动车驾驶证。

第一百零二条 对六个月内发生二次以上特大交通事故负有主要责任或者全部责任的专业运输单位，由公安机关交通管理部门责令消除安全隐患，未消除安全隐患的机动车，禁止上道路行驶。

第一百零三条 国家机动车产品主管部门未按照机动车国家安全技术标准严格审查，许可不合格机动车型投入生产的，对负有责任的主管人员和其他直接责任人员给予降级或者撤职的行政处分。

机动车生产企业经国家机动车产品主管部门许可生产的机动车型，不执行机动车国家安全技术标准或者不严格进行机动车成品质量检验，致使质量不合格的机动车出厂销售的，由质量技术监督部门依照《中华人民共和国产品质量法》的有关规定给予处罚。

擅自生产、销售未经国家机动车产品主管部门许可生产的机动车型的，没收非法生产、销售的机动车成品及配件，可以并处非法产品价值三倍以上五倍以下罚款;有营业执照的,由工商行政管理部门吊销营业执照,没有营业执照的，予以查封。

生产、销售拼装的机动车或者生产、销售擅自改装的机动车的，依照本条第三款的规定处罚。

有本条第二款、第三款、第四款所列违法行为，生产或者销售不符合机动车国家安全技术标准的机动车，构成犯罪的，依法追究刑事责任。

第一百零四条 未经批准，擅自挖掘道路、占用道路施工或者从事其他影响道路交通安全活动的，由道路主管部门责令停止违法行为，并恢复原状，可以依法给予罚款；致使通行的人员、车辆及其他财产遭受损失的，依法承担赔偿责任。

有前款行为，影响道路交通安全活动的，公安机关交通管理部门可以责令停止违法行为，迅速恢复交通。

第一百零五条 道路施工作业或者道路出现损毁，未及时设置警示标志、未采取防护措施，或者应当设置交通信号灯、交通标志、交通标线而没有设置或者应当及时变更交通信号灯、交通标志、交通标线而没有及时变更，致使通行的人员、车辆及其他财产遭受损失的，负有相关职责的单位应当依法承担赔偿责任。

第一百零六条 在道路两侧及隔离带上种植树木、其他植物或者设置广告牌、管线等，遮挡路灯、交通信号灯、交通标志，妨碍安全视距的，由公安机关交通管理部门责令行为人排除妨碍；拒不执行的，处二百元以上二千元以下罚款，并强制排除妨碍，所需费用由行为人负担。

第一百零七条 对道路交通违法行为人予以警告、二百元以下罚款，交通警察可以当场作出行政处罚决定，并出具行政处罚决定书。

行政处罚决定书应当载明当事人的违法事实、行政处罚的依据、处罚内容、时间、地点以及处罚机关名称，并由执法人员签名或者盖章。

第一百零八条 当事人应当自收到罚款的行政处罚决定书之日起十五日内，到指定的银行缴纳罚款。

对行人、乘车人和非机动车驾驶人的罚款，当事人无异议的，可以当场予以收缴罚款。

罚款应当开具省、自治区、直辖市财政部门统一制发的罚款收据；不出具财政部门统一制发的罚款收据的，当事人有权拒绝缴纳罚款。

第一百零九条 当事人逾期不履行行政处罚决定的，作出行政处罚决定的行政机关可以采取下列措施：

（一）到期不缴纳罚款的，每日按罚款数额的百分之三加处罚款；

（二）申请人民法院强制执行。

第一百一十条 执行职务的交通警察认为应当对道路交通违法行为人给予暂扣或者吊销机动车驾驶证处罚的，可以先予扣留机动车驾驶证，并在二十四小时内将案件移交公安机关交通管理部门处理。

道路交通违法行为人应当在十五日内到公安机关交通管理部门接受处理。无正当理由逾期未接受处理的，吊销机动车驾驶证。

公安机关交通管理部门暂扣或者吊销机动车驾驶证的，应当出具行政处罚决定书。

第一百一十一条 对违反本法规定予以拘留的行政处罚，由县、市公安局、公安分局或者相当于县一级的公安机关裁决。

第一百一十二条 公安机关交通管理部门扣留机动车、非机动车，应当当场出具凭证，并告知当事人在规定期限内到公安机关交通管理部门接受处理。

公安机关交通管理部门对被扣留的车辆应当妥善保管，不得使用。

逾期不来接受处理，并且经公告三个月仍不来接受处理的，对扣留的车辆依法处理。

第一百一十三条 暂扣机动车驾驶证的期限从处罚决定生效之日起计算；处罚决定生效前先予扣留机动车驾驶证的，扣留一日折抵暂扣期限一日。

吊销机动车驾驶证后重新申请领取机动车驾驶证的期限，按照机动车驾驶证管理规定办理。

第一百一十四条 公安机关交通管理部门根据交通技术监控记录资料，可以对违法的机动车所有人或者管理人依法予以处罚。对能够确定驾驶人的，可以依照本法的规定依法予以处罚。

第一百一十五条 交通警察有下列行为之一的，依法给予行政处分：

（一）为不符合法定条件的机动车发放机动车登记证书、号牌、行驶证、检验合格标志的；

（二）批准不符合法定条件的机动车安装、使用警车、消防车、救护车、工程救险车的警报器、标志灯具，喷涂标志图案的；

（三）为不符合驾驶许可条件、未经考试或者考试不合格人员发放机动车驾驶证的；

（四）不执行罚款决定与罚款收缴分离制度或者不按规定将依法收取的费用、收缴的罚款及没收的违法所得全部上缴国库的；

（五）举办或者参与举办驾驶学校或者驾驶培训班、机动车修理厂或者收费停车场等经营活动的；

（六）利用职务上的便利收受他人财物或者谋取其他利益的；

（七）违法扣留车辆、机动车行驶证、驾驶证、车辆号牌的；

（八）使用依法扣留的车辆的；

（九）当场收取罚款不开具罚款收据或者不如实填写罚款额的；

（十）徇私舞弊，不公正处理交通事故的；

（十一）故意刁难，拖延办理机动车牌证的；

（十二）非执行紧急任务时使用警报器、标志灯具的；

（十三）违反规定拦截、检查正常行驶的车辆的；

（十四）非执行紧急公务时拦截搭乘机动车的；

（十五）不履行法定职责的。

公安机关交通管理部门有前款所列行为之一的，对直接负责的主管人员和其他直接责任人员给予相应的行政处分。

第一百一十六条 依照本法第一百一十五条的规定，给予交通警察行政处分的，在作出行政处分决定前，可以停止其执行职务；必要时，可以予以禁闭。

依照本法第一百一十五条的规定，交通警察受到降级或者撤职行政处分的，可以予以辞退。

交通警察受到开除处分或者被辞退的，应当取消警衔；受到撤职以下行政处分的交通警察，应当降低警衔。

第一百一十七条 交通警察利用职权非法占有公共财物，索取、收受贿赂，或者滥用职权、玩忽职守，构成犯罪的，依法追究刑事责任。

第一百一十八条 公安机关交通管理部门及其交通警察有本法第一百一十五条所列行为之一，给当事人造成损失的，应当依法承担赔偿责任。

第八章　附　则

第一百一十九条 本法中下列用语的含义：

（一）“道路”，是指公路、城市道路和虽在单位管辖范围但允许社会机动车通行的地方，包括广场、公共停车场等用于公众通行的场所。

（二）“车辆”，是指机动车和非机动车。

（三）“机动车”，是指以动力装置驱动或者牵引，上道路行驶的供人员乘用或者用于运送物品以及进行工程专项作业的轮式车辆。

（四）“非机动车”，是指以人力或者畜力驱动，上道路行驶的交通工具，以及虽有动力装置驱动但设计最高时速、空车质量、外形尺寸符合有关国家标准的残疾人机动轮椅车、电动自行车等交通工具。

（五）“交通事故”，是指车辆在道路上因过错或者意外造成的人身伤亡或者财产损失的事件。

第一百二十条 中国人民解放军和中国人民武装警察部队在编机动车牌证、在编机动车检验以及机动车驾驶人考核工作，由中国人民解放军、中国人民武装警察部队有关部门负责。

第一百二十一条 对上道路行驶的拖拉机，由农业（农业机械）主管部门行使本法第八条、第九条、第十三条、第十九条、第二十三条规定的公安机关交通管理部门的管理职权。

农业（农业机械）主管部门依照前款规定行使职权，应当遵守本法有关规定，并接受公安机关交通管理部门的监督；对违反规定的，依照本法有关规定追究法律责任。

本法施行前由农业（农业机械）主管部门发放的机动车牌证，在本法施行后继续有效。

第一百二十二条　国家对入境的境外机动车的道路交通安全实施统一管理。

第一百二十三条　省、自治区、直辖市人民代表大会常务委员会可以根据本地区的实际情况，在本法规定的罚款幅度内，规定具体的执行标准。

第一百二十四条　本法自 2004 年 5 月 1 日起施行。

附录二

中华人民共和国道路交通安全法实施条例

（中华人民共和国国务院令第405号）

《中华人民共和国道路交通安全法实施条例》已经2004年4月28日国务院第49次常务会议通过，现予公布，自2004年5月1日起施行。

第一章　总　则

第一条　根据《中华人民共和国道路交通安全法》(以下简称道路交通安全法)的规定，制定本条例。

第二条　中华人民共和国境内的车辆驾驶人、行人、乘车人以及与道路交通活动有关的单位和个人，应当遵守道路交通安全法和本条例。

第三条　县级以上地方各级人民政府应当建立、健全道路交通安全工作协调机制，组织有关部门对城市建设项目进行交通影响评价，制定道路交通安全管理规划，确定管理目标，制定实施方案。

第二章　车辆和驾驶人

第一节 机动车

第四条　机动车的登记，分为注册登记、变更登记、转移登记、抵押登记和注销登记。

第五条　初次申领机动车号牌、行驶证的，应当向机动车所有人住所地的公安机关交通管理部门申请注册登记。申请机动车注册登记，应当交验机动车，并提交以下证明、凭证：

（一）机动车所有人的身份证明；

（二）购车发票等机动车来历证明；

（三）机动车整车出厂合格证明或者进口机动车进口凭证；

（四）车辆购置税完税证明或者免税凭证；

（五）机动车第三者责任强制保险凭证；

（六）法律、行政法规规定应当在机动车注册登记时提交的其他证明、凭证。

不属于国务院机动车产品主管部门规定免予安全技术检验的车型的，还应当提供机动车安全技术检验合格证明。

第六条 已注册登记的机动车有下列情形之一的，机动车所有人应当向登记该机动车的公安机关交通管理部门申请变更登记：

（一）改变机动车车身颜色的；

（二）更换发动机的；

（三）更换车身或者车架的；

（四）因质量有问题，制造厂更换整车的；

（五）营运机动车改为非营运机动车或者非营运机动车改为营运机动车的；

（六）机动车所有人的住所迁出或者迁入公安机关交通管理部门管辖区域的。

申请机动车变更登记，应当提交下列证明、凭证，属于前款第（一）项、第（二）项、第（三）项、第（四）项、第（五）项情形之一的，还应当交验机动车；属于前款第（二）项、第（三）项情形之一的，还应当同时提交机动车安全技术检验合格证明：

（一）机动车所有人的身份证明；

（二）机动车登记证书；

（三）机动车行驶证。

机动车所有人的住所在公安机关交通管理部门管辖区域内迁移、机动车所有人的姓名（单位名称）或者联系方式变更的，应当向登记该机动车的公安机关交通管理部门备案。

第七条 已注册登记的机动车所有权发生转移的，应当及时办理转移登记。

申请机动车转移登记，当事人应当向登记该机动车的公安机关交通管理部门交验机动车，并提交以下证明、凭证：

（一）当事人的身份证明；

（二）机动车所有权转移的证明、凭证；

（三）机动车登记证书；

（四）机动车行驶证。

第八条 机动车所有人将机动车作为抵押物抵押的，机动车所有人应当向登记该机动车的公安机关交通管理部门申请抵押登记。

第九条 已注册登记的机动车达到国家规定的强制报废标准的，公安机关交通管理部门应当在报废期满的 2 个月前通知机动车所有人办理注销登记。机动车所有人应当在报废期满前将机动车交售给机动车回收企业，由机动车回收企业将报废的机动车登记证书、号牌、行驶证交公安机关交通管理部门注销。机动车所有人逾期不办理注销登记的，公安机关交通管理部门应当公告该机动车登记证书、号牌、行驶证作废。

因机动车灭失申请注销登记的，机动车所有人应当向公安机关交通管理部门提交本人身份证明，交回机动车登记证书。

第十条 办理机动车登记的申请人提交的证明、凭证齐全、有效的，公安机关交通管理部门应当当场办理登记手续。

人民法院、人民检察院以及行政执法部门依法查封、扣押的机动车，公安机关交通管理部门不予办理机动车登记。

第十一条 机动车登记证书、号牌、行驶证丢失或者损毁，机动车所有人申请补发的，应当向公安机关交通管理部门提交本人身份证明和申请材料。公安机关交通管理部门经与机动车登记档案核实后，在收到申请之日起 15 日内补发。

第十二条 税务部门、保险机构可以在公安机关交通管理部门的办公场所集中办理与机动车有关的税费缴纳、保险合同订立等事项。

第十三条 机动车号牌应当悬挂在车前、车后指定位置，保持清晰、完整。重型、中型载货汽车及其挂车、拖拉机及其挂车的车身或者车厢后部应当喷涂放大的牌号，字样应当端正并保持清晰。

机动车检验合格标志、保险标志应当粘贴在机动车前窗右上角。

机动车喷涂、粘贴标识或者车身广告的，不得影响安全驾驶。

第十四条 用于公路营运的载客汽车、重型载货汽车、半挂牵引车应当安装、使用符合国家标准的行驶记录仪。交通警察可以对机动车行驶速度、连续驾驶时间以及其他行驶状态信息进行检查。安装行驶记录仪可以分步实施，实施步骤由国务院机动车产品主管部门会同有关部门规定。

第十五条 机动车安全技术检验由机动车安全技术检验机构实施。机动车安全技术检验机构应当按照国家机动车安全技术检验标准对机动车进行检验，对检验结果承担法律责任。

质量技术监督部门负责对机动车安全技术检验机构实行资格管理和计量认证管理，对机动车安全技术检验设备进行检定，对执行国家机动车安全技术检验标准的情况进行监督。

机动车安全技术检验项目由国务院公安部门会同国务院质量技术监督部门规定。

第十六条 机动车应当从注册登记之日起，按照下列期限进行安全技术检验：

（一）营运载客汽车 5 年以内每年检验 1 次；超过 5 年的，每 6 个月检验 1 次；

（二）载货汽车和大型、中型非营运载客汽车 10 年以内每年检验 1 次；超过 10 年的，每 6 个月检验 1 次；

（三）小型、微型非营运载客汽车 6 年以内每 2 年检验 1 次；超过 6 年的，每年检验 1 次；超过 15 年的，每 6 个月检验 1 次；

（四）摩托车 4 年以内每 2 年检验 1 次；超过 4 年的，每年检验 1 次；

（五）拖拉机和其他机动车每年检验 1 次。

营运机动车在规定检验期限内经安全技术检验合格的，不再重复进行安全技术检验。

第十七条 已注册登记的机动车进行安全技术检验时，机动车行驶证记载的登记内容与该机动车的有关情况不符，或者未按照规定提供机动车第三者责任强制保险凭证的，不予通过检验。

第十八条 警车、消防车、救护车、工程救险车标志图案的喷涂以及警报器、标志灯具的安装、使用规定，由国务院公安部门制定。

第二节 机动车驾驶人

第十九条 符合国务院公安部门规定的驾驶许可条件的人，可以向公安机关交通管理部门申请机动车驾驶证。

机动车驾驶证由国务院公安部门规定式样并监制。

第二十条 学习机动车驾驶，应当先学习道路交通安全法律、法规和相关知识，考试合格后，再学习机动车驾驶技能。

在道路上学习驾驶，应当按照公安机关交通管理部门指定的路线、时间进行。在道路上学习机动车驾驶技能应当使用教练车，在教练员随车指导下进行，与教学无关的人员不得乘坐教练车。学员在学习驾驶中有道路交通安全违法行为或者造成交通事故的，由教练员承担责任。

第二十一条 公安机关交通管理部门应当对申请机动车驾驶证的人进行考试，对考试合格的，在5日内核发机动车驾驶证；对考试不合格的，书面说明理由。

第二十二条 机动车驾驶证的有效期为6年，本条例另有规定的除外。

机动车驾驶人初次申领机动车驾驶证后的12个月为实习期。在实习期内驾驶机动车的，应当在车身后部粘贴或者悬挂统一式样的实习标志。

机动车驾驶人在实习期内不得驾驶公共汽车、营运客车或者执行任务的警车、消防车、救护车、工程救险车以及载有爆炸物品、易燃易爆化学物品、剧毒或者放射性等危险物品的机动车；驾驶的机动车不得牵引挂车。

第二十三条 公安机关交通管理部门对机动车驾驶人的道路交通安全违法行为除给予行政处罚外，实行道路交通安全违法行为累积记分（以下简称记分）制度，记分周期为12个月。对在一个记分周期内记分达到12分的，由公安机关交通管理部门扣留其机动车驾驶证，该机动车驾驶人应当按照规定参加道路交通安全法律、法规的学习并接受考试。考试合格的，记分予以清除，发还机动车驾驶证；考试不合格的，继续参加学习和考试。

应当给予记分的道路交通安全违法行为及其分值，由国务院公安部门根据道路交通安全违法行为的危害程度规定。

公安机关交通管理部门应当提供记分查询方式供机动车驾驶人查询。

第二十四条 机动车驾驶人在一个记分周期内记分未达到12分，所处罚款已经缴纳的，记分予以清除；记分虽未达到12分，但尚有罚款未缴纳的，记分转入下一记分周期。

机动车驾驶人在一个记分周期内记分2次以上达到12分的，除按照第二十三条的规定扣留机动车驾驶证、参加学习、接受考试外，还应当接受驾驶技能考试。考试合格的，记分予以清除，发还机动车驾驶证；考试不合格的，继续参加学习和考试。

接受驾驶技能考试的，按照本人机动车驾驶证载明的最高准驾车型考试。

第二十五条 机动车驾驶人记分达到12分，拒不参加公安机关交通管理部门通知的学习，也不接受考试的，由公安机关交通管理部门公告其机动车驾驶证停止使用。

第二十六条 机动车驾驶人在机动车驾驶证的6年有效期内，每个记分周期均未达到12分的，换发10年有效期的机动车驾驶证；在机动车驾驶证的10年有效期内，每个记分周期均未达到12分的，换发长期有效的机动车驾驶证。

换发机动车驾驶证时，公安机关交通管理部门应当对机动车驾驶证进行审验。

第二十七条 机动车驾驶证丢失、损毁，机动车驾驶人申请补发的，应当向公安机关交通管理部门提交本人身份证明和申请材料。公安机关交通管理部门经与机动车驾驶证档案核实后，在收到申请之日起3日内补发。

第二十八条 机动车驾驶人在机动车驾驶证丢失、损毁、超过有效期或者被依法扣留、暂扣期间以及记分达到12分的，不得驾驶机动车。

第三章 道路通行条件

第二十九条 交通信号灯分为：机动车信号灯、非机动车信号灯、人行横道信号灯、车道信号灯、方向指示信号灯、闪光警告信号灯、道路与铁路平面交叉道口信号灯。

第三十条 交通标志分为：指示标志、警告标志、禁令标志、指路标志、旅游区标志、道路施工安全标志和辅助标志。

道路交通标线分为：指示标线、警告标线、禁止标线。

第三十一条 交通警察的指挥分为：手势信号和使用器具的交通指挥信号。

第三十二条 道路交叉路口和行人横过道路较为集中的路段应当设置人行横道、过街天桥或者过街地下通道。

在盲人通行较为集中的路段，人行横道信号灯应当设置声响提示装置。

第三十三条 城市人民政府有关部门可以在不影响行人、车辆通行的情况下，在城市道路上施划停车泊位，并规定停车泊位的使用时间。

第三十四条 开辟或者调整公共汽车、长途汽车的行驶路线或者车站，应当符合交通规划和安全、畅通的要求。

第三十五条 道路养护施工单位在道路上进行养护、维修时，应当按照规定设置规范的安全警示标志和安全防护设施。道路养护施工作业车辆、机械应当安装示警灯，喷涂明显的标志图案，作业时应当开启示警灯和危险报警闪光灯。对未中断交通的施工作业道路，公安机关交通管理部门应当加强交通安全监督检查。发生交通阻塞时，及时做好分流、疏导，维护交通秩序。

道路施工需要车辆绕行的，施工单位应当在绕行处设置标志；不能绕行的，应当修建临时通道，保证车辆和行人通行。需要封闭道路中断交通的，除紧急情况外，应当提前 5 日向社会公告。

第三十六条 道路或者交通设施养护部门、管理部门应当在急弯、陡坡、临崖、临水等危险路段，按照国家标准设置警告标志和安全防护设施。

第三十七条 道路交通标志、标线不规范，机动车驾驶人容易发生辨认错误的，交通标志、标线的主管部门应当及时予以改善。

道路照明设施应当符合道路建设技术规范，保持照明功能完好。

第四章　道路通行规定

第一节　一般规定

第三十八条 机动车信号灯和非机动车信号灯表示：

（一）绿灯亮时，准许车辆通行，但转弯的车辆不得妨碍被放行的直行车辆、行人通行；

（二）黄灯亮时，已越过停止线的车辆可以继续通行；

（三）红灯亮时，禁止车辆通行。

在未设置非机动车信号灯和人行横道信号灯的路口，非机动车和行人应当按照机动车信号灯的表示通行。

红灯亮时，右转弯的车辆在不妨碍被放行的车辆、行人通行的情况下，可以通行。

第三十九条 人行横道信号灯表示：

（一）绿灯亮时，准许行人通过人行横道；

（二）红灯亮时，禁止行人进入人行横道，但是已经进入人行横道的，可以继续通过或者在道路中心线处停留等候。

第四十条　车道信号灯表示：

（一）绿色箭头灯亮时，准许本车道车辆按指示方向通行；

（二）红色叉形灯或者箭头灯亮时，禁止本车道车辆通行。

第四十一条　方向指示信号灯的箭头方向向左、向上、向右分别表示左转、直行、右转。

第四十二条　闪光警告信号灯为持续闪烁的黄灯，提示车辆、行人通行时注意瞭望，确认安全后通过。

第四十三条　道路与铁路平面交叉道口有两个红灯交替闪烁或者一个红灯亮时，表示禁止车辆、行人通行；红灯熄灭时，表示允许车辆、行人通行。

第二节　机动车通行规定

第四十四条　在道路同方向划有 2 条以上机动车道的，左侧为快速车道，右侧为慢速车道。在快速车道行驶的机动车应当按照快速车道规定的速度行驶，未达到快速车道规定的行驶速度的，应当在慢速车道行驶。摩托车应当在最右侧车道行驶。有交通标志标明行驶速度的，按照标明的行驶速度行驶。慢速车道内的机动车超越前车时，可以借用快速车道行驶。

在道路同方向划有 2 条以上机动车道的，变更车道的机动车不得影响相关车道内行驶的机动车的正常行驶。

第四十五条　机动车在道路上行驶不得超过限速标志、标线标明的速度。在没有限速标志、标线的道路上，机动车不得超过下列最高行驶速度：

（一）没有道路中心线的道路，城市道路为每小时 30 公里，公路为每小时 40 公里；

（二）同方向只有 1 条机动车道的道路，城市道路为每小时 50 公里，公路为每小时 70 公里。

第四十六条　机动车行驶中遇有下列情形之一的，最高行驶速度不得超过每小时 30 公里，其中拖拉机、电瓶车、轮式专用机械车不得超过每小时 15 公里：

（一）进出非机动车道，通过铁路道口、急弯路、窄路、窄桥时；

（二）掉头、转弯、下陡坡时；

（三）遇雾、雨、雪、沙尘、冰雹，能见度在 50 米以内时；

（四）在冰雪、泥泞的道路上行驶时；

（五）牵引发生故障的机动车时。

第四十七条 机动车超车时，应当提前开启左转向灯、变换使用远近光灯或者鸣喇叭。在没有道路中心线或者同方向只有 1 条机动车道的道路上，前车遇后车发出超车信号时，在条件许可的情况下，应当降低速度、靠右让路。后车应当在确认有充足的安全距离后，从前车的左侧超越，在与被超车辆拉开必要的安全距离后，开启右转向灯，驶回原车道。

第四十八条 在没有中心隔离设施或者没有中心线的道路上，机动车遇相对方向来车时应当遵守下列规定：

（一）减速靠右行驶，并与其他车辆、行人保持必要的安全距离；

（二）在有障碍的路段，无障碍的一方先行；但有障碍的一方已驶入障碍路段而无障碍的一方未驶入时，有障碍的一方先行；

（三）在狭窄的坡路，上坡的一方先行；但下坡的一方已行至中途而上坡的一方未上坡时，下坡的一方先行；

（四）在狭窄的山路，不靠山体的一方先行；

（五）夜间会车应当在距相对方向来车 150 米以外改用近光灯，在窄路、窄桥与非机动车会车时应当使用近光灯。

第四十九条 机动车在有禁止掉头或者禁止左转弯标志、标线的地点以及在铁路道口、人行横道、桥梁、急弯、陡坡、隧道或者容易发生危险的路段，不得掉头。

机动车在没有禁止掉头或者没有禁止左转弯标志、标线的地点可以掉头，但不得妨碍正常行驶的其他车辆和行人的通行。

第五十条 机动车倒车时，应当察明车后情况，确认安全后倒车。不得在铁路道口、交叉路口、单行路、桥梁、急弯、陡坡或者隧道中倒车。

第五十一条 机动车通过有交通信号灯控制的交叉路口，应当按照下列规定通行：

（一）在划有导向车道的路口，按所需行进方向驶入导向车道；

（二）准备进入环形路口的让已在路口内的机动车先行；

（三）向左转弯时，靠路口中心点左侧转弯。转弯时开启转向灯，夜间行驶开启近光灯；

（四）遇放行信号时，依次通过；

（五）遇停止信号时，依次停在停止线以外。没有停止线的，停在路口以外；

（六）向右转弯遇有同车道前车正在等候放行信号时，依次停车等候；

（七）在没有方向指示信号灯的交叉路口，转弯的机动车让直行的车辆、行人先行。相对方向行驶的右转弯机动车让左转弯车辆先行。

第五十二条　机动车通过没有交通信号灯控制也没有交通警察指挥的交叉路口，除应当遵守第五十一条第（二）项、第（三）项的规定外，还应当遵守下列规定：

（一）有交通标志、标线控制的，让优先通行的一方先行；

（二）没有交通标志、标线控制的，在进入路口前停车瞭望，让右方道路的来车先行；

（三）转弯的机动车让直行的车辆先行；

（四）相对方向行驶的右转弯的机动车让左转弯的车辆先行。

第五十三条　机动车遇有前方交叉路口交通阻塞时，应当依次停在路口以外等候，不得进入路口。

机动车在遇有前方机动车停车排队等候或者缓慢行驶时，应当依次排队，不得从前方车辆两侧穿插或者超越行驶，不得在人行横道、网状线区域内停车等候。

机动车在车道减少的路口、路段，遇有前方机动车停车排队等候或者缓慢行驶的，应当每车道一辆依次交替驶入车道减少后的路口、路段。

第五十四条　机动车载物不得超过机动车行驶证上核定的载质量，装载长度、宽度不得超出车厢，并应当遵守下列规定：

（一）重型、中型载货汽车，半挂车载物，高度从地面起不得超过 4 米，载运集装箱的车辆不得超过 4.2 米；

（二）其他载货的机动车载物，高度从地面起不得超过 2.5 米；

（三）摩托车载物，高度从地面起不得超过 1.5 米，长度不得超出车身 0.2 米。两轮摩托车载物宽度左右各不得超出车把 0.15 米；三轮摩托车载物宽度不得超过车身。

载客汽车除车身外部的行李架和内置的行李箱外，不得载货。载客汽车行李架载货，从车顶起高度不得超过 0.5 米，从地面起高度不得超过 4 米。

第五十五条 机动车载人应当遵守下列规定：

（一）公路载客汽车不得超过核定的载客人数，但按照规定免票的儿童除外，在载客人数已满的情况下，按照规定免票的儿童不得超过核定载客人数的 10%；

（二）载货汽车车厢不得载客。在城市道路上，货运机动车在留有安全位置的情况下，车厢内可以附载临时作业人员 1 人至 5 人；载物高度超过车厢栏板时，货物上不得载人；

（三）摩托车后座不得乘坐未满 12 周岁的未成年人，轻便摩托车不得载人。

第五十六条 机动车牵引挂车应当符合下列规定：

（一）载货汽车、半挂牵引车、拖拉机只允许牵引 1 辆挂车。挂车的灯光信号、制动、连接、安全防护等装置应当符合国家标准；

（二）小型载客汽车只允许牵引旅居挂车或者总质量 700 千克以下的挂车。挂车不得载人；

（三）载货汽车所牵引挂车的载质量不得超过载货汽车本身的载质量。

大型、中型载客汽车，低速载货汽车，三轮汽车以及其他机动车不得牵引挂车。

第五十七条 机动车应当按照下列规定使用转向灯：

（一）向左转弯、向左变更车道、准备超车、驶离停车地点或者掉头时，应当提前开启左转向灯；

（二）向右转弯、向右变更车道、超车完毕驶回原车道、靠路边停车时，应当提前开启右转向灯。

第五十八条 机动车在夜间没有路灯、照明不良或者遇有雾、雨、雪、沙尘、冰雹等低能见度情况下行驶时，应当开启前照灯、示廓灯和后位灯，但同方向行驶的后车与前车近距离行驶时，不得使用远光灯。机动车雾天行驶应当开启雾灯和危险报警闪光灯。

第五十九条 机动车在夜间通过急弯、坡路、拱桥、人行横道或者没有交通信号灯控制的路口时，应当交替使用远近光灯示意。

机动车驶近急弯、坡道顶端等影响安全视距的路段以及超车或者遇有紧急情况时，应当减速慢行，并鸣喇叭示意。

第六十条 机动车在道路上发生故障或者发生交通事故，妨碍交通又难以移动的，应当按照规定开启危险报警闪光灯并在车后 50 米至 100 米处设置警告标志，夜间还应当同时开启示廓灯和后位灯。

第六十一条 牵引故障机动车应当遵守下列规定：

（一）被牵引的机动车除驾驶人外不得载人，不得拖带挂车；

（二）被牵引的机动车宽度不得大于牵引机动车的宽度；

（三）使用软连接牵引装置时，牵引车与被牵引车之间的距离应当大于 4 米小于 10 米；

（四）对制动失效的被牵引车，应当使用硬连接牵引装置牵引；

（五）牵引车和被牵引车均应当开启危险报警闪光灯。

汽车吊车和轮式专用机械车不得牵引车辆。摩托车不得牵引车辆或者被其他车辆牵引。

转向或者照明、信号装置失效的故障机动车，应当使用专用清障车拖曳。

第六十二条 驾驶机动车不得有下列行为：

（一）在车门、车厢没有关好时行车；

（二）在机动车驾驶室的前后窗范围内悬挂、放置妨碍驾驶人视线的物品；

（三）拨打接听手持电话、观看电视等妨碍安全驾驶的行为；

（四）下陡坡时熄火或者空挡滑行；

（五）向道路上抛撒物品；

（六）驾驶摩托车手离车把或者在车把上悬挂物品；

（七）连续驾驶机动车超过 4 小时未停车休息或者停车休息时间少于 20 分钟；

（八）在禁止鸣喇叭的区域或者路段鸣喇叭。

第六十三条 机动车在道路上临时停车，应当遵守下列规定：

（一）在设有禁停标志、标线的路段，在机动车道与非机动车道、人行道之间设有隔离设施的路段以及人行横道、施工地段，不得停车；

（二）交叉路口、铁路道口、急弯路、宽度不足 4 米的窄路、桥梁、陡坡、隧道以及距离上述地点 50 米以内的路段，不得停车；

（三）公共汽车站、急救站、加油站、消防栓或者消防队(站)门前以及距离上述地点30米以内的路段，除使用上述设施的以外，不得停车；

（四）车辆停稳前不得开车门和上下人员，开关车门不得妨碍其他车辆和行人通行；

（五）路边停车应当紧靠道路右侧，机动车驾驶人不得离车，上下人员或者装卸物品后，立即驶离；

（六）城市公共汽车不得在站点以外的路段停车上下乘客。

第六十四条　机动车行经漫水路或者漫水桥时，应当停车察明水情，确认安全后，低速通过。

第六十五条　机动车载运超限物品行经铁路道口的，应当按照当地铁路部门指定的铁路道口、时间通过。

机动车行经渡口，应当服从渡口管理人员指挥，按照指定地点依次待渡。机动车上下渡船时，应当低速慢行。

第六十六条　警车、消防车、救护车、工程救险车在执行紧急任务遇交通受阻时，可以断续使用警报器，并遵守下列规定：

（一）不得在禁止使用警报器的区域或者路段使用警报器；

（二）夜间在市区不得使用警报器；

（三）列队行驶时，前车已经使用警报器的，后车不再使用警报器。

第六十七条　在单位院内、居民居住区内，机动车应当低速行驶，避让行人；有限速标志的，按照限速标志行驶。

第三节　非机动车通行规定

第六十八条　非机动车通过有交通信号灯控制的交叉路口，应当按照下列规定通行：

（一）转弯的非机动车让直行的车辆、行人优先通行；

（二）遇有前方路口交通阻塞时，不得进入路口；

（三）向左转弯时，靠路口中心点的右侧转弯；

（四）遇有停止信号时，应当依次停在路口停止线以外。没有停止线的，停在路口以外；

（五）向右转弯遇有同方向前车正在等候放行信号时，在本车道内能够转弯的，可以通行；不能转弯的，依次等候。

第六十九条 非机动车通过没有交通信号灯控制也没有交通警察指挥的交叉路口，除应当遵守第六十八条第（一）项、第（二）项和第（三）项的规定外，还应当遵守下列规定：

（一）有交通标志、标线控制的，让优先通行的一方先行；

（二）没有交通标志、标线控制的，在路口外慢行或者停车瞭望，让右方道路的来车先行；

（三）相对方向行驶的右转弯的非机动车让左转弯的车辆先行。

第七十条 驾驶自行车、电动自行车、三轮车在路段上横过机动车道，应当下车推行，有人行横道或者行人过街设施的，应当从人行横道或者行人过街设施通过；没有人行横道、没有行人过街设施或者不便使用行人过街设施的，在确认安全后直行通过。

因非机动车道被占用无法在本车道内行驶的非机动车，可以在受阻的路段借用相邻的机动车道行驶，并在驶过被占用路段后迅速驶回非机动车道。机动车遇此情况应当减速让行。

第七十一条 非机动车载物，应当遵守下列规定：

（一）自行车、电动自行车、残疾人机动轮椅车载物，高度从地面起不得超过 1.5 米，宽度左右各不得超出车把 0.15 米，长度前端不得超出车轮，后端不得超出车身 0.3 米；

（二）三轮车、人力车载物，高度从地面起不得超过 2 米，宽度左右各不得超出车身 0.2 米，长度不得超出车身 1 米；

（三）畜力车载物，高度从地面起不得超过 2.5 米，宽度左右各不得超出车身 0.2 米，长度前端不得超出车辕，后端不得超出车身 1 米。

自行车载人的规定，由省、自治区、直辖市人民政府根据当地实际情况制定。

第七十二条 在道路上驾驶自行车、三轮车、电动自行车、残疾人机动轮椅车应当遵守下列规定：

（一）驾驶自行车、三轮车必须年满 12 周岁；

（二）驾驶电动自行车和残疾人机动轮椅车必须年满 16 周岁；

（三）不得醉酒驾驶；

（四）转弯前应当减速慢行，伸手示意，不得突然猛拐，超越前车时不得妨碍被超越的车辆行驶；

（五）不得牵引、攀扶车辆或者被其他车辆牵引，不得双手离把或者手中持物；

（六）不得扶身并行、互相追逐或者曲折竞驶；

（七）不得在道路上骑独轮自行车或者 2 人以上骑行的自行车；

（八）非下肢残疾的人不得驾驶残疾人机动轮椅车；

（九）自行车、三轮车不得加装动力装置；

（十）不得在道路上学习驾驶非机动车。

第七十三条 在道路上驾驭畜力车应当年满 16 周岁，并遵守下列规定：

（一）不得醉酒驾驭；

（二）不得并行，驾驭人不得离开车辆；

（三）行经繁华路段、交叉路口、铁路道口、人行横道、急弯路、宽度不足 4 米的窄路或者窄桥、陡坡、隧道或者容易发生危险的路段，不得超车。驾驭两轮畜力车应当下车牵引牲畜；

（四）不得使用未经驯服的牲畜驾车，随车幼畜须拴系；

（五）停放车辆应当拉紧车闸，拴系牲畜。

第四节 行人和乘车人通行规定

第七十四条 行人不得有下列行为：

（一）在道路上使用滑板、旱冰鞋等滑行工具；

（二）在车行道内坐卧、停留、嬉闹；

（三）追车、抛物击车等妨碍道路交通安全的行为。

第七十五条 行人横过机动车道，应当从行人过街设施通过；没有行人过街设施的，应当从人行横道通过；没有人行横道的，应当观察来往车辆的情况，确认安全后直行通过，不得在车辆临近时突然加速横穿或者中途倒退、折返。

第七十六条 行人列队在道路上通行，每横列不得超过 2 人，但在已经实行交通管制的路段不受限制。

第七十七条 乘坐机动车应当遵守下列规定：

（一）不得在机动车道上拦乘机动车；

（二）在机动车道上不得从机动车左侧上下车；

（三）开关车门不得妨碍其他车辆和行人通行；

（四）机动车行驶中，不得干扰驾驶，不得将身体任何部分伸出车外，不得跳车；

（五）乘坐两轮摩托车应当正向骑坐。

第五节　高速公路的特别规定

第七十八条　高速公路应当标明车道的行驶速度，最高车速不得超过每小时 120 公里，最低车速不得低于每小时 60 公里。

在高速公路上行驶的小型载客汽车最高车速不得超过每小时 120 公里，其他机动车不得超过每小时 100 公里，摩托车不得超过每小时 80 公里。

同方向有 2 条车道的，左侧车道的最低车速为每小时 100 公里；同方向有 3 条以上车道的，最左侧车道的最低车速为每小时 110 公里，中间车道的最低车速为每小时 90 公里。道路限速标志标明的车速与上述车道行驶车速的规定不一致的，按照道路限速标志标明的车速行驶。

第七十九条　机动车从匝道驶入高速公路，应当开启左转向灯，在不妨碍已在高速公路内的机动车正常行驶的情况下驶入车道。

机动车驶离高速公路时，应当开启右转向灯，驶入减速车道，降低车速后驶离。

第八十条　机动车在高速公路上行驶，车速超过每小时 100 公里时，应当与同车道前车保持 100 米以上的距离，车速低于每小时 100 公里时，与同车道前车距离可以适当缩短，但最小距离不得少于 50 米。

第八十一条　机动车在高速公路上行驶，遇有雾、雨、雪、沙尘、冰雹等低能见度气象条件时，应当遵守下列规定：

（一）能见度小于 200 米时，开启雾灯、近光灯、示廓灯和前后位灯，车速不得超过每小时 60 公里，与同车道前车保持 100 米以上的距离；

（二）能见度小于 100 米时，开启雾灯、近光灯、示廓灯、前后位灯和危险报警闪光灯，车速不得超过每小时 40 公里，与同车道前车保持 50 米以上的距离；

（三）能见度小于50米时，开启雾灯、近光灯、示廓灯、前后位灯和危险报警闪光灯，车速不得超过每小时20公里，并从最近的出口尽快驶离高速公路。

遇有前款规定情形时，高速公路管理部门应当通过显示屏等方式发布速度限制、保持车距等提示信息。

第八十二条 机动车在高速公路上行驶，不得有下列行为：

（一）倒车、逆行、穿越中央分隔带掉头或者在车道内停车；

（二）在匝道、加速车道或者减速车道上超车；

（三）骑、轧车行道分界线或者在路肩上行驶；

（四）非紧急情况时在应急车道行驶或者停车；

（五）试车或者学习驾驶机动车。

第八十三条 在高速公路上行驶的载货汽车车厢不得载人。两轮摩托车在高速公路行驶时不得载人。

第八十四条 机动车通过施工作业路段时，应当注意警示标志，减速行驶。

第八十五条 城市快速路的道路交通安全管理，参照本节的规定执行。

高速公路、城市快速路的道路交通安全管理工作，省、自治区、直辖市人民政府公安机关交通管理部门可以指定设区的市人民政府公安机关交通管理部门或者相当于同级的公安机关交通管理部门承担。

第五章 交通事故处理

第八十六条 机动车与机动车、机动车与非机动车在道路上发生未造成人身伤亡的交通事故，当事人对事实及成因无争议的，在记录交通事故的时间、地点、对方当事人的姓名和联系方式、机动车牌号、驾驶证号、保险凭证号、碰撞部位，并共同签名后，撤离现场，自行协商损害赔偿事宜。当事人对交通事故事实及成因有争议的，应当迅速报警。

第八十七条 非机动车与非机动车或者行人在道路上发生交通事故，未造成人身伤亡，且基本事实及成因清楚的，当事人应当先撤离现场，再自行协商处理损害赔偿事宜。当事人对交通事故事实及成因有争议的，应当迅速报警。

第八十八条 机动车发生交通事故，造成道路、供电、通讯等设施损毁的，驾驶人应当报警等候处理，不得驶离。机动车可以移动的，应当将机动车移至不妨碍交通的地点。公安机关交通管理部门应当将事故有关情况通知有关部门。

第八十九条 公安机关交通管理部门或者交通警察接到交通事故报警，应当及时赶赴现场，对未造成人身伤亡，事实清楚，并且机动车可以移动的，应当在记录事故情况后责令当事人撤离现场，恢复交通。对拒不撤离现场的，予以强制撤离。

对属于前款规定情况的道路交通事故，交通警察可以适用简易程序处理，并当场出具事故认定书。当事人共同请求调解的，交通警察可以当场对损害赔偿争议进行调解。

对道路交通事故造成人员伤亡和财产损失需要勘验、检查现场的，公安机关交通管理部门应当按照勘查现场工作规范进行。现场勘查完毕，应当组织清理现场，恢复交通。

第九十条 投保机动车第三者责任强制保险的机动车发生交通事故，因抢救受伤人员需要保险公司支付抢救费用的，由公安机关交通管理部门通知保险公司。

抢救受伤人员需要道路交通事故救助基金垫付费用的，由公安机关交通管理部门通知道路交通事故社会救助基金管理机构。

第九十一条 公安机关交通管理部门应当根据交通事故当事人的行为对发生交通事故所起的作用以及过错的严重程度，确定当事人的责任。

第九十二条 发生交通事故后当事人逃逸的，逃逸的当事人承担全部责任。但是，有证据证明对方当事人也有过错的，可以减轻责任。

当事人故意破坏、伪造现场、毁灭证据的，承担全部责任。

第九十三条 公安机关交通管理部门对经过勘验、检查现场的交通事故应当在勘查现场之日起10日内制作交通事故认定书。对需要进行检验、鉴定的，应当在检验、鉴定结果确定之日起5日内制作交通事故认定书。

第九十四条 当事人对交通事故损害赔偿有争议，各方当事人一致请求公安机关交通管理部门调解的，应当在收到交通事故认定书之日起10日内提出书面调解申请。

对交通事故致死的，调解从办理丧葬事宜结束之日起开始；对交通事故致伤的，调解从治疗终结或者定残之日起开始；对交通事故造成财产损失的，调解从确定损失之日起开始。

第九十五条 公安机关交通管理部门调解交通事故损害赔偿争议的期限为10日。调解达成协议的，公安机关交通管理部门应当制作调解书送交各方当事人，调解书经各方当事人共同签字后生效；调解未达成协议的，公安机关交通管理部门应当制作调解终结书送交各方当事人。

交通事故损害赔偿项目和标准依照有关法律的规定执行。

第九十六条 对交通事故损害赔偿的争议，当事人向人民法院提起民事诉讼的，公安机关交通管理部门不再受理调解申请。

公安机关交通管理部门调解期间，当事人向人民法院提起民事诉讼的，调解终止。

第九十七条 车辆在道路以外发生交通事故，公安机关交通管理部门接到报案的，参照道路交通安全法和本条例的规定处理。

车辆、行人与火车发生的交通事故以及在渡口发生的交通事故，依照国家有关规定处理。

第六章 执法监督

第九十八条 公安机关交通管理部门应当公开办事制度、办事程序，建立警风警纪监督员制度，自觉接受社会和群众的监督。

第九十九条 公安机关交通管理部门及其交通警察办理机动车登记，发放号牌，对驾驶人考试、发证，处理道路交通安全违法行为，处理道路交通事故，应当严格遵守有关规定，不得越权执法，不得延迟履行职责，不得擅自改变处罚的种类和幅度。

第一百条 公安机关交通管理部门应当公布举报电话，受理群众举报投诉，并及时调查核实，反馈查处结果。

第一百零一条 公安机关交通管理部门应当建立执法质量考核评议、执法责任制和执法过错追究制度，防止和纠正道路交通安全执法中的错误或者不当行为。

第七章　法律责任

第一百零二条　违反本条例规定的行为，依照道路交通安全法和本条例的规定处罚。

第一百零三条　以欺骗、贿赂等不正当手段取得机动车登记或者驾驶许可的，收缴机动车登记证书、号牌、行驶证或者机动车驾驶证，撤销机动车登记或者机动车驾驶许可；申请人在 3 年内不得申请机动车登记或者机动车驾驶许可。

第一百零四条　机动车驾驶人有下列行为之一，又无其他机动车驾驶人即时替代驾驶的，公安机关交通管理部门除依法给予处罚外，可以将其驾驶的机动车移至不妨碍交通的地点或者有关部门指定的地点停放：

（一）不能出示本人有效驾驶证的；

（二）驾驶的机动车与驾驶证载明的准驾车型不符的；

（三）饮酒、服用国家管制的精神药品或者麻醉药品、患有妨碍安全驾驶的疾病，或者过度疲劳仍继续驾驶的；

（四）学习驾驶人员没有教练人员随车指导单独驾驶的。

第一百零五条　机动车驾驶人有饮酒、醉酒、服用国家管制的精神药品或者麻醉药品嫌疑的，应当接受测试、检验。

第一百零六条　公路客运载客汽车超过核定乘员、载货汽车超过核定载质量的，公安机关交通管理部门依法扣留机动车后，驾驶人应当将超载的乘车人转运、将超载的货物卸载，费用由超载机动车的驾驶人或者所有人承担。

第一百零七条　依照道路交通安全法第九十二条、第九十五条、第九十六条、第九十八条的规定被扣留的机动车，驾驶人或者所有人、管理人 30 日内没有提供被扣留机动车的合法证明，没有补办相应手续，或者不前来接受处理，经公安机关交通管理部门通知并且经公告 3 个月仍不前来接受处理的，由公安机关交通管理部门将该机动车送交有资格的拍卖机构拍卖，所得价款上缴国库；非法拼装的机动车予以拆除；达到报废标准的机动车予以报废；机动车涉及其他违法犯罪行为的，移交有关部门处理。

第一百零八条　交通警察按照简易程序当场作出行政处罚的，应当告知当事人道路交通安全违法行为的事实、处罚的理由和依据，并将行政处罚决定书当场交付被处罚人。

第一百零九条 对道路交通安全违法行为人处以罚款或者暂扣驾驶证处罚的，由违法行为发生地的县级以上人民政府公安机关交通管理部门或者相当于同级的公安机关交通管理部门作出决定；对处以吊销机动车驾驶证处罚的，由设区的市人民政府公安机关交通管理部门或者相当于同级的公安机关交通管理部门作出决定。

公安机关交通管理部门对非本辖区机动车的道路交通安全违法行为没有当场处罚的，可以由机动车登记地的公安机关交通管理部门处罚。

第一百一十条 当事人对公安机关交通管理部门及其交通警察的处罚有权进行陈述和申辩，交通警察应当充分听取当事人的陈述和申辩，不得因当事人陈述、申辩而加重其处罚。

第八章 附 则

第一百一十一条 本条例所称上道路行驶的拖拉机，是指手扶拖拉机等最高设计行驶速度不超过每小时 20 公里的轮式拖拉机和最高设计行驶速度不超过每小时 40 公里、牵引挂车方可从事道路运输的轮式拖拉机。

第一百一十二条 农业（农业机械）主管部门应当定期向公安机关交通管理部门提供拖拉机登记、安全技术检验以及拖拉机驾驶证发放的资料、数据。公安机关交通管理部门对拖拉机驾驶人作出暂扣、吊销驾驶证处罚或者记分处理的，应当定期将处罚决定书和记分情况通报有关的农业（农业机械）主管部门。吊销驾驶证的，还应当将驾驶证送交有关的农业（农业机械）主管部门。

第一百一十三条 境外机动车入境行驶，应当向入境地的公安机关交通管理部门申请临时通行号牌、行驶证。临时通行号牌、行驶证应当根据行驶需要，载明有效日期和允许行驶的区域。

入境的境外机动车申请临时通行号牌、行驶证以及境外人员申请机动车驾驶许可的条件、考试办法由国务院公安部门规定。

第一百一十四条 机动车驾驶许可考试的收费标准，由国务院价格主管部门规定。

第一百一十五条 本条例自 2004 年 5 月 1 日起施行。1960 年 2 月 11 日国务院批准、交通部发布的《机动车管理办法》，1988 年 3 月 9 日国务院发布的《中华人民共和国道路交通管理条例》，1991 年 9 月 22 日国务院发布的《道路交通事故处理办法》，同时废止。